suhrkamp taschenbuch
wissenschaft 2490

Die Kunstlandschaft der Bundesrepublik ist wie kaum eine andere durch öffentliche Institutionen geprägt und durch staatliche Mittel finanziert. Politisch brisant wird diese Verschränkung von Staat und Kunst, wenn die geförderten Künstler und Institutionen Erwartungen der Öffentlichkeit erschüttern. Was darf der Staat etwa von Verfassungs wegen tun, wenn wie im Fall der *documenta fifteen* staatlich geförderte Kunst mit dem Vorwurf des Antisemitismus konfrontiert wird? Christoph Möllers und Nils Weinberg entwickeln in diesem Buch die Grundsätze, nach denen sich die Kunstfreiheit im Dreieck von demokratischem Staat, öffentlicher Kulturinstitution und geförderten Künstlern entfalten kann.

Christoph Möllers ist Professor für Öffentliches Recht und Rechtsphilosophie an der Humboldt-Universität zu Berlin und ab 2026 Rektor des Wissenschaftskollegs zu Berlin. Von ihm erschienen zuletzt *Demokratie und Gewaltengliederung. Studien zur Verfassungstheorie* (stw 2463) und *Freiheitsgrade. Elemente einer liberalen politischen Mechanik* (es 2755).

Nils Weinberg ist Rechtsreferendar am Kammergericht, war wissenschaftlicher Mitarbeiter an der Humboldt-Universität zu Berlin und wurde dort zum Begriff der Identität im Antidiskriminierungsrecht promoviert.

Christoph Möllers
Nils Weinberg

Öffentliche Kunstfreiheit

Suhrkamp

2. Auflage 2026

Erste Auflage 2026
suhrkamp taschenbuch wissenschaft 2490
Originalausgabe

Umschlag nach Entwürfen
von Willy Fleckhaus und Rolf Staudt
Druck: C. H. Beck, Nördlingen
Printed in Germany
ISBN 978-3-518-30090-9

Suhrkamp Verlag GmbH
Torstraße 44, 10119 Berlin
info@suhrkamp.de
www.suhrkamp.de

Inhalt

Für uns ist es einzigartig, aber die Lehren, die wir daraus ziehen, Deutsche wie Juden, sollten universalistisch sein. Man muss die aus diesem Schicksal entstandene Sensibilisierung in eine universalistische Sensibilität wenden – muss, sonst bleibt man im Teufelskreis des Partikularismus hängen. Deswegen können einzigartige Ereignisse Anlässe sein, aber keine Argumente.

Ernst Tugendhat an Jürgen Habermas am 12. Juli 1986, zitiert nach Philipp Felsch, *Der Philosoph. Habermas und wir*, Berlin 2024, S. 130

Nicht die politische Neutralisierung der Gesellschaft [...] ist das Ziel der Kommunikationsfreiheit. Ihr Sinn ist vielmehr nur: daß das Interesse des Staates für politisch relevante gesellschaftliche Vorgänge eine Form erhält, welche die Differenzierung der Sozialordnung nicht aufhebt, sondern ihr angemessen ist. Der Staat muß akzeptieren können, daß seine Umwelt politische Probleme aufwirft und politische Macht erzeugt, die er zu absorbieren hat. Nicht Herrschaft, sondern Sensibilität ist seine Losung.

Niklas Luhmann, *Grundrechte als Institution*, Berlin 1965, S. 99

Einführung

Lange Zeit stand die bundesstaatliche Kompetenzverteilung im Mittelpunkt der verfassungsrechtlichen Diskussion um Grund und Grenzen staatlicher Kunstförderung. Dies hat sich spätestens mit der Auseinandersetzung um die *documenta fifteen*, in der unter dem teilweise begründeten Verdacht des Antisemitismus stehende Exponate gezeigt wurden, geändert.[1] Die Fragen, inwieweit staatliche Stellen bei staatlich geförderten Kunstprojekten die Kunstfreiheit der beauftragten Akteure zu respektieren haben, wie weit diese Freiheit überhaupt reicht – und inwieweit den Staat umgekehrt sogar eine Pflicht treffen kann, in eine künstlerische Aktivität zu intervenieren, sind auch zu einem politischen Problem geworden. Eine genauere rechtsdogmatische und verfassungspolitische Befassung mit diesen Fragen lohnt, weil die Kulturlandschaft in der Bundesrepublik maßgeblich von staatlich eingerichteten Akteurinnen und Institutionen geprägt und durch öffentliche Mittel finanziert ist: Bund, Länder und Gemeinden sind Trägerinnen und Förderer von Theatern, Museen, Ausstellungen, Festivals und Fellowships.[2] Obwohl die Frage nach staatlicher Beteiligung an der

1 Dazu Peter Jelavich, *Kunstfreiheit: Eine deutsche Ideologie*, Frankfurt/M. 2025, S. 154-164; Floris Biskamp, »Ein perfekter Sturm: Rassismuskritik und Antisemitismuskritik im Streit um die documenta fifteen«, in: Heinz Bude, Meron Mendel (Hg.), *Kunst im Streit. Antisemitismus und postkoloniale Debatte auf der documenta fifteen*, Frankfurt/M., New York 2025, S. 35-58.

2 Dies lässt sich jeweils nur für einzelne Sparten nachweisen. So befinden sich knapp 50 % der Museen in öffentlicher Trägerschaft, wobei das Institut für Museumsforschung ausdrücklich darauf hinweist, dass auch die privatrechtlich betriebenen Museen häufig nur eine Ausgliederung aus der öffentlichen Hand sind, siehe Institut für Museumsforschung, *Zahlen und Materialien. Heft 78: Statistische Gesamterhebung an den Museen der Bundesrepublik Deutschland 2022*, Berlin 2024, S. 65 f. Der Deutsche Bühnenverein e.V. kommt für die Spielzeit 2021/22 auf 137 Spielstätten öffentlicher Theaterunternehmen, die auf 1000 Einwohner 6,5 Plätze zur Verfügung stellen. Privattheater stellten in derselben Spielzeit 2,2 Plätze pro 1000 Einwohner. Auch Privattheater werden jedoch überwiegend öffentlich finanziert, sie erhielten in der Spielzeit 2021/22 rund 118 Millionen Euro aus öffentlichen Mitteln und erwirtschafteten selbst rund 37 Millionen Euro, siehe Deutscher Bühnenverein, *Theaterstatistik 2021/2022*, Köln 2025, S. 253, 262. Einen guten Eindruck vermittelt ferner der zweijährlich erscheinende Kulturfinanzbericht, zuletzt:

Kunstfreiheit in neuerer Zeit lebhaft politisch diskutiert wird, wurde sie bisher so gut wie nie gerichtlich ausgefochten und vergleichsweise wenig rechtswissenschaftlich untersucht. Das dürfte maßgeblich daran liegen, dass der Staat auf diesem Gebiet in der Regel nicht in Freiheiten eingreift, sondern Freiheitsausübung durch Organisations- und Haushaltsentscheidungen erst ermöglicht. Anders formuliert: Der Staat, der Leistungen gewährt, auf die im Grundsatz kein individueller Anspruch besteht, sieht sich selten gerichtlich auszufechtenden Verteilungskonflikten ausgesetzt. Empfangende haben daran kein Interesse, andere Wettbewerber darauf keinen Anspruch. Im Ergebnis würde die gerichtliche Kontrolle sich auch nicht zu weit auf die Überprüfung einer nach Kriterien künstlerischer Qualität getroffenen Entscheidung einlassen. Auch wegen dieser fehlenden gerichtlichen Behandlung des Problems besteht Bedarf nach dessen juristischer Aufklärung – durchaus auch mit Sinn dafür, an welchen Stellen Recht nicht mehr weiterhelfen kann oder sich darauf beschränkt, politische oder ästhetische Verantwortlichkeiten zuzuweisen. Einen solchen Orientierungsbedarf zeigt nicht allein die öffentliche Diskussion, sondern auch das große Interesse der institutionellen Praxis an den diesem Buch zugrundeliegenden, sogleich näher zu erwähnenden Vorgängertexten und das Entstehen grauer Praktikerliteratur zum Thema.[3] Dabei wird die Darstellung sich um eine Rekonstruktion des positiven Rechts bemühen, daran aber auch institutionelle und verfassungspolitische Überlegungen anschließen.

Um die Frage nach der Reichweite der Kunstfreiheit in diesem Kontext zu klären, bestimmen wir zunächst, inwieweit sich die öffentliche Kulturinstitution sowie die dort angestellten Kulturschaffenden auf die Kunstfreiheit berufen können (I.). An diese Ausführungen zu den Trägern der Kunstfreiheit schließt ein Exkurs zum überlieferten Schutz öffentlicher Korporationen an (II.). Die hier eingenommene vergleichend-historische Perspektive geht über das praktische Anliegen der sonstigen Untersuchung hinaus, gibt diesen Ausführungen aber einen weiteren verfassungstheoretischen Rahmen.

Statistische Ämter des Bundes und der Länder (Hg.), *Kulturfinanzbericht 2024*, Wiesbaden 2024.

3 Deutscher Museumsbund, *Museen im politischen Raum: Was darf ich und was nicht?*, Berlin 2025.

In einem dritten Schritt betrachten wir einige wichtige Rechtsfolgen der Kunstfreiheit (III.). Erst danach beschäftigt uns das spezifische Problem der staatlichen Förderung antisemitischer Kunst. Auf Grundlage des entwickelten institutionellen Verständnisses betrachten wir aus rechtsdogmatischer und rechtspolitischer Sicht einige Maßnahmen, die aus Anlass der *documenta fifteen* gegenwärtig diskutiert werden. Dabei unterscheiden wir zwischen Maßnahmen der Eingriffs- (IV.) und der Leistungsverwaltung (V.). Die Studie schließt nach einer Zusammenfassung der Ergebnisse (VI.) mit einem Epilog, der sich die Frage nach dem Wozu einer eigenen verfassungsrechtlichen Kunstfreiheit stellt.

Wenngleich – so das Ergebnis dieser Untersuchung – die Bekämpfung von Antisemitismus und Rassismus politisch sowie moralisch unbestritten sein sollte und wenngleich dem Staat verfassungsrechtlich die Aufgabe obliegt, Antisemitismus und Rassismus nicht zu fördern, gilt auch hier: »Das Postulat des Rechtsstaats ist letztlich nichts anderes als eine Kritik des Schlusses vom Zweck auf das Mittel.«[4] Damit hält die auf den ersten Blick recht spezialisierte Untersuchung auf den zweiten Blick auch allgemeinere grundrechtsdogmatische Einsichten – etwa zum Schutz öffentlicher Korporationen oder zur Bedeutung von Gleichheitsrechten im Kontext staatlicher Subventionen – bereit.[5]

Bei der vorliegenden Untersuchung handelt es sich um die umgearbeitete, erweiterte, aktualisierte, korrigierte und neu überdachte Version zweier Rechtsgutachten, die der Verfasser Möllers für die Beauftragte der Bundesregierung für Kultur und Medien erstattet hat.[6] Zudem fließen in die Untersuchung Erfahrungen aus seiner

4 Niklas Luhmann, »Die Grenzen einer betriebswirtschaftlichen Verwaltungslehre«, in: *VerwArch* 56 (1965), S. 303-313, hier S. 308.

5 Die allgemeinere Ergiebigkeit gerade der Kulturorganisationen, dort mit einem Fokus auf Bildungs- und Wissenschaftseinrichtungen, findet sich (wie so vieles) vorgedacht von Ulrich K. Preuß, *Zum staatsrechtlichen Begriff des Öffentlichen untersucht am verfassungsrechtlichen Status kultureller Organisationen*, Stuttgart 1969, insb. S. 52-55.

6 Christoph Möllers, »Grundrechtliche Grenzen und grundrechtliche Schutzgebote staatlicher Kulturförderung. Gutachten im Auftrag der Beauftragten der Bundesregierung für Kultur und Medien«, 2022; ders., »Zur Zulässigkeit von präventiven Maßnahmen der Bekämpfung von Antisemitismus und Rassismus in der staatlichen Kulturförderung. Gutachten im Auftrag der Beauftragten der Bundesregierung für Kultur und Medien«, 2024. Vgl. aus den Reaktionen etwa

Mitgliedschaft in der vom Land Hessen und der Stadt Kassel eingesetzten Expertenkommission zur Aufarbeitung der *documenta fifteen* ein.[7] Bei der Gestaltung der Gutachten, selbst bei der genauen Bestimmung der Fragestellung war er völlig frei. Ab einem bestimmten Punkt bedurfte die Umarbeitung aus Sicht des ersten Autors einer frischen, kritischen Perspektive. Darum bat er Nils Weinberg, in die Autorschaft einzutreten und den Text gemeinsam weiterzuentwickeln.

Für Anregungen und Kritik, die mitunter nur aus einzelnen Bemerkungen in Gesprächen bestanden, danken wir Marion Ackermann, Julia Bernstein, Nicole Deitelhoff, Dieter Grimm, Raphael Gross, Eva Herzog, Peter Jelavich, Kristina Lagemann, Jannis Lennartz, Max Lenz, Dörte Schmidt, Alexander Tischbirek und Luisa Zimmer. Teile dieser Studie hat der Autor Möllers an den Universitäten Köln und Münster, an der Berlin-Brandenburgischen Akademie der Wissenschaften und bei anderen Veranstaltungen in Hamburg, Kassel, München und Nürnberg diskutiert. Für Anregungen und Anmerkungen sei allen Diskutanten gedankt.

Fragen und Antworten in diesem Buch spiegeln zugleich einen globalen Konflikt und eine spezifisch deutsche Befindlichkeit

Patrick Bahners, »Der letzte Skandal«, in: *FAZ*, 23.1.2023, ⟨https://www.faz.net/aktuell/feuilleton/debatten/gutachten-zur-kunstfreiheit-nach-dem-documenta-skandal-18621542.html⟩; Jörg Häntzschel, »Einmischung unerwünscht«, in: *SZ*, 20.1.2023, ⟨https://www.sueddeutsche.de/kultur/antisemitismus-documenta-christoph-moellers-claudia-roth-ergebnis-gutachten-1.5735201?reduced=true⟩; Claudia Reinhard, »›Gut gemeint ist oft das Gegenteil von Kunst.‹ Neues Gutachten zu Antisemitismusklauseln«, in: *Tagesspiegel*, 19.3.2024, ⟨https://www.tagesspiegel.de/kultur/gut-gemeint-ist-das-gegenteil-von-kunst-neues-gutachten-zu-antisemitismusklauseln-11393002.html⟩; Thomas E. Schmidt, »Niemand ist so frei, weder die Kunst noch der Staat«, in: *Zeit Online*, 21.3.2024, ⟨https://www.zeit.de/kultur/2024-03/antisemitismusklauseln-gutachten-christoph-moellers-claudia-roth-verfassungsrecht⟩; Patrick Bahners, »Wozu soll das gut sein?«, in: *FAZ*, 22.3.2024, ⟨https://www.faz.net/aktuell/feuilleton/debatten/staat-darf-kunst-auf-politische-zwecke-verpflichten-aber-waere-das-klug-19603086.html⟩, letzter Zugriff jeweils 20.10.2025.

7 Gremium zur fachwissenschaftlichen Begleitung der documenta fifteen, *Abschlussbericht*, 2023, ⟨https://www.documenta.de/media/pages/files/e59a0a888a-1675696303/230202_Abschlussbericht.pdf⟩, letzter Zugriff 20.10.2025; Heinz Bude, Meron Mendel (Hg.), *Kunst im Streit. Antisemitismus und postkoloniale Debatte auf der documenta fifteen*; Michael Hutter, *Anstößige Bilder. Gesellschaftskampfspiele um den documenta-fifteen-Skandal*, Heidelberg 2025, insb. S. 10-16.

wider. Es geht um die Freiheit der Kunst für sich, aber auch als Lebensbedingung für alle von ihr Betroffenen. Viele der öffentlichen Diskussionen erwiesen sich als unversöhnlich. Der Hinweis auf »Antisemitismus« einerseits, auf »Zensur« oder »Kunstfreiheit« andererseits wird nicht selten als normative Evidenz behandelt. So geraten alle Probleme ganz einfach, es sind eigentlich keine Probleme mehr. Sie in einen Zusammenhang zu stellen, gilt dann als moralischer Relativismus. Die Praxis des Rechts ist freilich immer moralisch relativistisch. Juristen, die vorgeben, mit Absolutem zu handeln, verfehlen ihren Gegenstand. Das mag man als Mangel des Rechts bewerten, uns erscheint es eher als zivilisatorische Errungenschaft. Die folgenden verfassungsrechtlichen Überlegungen erheben nicht den Anspruch, die hier aufgeworfenen Probleme zu lösen, aber sie machen ein Angebot, Positionen miteinander zu vermitteln. Die Überzeugungen, die die Autoren bei diesem kleinen Beitrag zu einem so großen Problem anleiteten, kommen in den Motti des Buchs zum Ausdruck.

I. Träger der Kunstfreiheit im staatlich geförderten Kunstbetrieb

Die öffentliche Kunstförderung in Deutschland zeichnet sich dadurch aus, dass zwischen die Künstlerin und die staatlichen Entscheidungsträger nicht immer, aber doch häufig eine vermittelnde öffentliche Institution tritt. Die demokratische Kulturpolitik – Bund, Länder und Gemeinden – richtet öffentliche Institutionen wie Museen, Orchester oder Theater ein und stattet sie mit finanziellen Mitteln aus.[1] Diese Institutionen entscheiden eigenständig über ihr künstlerisches Programm. Sie lassen kuratieren, laden einen Gastdirigenten oder eine Schauspielgruppe ein, kurzum, sie fördern private Künstlerinnen.

Das klassische Verständnis der Grundrechte als Abwehrrechte gegen staatliche Interventionen stößt in diesem Dreieck von Staat, Kulturinstitution und Künstlerin schnell an seine Grenzen. Selbstverständlich sind Bund, Länder und Gemeinden an die Grundrechte gebunden. Ebenso selbstverständlich gilt, dass die privaten Künstler Kunstfreiheit genießen, ohne auf die Grundrechte verpflichtet zu sein. Die öffentlichen Kunstintermediäre stehen in der Mitte eines Kontinuums, das zwischen den beiden Polen demokratischer Gestaltung der Kunstpolitik auf der einen und der Berechtigung privater Individuen durch die Kunstfreiheit auf der anderen Seite verortet ist.[2] Sind sie grundrechtsberechtigt – und wenn ja, was folgt daraus?

Art. 1 Abs. 3 des Grundgesetzes verpflichtet die Staatsgewalt auf die Beachtung der Grundrechte. Im Umkehrschluss ist es deswegen staatlichen Stellen – dazu gehören auch die öffentlichen Kulturinstitutionen – grundsätzlich nicht erlaubt, sich auf die Grundrechte zu berufen. Doch kennt die Regel des nicht grundrechtsberechtig-

1 Zur Geschichte der zügigen Verstaatlichung privater Kunstinstitutionen im 19. Jahrhundert knapp Thomas Nipperdey, *Wie das Bürgertum die Moderne fand*, Berlin 1988, S. 11-20.

2 Christoph Möllers, *Gewaltengliederung*, Tübingen 2005, S. 11 ff. Anders Josef Isensee, »Grundrechte und Demokratie. Die polare Legitimation im grundgesetzlichen Gemeinwesen«, in: *Der Staat* 20 (1981), S. 161-176, hier S. 168, der kein Dazwischen anerkennt (»Tertium non datur«).

ten öffentlichen Handelns »Ausnahmen«, etwa den Fall staatlicher Hochschulen und ihres wissenschaftlichen Personals, die sich auf die Wissenschaftsfreiheit berufen können. Dies wird seit langem in der Rechtsprechung mit der besonderen Zuordnung zu einem grundrechtlich geschützten Lebensbereich begründet.[3] So setzt das Bundesverfassungsgericht in der abgrenzenden Rechtfertigung der Ausnahmen darauf, dass eine Rechtsperson

> unmittelbar dem Lebensbereich der Bürger zugeordnet [wird], der durch die als verletzt gerügten Grundrechte geschützt wird. Das letztere setzt voraus, daß es sich – wie bei den Kirchen, Universitäten und Rundfunkanstalten – um eine juristische Person handelt, die den Bürgern zur Verwirklichung ihrer individuellen Grundrechte dienen [sic] und als eigenständige, vom Staat unabhängige oder jedenfalls distanzierte Einrichtungen Bestand haben [sic].[4]

Für die Organisation von Kunst und Kultur ist eine solche Ausnahme nicht explizit anerkannt.[5] Damit bedarf die Anwendbarkeit der Kunstfreiheit einer eigenen Begründung. Dass private Kunstschaffende von der Kunstfreiheit geschützt sind, auch wenn der Staat ihr künstlerisches Handeln fördert, steht außer Frage. Die Geförderten sind in keinen staatlichen Handlungszusammenhang eingegliedert,

3 Neben den wissenschaftlich tätigen Personen explizit für Universitäten in BVerfGE 15, 256 (262) – *Universitäre Selbstverwaltung* (1963); 21, 362 (373 f.) – *Sozialversicherungsträger* (1967); 31, 314 (322) – *Rundfunk II* (1971).

4 BVerfGE 45, 63 (79) – *Stadtwerke Hameln* (1977).

5 Das Bundesverfassungsgericht hat die Frage nach weiteren Ausnahmekonstellationen aber zumindest offengelassen, vgl. BVerfGE 21, 362 (374) – *Sozialversicherungsträger* (1967); 61, 82 (102 f.) – *Gemeinde Sasbach* (1982). In der Literatur wird diesbezüglich jedoch betont, dass sich daraus kein verfassungsgerichtlich etablierter Verallgemeinerungsgedanke ergebe. Die Entscheidung BVerfGE 70, 1 aus dem Jahr 1985, die die Grundrechtsfähigkeit von Orthopädietechniker-Innungen anerkennt und damit den Kreis der »Ausnahmen« erweitert, ist somit wohl eher als Ausreißer zu verstehen. Siehe Winfried Kluth, *Funktionale Selbstverwaltung*, Tübingen 1997, S. 399; ebenso Michael Sachs, Christian von Coelln, in: Michael Sachs, *Grundgesetz*, München [10]2024, Art. 19 Rn. 100. Gegen eine grundsätzliche Erweiterung dieser Ausnahmetrias auch Christian Ernst, in: Ingo von Münch, Philip Kunig, *Grundgesetz*, Bd. 1, München [7]2021, Art. 19 Rn. 83 f.; Sachs, von Coelln, in: Sachs, *Grundgesetz*, Art. 19 Rn. 98; Barbara Remmert, in: Günter Dürig, Roman Herzog, Rupert Scholz, *Grundgesetz*, Bd. III, München 2009 (55. EL), Art. 19 Abs. 3 Rn. 45 f.

sondern arbeiten als private Schöpferinnen, die vom Staat Mittel erhalten. Dass aus der Kunstfreiheit ein Anspruch auf solche Mittel folgt, ist damit nicht gesagt. Aber jedenfalls können die Künstlerinnen staatliche Interventionen auch dann regelmäßig abwehren, wenn ihre Kunst mit öffentlichen Geldern finanziert ist. Wie steht es aber um den Grundrechtsschutz, wenn künstlerische Praktiken im deutschen System nicht nur von geförderten Privatpersonen, sondern auch von staatlich finanzierten Organisationen (1.) und dort Beschäftigten (2.) betrieben werden? Im Ergebnis, so viel sei vorweggenommen, dürfen sich sowohl die öffentliche Kunstinstitution als auch die angestellten Künstler auf die Kunstfreiheit des Art. 5 Abs. 3 Satz 1 GG berufen. Deren sachlicher Gewährleistungsgehalt ist für beide aufgabenbezogen zu bestimmen.

1. Grundrechtsschutz der Kulturinstitution

Kann ein Stadttheater als kommunaler Eigenbetrieb Grundrechtsschutz beanspruchen? Diese Frage ist in der wissenschaftlichen Debatte – auch außerhalb von Deutschland[6] – lebhaft umstritten und nicht gerichtlich geklärt.[7] Ein nicht unbedeutender Teil der wissenschaftlichen Diskussion spricht auch staatlichen Kulturorga-

6 Zur parallelen Diskussion in der schweizerischen Rechtswissenschaft: Vanessa Rüegger, *Kunstfreiheit*, Basel 2020, S. 246 f.

7 Vereinzelt finden sich zwar Entscheidungen, die auf eine Bejahung dessen hindeuten könnten, BVerwGE 62, 55 (59) – *Künstlerisches Personal eines Theaters* (1981) (dort wird aber nicht ganz deutlich, ob sich das Gericht auf die hinter den »kunstvermittelnden Medien« stehenden Personen [in diese Richtung deuten die im zweiten Satz zitierten Entscheidungen, namentlich BVerfGE 30, 173 (191) – *Mephisto* (1971); 36, 321 (331) – *Schallplatten* (1974)] oder auf die Medien selbst bezieht); eindeutig bejahend VG Berlin, Urteil vom 16. 8. 2019, 3 K 113.19, Rn. 58. In der Literatur wird zumindest die Entscheidung des Bundesverwaltungsgerichts jedoch sehr unterschiedlich rezipiert. Während von der Decken darin eine Bestätigung der Grundrechtsfähigkeit von Kulturorganisationen sieht (Kerstin von der Decken, in: Bruno Schmidt-Bleibtreu, Hans Hofmann, Hans-Günter Henneke, *Grundgesetz*, Hürt [15]2022, Art. 5 Rn. 44), meint Wolf, dass die Grundrechtssubjektivität der Institutionen selbst gar nicht angesprochen würde (Sascha Wolf, »Die Rolle der staatlichen Theater im Kulturkampf«, in: *NVwZ* 2020, S. 845-850, hier S. 847).

nisationen Grundrechtsfähigkeit zu.[8] Demgegenüber werden an dieser Ansicht auch Zweifel und Kritik geäußert.[9]

Ein erstes Problem ist konstruktiver Natur. Viele staatliche Kulturorganisationen sind keine juristischen Personen, sondern unselbstständige Anstalten, im Ausgangspunkt also nicht rechtsfähig.[10] Doch ist allgemein anerkannt und verfassungsgerichtlich ausjudiziert, dass der Grundrechtsschutz nicht der einfachgesetzlich geregelten Organisationsform folgen muss, schon um den Vorrang der Verfassung sicherzustellen. Das Bundesverfassungsgericht hat in seiner ersten Entscheidung dieser Art bei der Prüfung der

8 Andreas v. Arnauld, in: Wolfgang Kahl u. a. (Hg.), *Bonner Kommentar zum Grundgesetz*, Heidelberg 2017 (184. EL), Art. 5 Abs. 3 Rn. 97; Herbert Bethge, in: Michael Sachs, *Grundgesetz*, München [10]2024, Art. 5 Rn. 192 f.; Horst Dreier, in: ders. (Hg.), *Grundgesetz*, Bd. I, Tübingen [3]2013, Art. 19 III Rn. 64; Stefan Kadelbach, »Kommunaler Kulturbetrieb, Freiheit der Kunst und Privatrechtsform«, in: *NJW* 1997, S. 1114-1119, hier S. 1116; Joachim Würkner, *Das Bundesverfassungsgericht und die Freiheit der Kunst*, München 1994, S. 142 f.; Bernhard Kempen, in: Volker Epping, Christian Hillgruber (Hg.), *BeckOK Grundgesetz*, 2024 (60. Edition), Art. 5 Rn. 174; Friedhelm Hufen, »§ 101 Kunstfreiheit«, in: Detlef Merten, Hans-Jürgen Papier (Hg.), *Handbuch der Grundrechte in Deutschland und Europa*, Bd. IV, Heidelberg 2011, S. 801-873, hier S. 862 f.; Klaus Stern, »§ 117 Freiheit der Kunst und Wissenschaft«, in: ders., *Das Staatsrecht der Bundesrepublik Deutschland*, Bd. IV 2, München 2011, S. 595-881, hier S. 668 f.; Christian von Coelln, »Die Kunstfreiheit«, in: *JURA* 2024, S. 940-949, hier S. 944; Wolfgang Palm, *Öffentliche Kunstförderung zwischen Kunstfreiheitsgarantie und Kulturstaat*, Berlin 1998, S. 87; Elise Grauer, *Die Berliner Akademie der Künste*, Berlin 2010, S. 230-237.

9 Sophie-Charlotte Lenski, *Öffentliches Kulturrecht*, Tübingen 2013, S. 185; Fritz Ossenbühl, »Mitbestimmung in der Kunst«, in: *DÖV* 1983, S. 785-791, hier S. 790; Ulrich Repkewitz, »Nochmals: Zur Verwaltung großer Bühneninstitute«, in: *VerwArch* 81 (1990), S. 578-582, hier S. 580; Wolfgang Rüfner, »Grundrechtsträger«, in: Josef Isensee, Paul Kirchhof (Hg.), *Handbuch des Staatsrechts*, Bd. IX, Heidelberg [3]2011, § 196 Rn. 123; Sachs, von Coelln, in: Sachs, *Grundgesetz*, Art. 19 Rn. 98. Ablehnend noch Claas Friedrich Germelmann, *Kultur und staatliches Handeln*, Tübingen 2013, S. 182; nunmehr eine Grundrechtsberechtigung bejahend: ders., in: Horst Dreier (Hg.), *Grundgesetz*, Bd. I, Tübingen [4]2023, Art. 5 III (Kunst) Rn. 75.

10 So fordert etwa Remmert für die Grundrechtsträgerschaft im Allgemeinen zumindest eine Teilrechtsfähigkeit, die sie mit der »Rechtstechnizität des Begriffs der juristischen Person« begründet (Remmert, in: Dürig, Herzog, Scholz, *Grundgesetz*, Bd. III, Art. 19 Abs. 3 Rn. 41). Spezifisch mit Blick auf Kulturinstitutionen Karl-Heinz Ladeur, in: Erhard Denninger u. a. (Hg.), *Grundgesetz Alternativkommentar*, Neuwied, Kriftel 2001, Art. 19 Abs. 3 Rn. 55.

Beschwerdefähigkeit einer Universität ganz ausdrücklich offengelassen, ob die Beschwerdeführerin rechtsfähig sei, und sich allein für die Anwendbarkeit der Grundrechte in der Sache interessiert.[11] Erforderlich ist ein Mindestmaß an struktureller Verfestigung, das eine organisierte Handlungszurechnung ermöglicht. Dieses dürfte im Kulturbereich häufig gegeben sein.

Ein zweites Problem erkennt die Literatur darin, dass nicht völlig klar sei, ob eine Ausweitung der Grundrechtsträgerschaft tatsächlich zur Effektuierung künstlerischer Freiheiten führe oder diese nicht sogar schwächen könne. Zum einen bestünden Abgrenzungsschwierigkeiten zwischen künstlerischen und bloß administrativen Tätigkeiten.[12] Zum anderen sei der künstlerische Bereich institutionell nicht immer hinreichend »staatsfremd«. In den Aufsichtsgremien öffentlicher Kulturinstitutionen säßen häufig Vertreterinnen der unmittelbaren Staatsgewalt. Sie könnten Einfluss nehmen auf künstlerische Entscheidungen und so den Grundrechtsschutz überspielen.[13] So berechtigt diese Sorge ist: Der Blick in das Hochschulrecht zeigt, dass man mit diesem Problem umgehen kann, ohne

11 BVerfGE 15, 256 (261f.) – *Universitäre Selbstverwaltung* (1963), im Anschluss an die Entscheidung zu einer politischen Partei: BVerfGE 3, 383 (391f.) – *Landeswahlgesetz Nordrhein-Westfalen* (1954). Jetzt etwa BVerfGE 122, 342 (355) – *Bayerisches Versammlungsgesetz* (2009); Peter M. Huber, in: ders., Andreas Voßkuhle (Hg.), *Grundgesetz*, Bd. 1, München [8]2024, Art. 19 Abs. 3 Rn. 238; Kadelbach, »Kommunaler Kulturbetrieb, Freiheit der Kunst und Privatrechtsform«, S. 1116; Gunnar Folke Schuppert, »Die Einheit der Verwaltung als Rechtsproblem«, in: *DÖV* 1987, S. 757-768, hier S. 768.

12 Repkewitz, »Nochmals: Zur Verwaltung großer Bühneninstitute«, S. 580f. Karpen und Hofer sehen dies hingegen als entscheidendes Argument für die Ausweitung des Gewährleistungsgehalts auf die künstlerischen Institutionen (Ulrich Karpen, Katrin Hofer, »Zur Verwaltung großer Bühneninstitute«, in: *VerwArch* 81 [1990], S. 557-577, hier S. 567).

13 So Germelmann, *Kultur und staatliches Handeln*, S. 182f.; Repkewitz, »Nochmals: Zur Verwaltung großer Bühneninstitute«, S. 580f.; Wolf, »Die Rolle der staatlichen Theater im Kulturkampf«, S. 847. Teilweise wird deshalb auch eine Differenzierung nach dem Grad der organisatorischen Verselbstständigung für die Grundrechtsträgerschaft vorgeschlagen. In diese Richtung Wolf-Dietrich Tillner, *Die öffentliche Förderung des Musiktheaters in Deutschland*, Berlin 1999, S. 101, 109; kritisch hinsichtlich dieser Differenzierung Repkewitz, »Nochmals: Zur Verwaltung großer Bühneninstitute«, S. 580f. Instruktiv zu den Mitbestimmungsmöglichkeiten in Kulturorganisationen Karpen, Hofer, »Zur Verwaltung großer Bühneninstitute«, S. 564ff.; Ossenbühl, »Mitbestimmung in der Kunst«, S. 785-789.

den Grundrechtsschutz der Institution selbst in Frage zu stellen. So hat das Bundesverfassungsgericht den Einfluss von Hochschulräten auf wissenschaftliche Entscheidungen von Universitäten aus genau diesem Grund begrenzt.[14] Die Annahme vom Grundrechtsschutz staatlich eingerichteter Organisationen ist also grundsätzlich für Differenzierungen innerhalb der und zwischen den Organisationen offen.

Überzeugen die Argumente gegen die Grundrechtsfähigkeit nicht ohne weiteres, so bleibt es dabei, dass staatlich getragene künstlerische Institutionen bisher nicht zu den Ausnahmen vom Prinzip des fehlenden Grundrechtsschutzes öffentlicher Institutionen gehören, die seit langem anerkannt sind: Hochschulen, öffentliche Rundfunkanstalten und Kirchen.[15] Dabei ging es dem Bundesverfassungsgericht von Anfang an, wie gesagt, um den Schutz der Grundrechte, nicht der Rechtsformen.[16] Es bejahte die Grundrechtsfähigkeit öffentlicher Institutionen anhand zweier Kriterien: Zum einen bedurfte es einer gesicherten organisatorischen Unabhängigkeit, zum anderen einer grundrechtsspezifischen Betätigung.[17] Diese Kriterien werden in der jüngeren Rechtsprechung von einer funktional-aufgabenbezogenen Betrachtung flankiert.[18] Institutionen, die organisatorisch verselbstständigt wurden, um Aufgaben zu erfüllen, die den sachlichen Schutzbereich der Kunstfreiheit eröffnen würden, erfüllen diese Kriterien. Dass sich staatliche Museen, Philharmonien und Theater recht problemlos unter

14 BVerfGE 111, 333 (354-356) – *Brandenburgisches Hochschulgesetz* (2004); 136, 338 (363-366, Rn. 57-61) – *Medizinische Hochschule Hannover* (2014).

15 Zum ersten Mal von diesen drei als »Ausnahmen« ist die Rede in BVerfGE 45, 63 (78 f.) – *Stadtwerke Hameln* (1977).

16 BVerfGE 3, 383 (391 f.) – *Landeswahlgesetz Nordrhein-Westfalen* (1954); 15, 256 (261) – *Universitäre Selbstverwaltung* (1963).

17 BVerfGE 15, 256 (262) – *Universitäre Selbstverwaltung* (1963); 85, 360 (385) – *Akademieauflösung* (1992).

18 Besonders deutlich wird dies in BVerfGE 70, 1 (20) – *Orthopädietechniker-Innung* (1985). In der Literatur betonen dies vor allem Kluth, *Funktionale Selbstverwaltung*, S. 396 f.; Rüfner, »Grundrechtsträger«, § 196 Rn. 115; Schuppert, »Die Einheit der Verwaltung als Rechtsproblem«, S. 768. Ladeur weist auf die Generalisierungsschwierigkeiten hinsichtlich der Grundrechtsfähigkeit öffentlich-rechtlicher Organisationen hin, die sich aus einer zunehmenden Fragmentierung der Organisationsformen ergäben (Ladeur, in: Denninger u. a. (Hg.), *Grundgesetz Alternativkommentar*, Art. 19 Abs. 3 Rn. 46).

diese Kriterien subsumieren lassen, erklärt sich aus der anerkannten Ähnlichkeit der objektiven Dimension der Wissenschafts- und der Kunstfreiheit.[19] Parallelen zwischen staatlichen Hochschulen und öffentlichen Kunstinstitutionen stechen auf vielen Ebenen, bei der Art der Aufgabe ebenso wie bei der Form der Organisation, ins Auge und legen es nahe, entsprechend der Wissenschaftsfreiheit aus der Kunstfreiheit ein System der Autonomie von Kulturinstitutionen zu entwickeln.

Die Grundrechtsfähigkeit der öffentlichen Kulturinstitutionen beruht also darauf, dass sie organisatorisch hinreichend verselbstständigt sind und ihnen eine Aufgabe zugewiesen ist, die einem speziellen Freiheitsrecht – der Kunstfreiheit – unterfällt. Daraus folgt zugleich eine Beschränkung ihres Grundrechtsschutzes. Die staatlich betriebene Kultureinrichtung ist nicht umfassend grundrechtsberechtigt. Vielmehr ist jeweils *aufgabenbezogen* zu bestimmen, inwieweit sich die Kulturinstitution auf ein Grundrecht berufen darf. Der so entstehende Grundrechtsschutz stellt also eine Form der Selbstbindung dar: Der Staat geht, indem er eine Kulturinstitution einrichtet und ausgestaltet, bestimmte, noch zu klärende grundrechtliche Verpflichtungen ein.[20] Ausgeschlossen vom Grundrechtsschutz bleiben damit aber alle staatlichen Strukturen, die Kunst ermöglichen sollen, ohne selbst künstlerisch tätig zu werden. Zu diesen Träger- und Verwaltungsstrukturen gehören beispielsweise die Kulturstiftung des Bundes und die Kulturstiftungen der Länder oder die Organe der documenta gGmbH.[21] Diese

19 In diese Richtung auch Ladeur, in: Denninger u. a. (Hg.), *Grundgesetz Alternativkommentar*, Art. 19 Abs. 3 Rn. 47; vor allem mit Blick auf die nicht vergleichbare Selbstständigkeit kritisch hinsichtlich einer Übertragbarkeit Philip Kunig, »Bühnenleiter und Kunstfreiheitsgarantie«, in: *DÖV* 1982, S. 765-773, hier S. 767; Repkewitz, »Nochmals: Zur Verwaltung großer Bühneninstitute«, S. 581. Allgemein zur Begründung des Grundrechtsschutzes von Universitäten Albert Bleckmann, Franziska Helm, »Die Grundrechtsfähigkeit juristischer Personen«, in: *DVBl* 1992, S. 9-15, hier S. 14.

20 Ähnlich Kadelbach, »Kommunaler Kulturbetrieb, Freiheit der Kunst und Privatrechtsform«, S. 1116. Zu diesem funktionsdifferenzierenden Grundrechtsschutz auch für die »Ausnahmetrias« Josef Isensee, »Anwendung der Grundrechte auf juristische Personen«, in: ders., Paul Kirchhof (Hg.), *Handbuch des Staatsrechts*, Bd. IX, Heidelberg ³2011, § 199 Rn. 59.

21 Zur Organisation Friedhelm Hufen, »Muß Kunst monokratisch sein? Der Fall documenta«, in: *NJW* 1997, S. 1112-1114; im Allgemeinen Bethge, in: Sachs, *Grundgesetz*, Art. 5 Rn. 192. Vgl. zur Einordnung der GmbH als öffentlich-

und vergleichbare Organisationen sind nicht durch die Kunstfreiheit berechtigt, sondern auf sie verpflichtet.

Eine zentrale Herausforderung dieses Ansatzes, der öffentlichen Kulturinstitutionen aufgabenbezogenen Grundrechtsschutz gewährt, dürfte darin liegen, dass diese – anders als Hochschulen[22] – keine historisch verwurzelte Selbstverwaltungsstruktur kennen. Damit stellt sich die Frage nach den Folgen der Grundrechtsverbürgung für die innere Verfasstheit der Organisation. Es ist darauf zu achten, dass die Kunstfreiheit nicht zu einem Recht eines staatlich finanzierten Betriebs entwickelt wird, auf das sich allein Intendantinnen und Direktoren berufen können. Denn das Grundgesetz spricht der Institution und nicht ihrer Leitung, erst recht nicht als natürlicher Person, die Grundrechtsfähigkeit zu.[23] Dieses Problem ist freilich auch bei den öffentlich-rechtlichen Rundfunkanstalten mit Blick auf die Intendanten ungelöst.[24] Die Vielzahl verschiedener Organisationsformen, vom kommunalen Eigenbetrieb bis zur Stiftung mit privater Rechtspersönlichkeit, wird die Verwirklichung der Grundrechtsfähigkeit nicht einfacher machen. Aber auch das ändert nichts an dem Ansatz, das Grundrecht rechtsformunabhängig zu gewähren.

rechtlichen Sonderbindungen unterliegend bereits Reinhard Hörstel, *Fragen zur Kunstsubvention. Dargestellt am Beispiel der Documenta GmbH*, Heidelberg, Berlin 1961, S. 15 ff., mit sehr weitreichender Überlagerung des Privatrechts. Zur Kritik Ulrich K. Preuß, *Zum staatsrechtlichen Begriff des Öffentlichen untersucht am verfassungsrechtlichen Status kultureller Organisationen*, Stuttgart 1969, S. 67 f.

22 Zu deren Geschichte nach wie vor sehr lesenswert Alexander Kluge, *Die Universitäts-Selbstverwaltung. Ihre Geschichte und gegenwärtige Rechtsform*, Frankfurt/M. 1958; überblicksartig mit zeitgenössischen Dokumenten Thomas Ellwein, *Die deutsche Universität. Vom Mittelalter bis zur Gegenwart*, Königstein/Ts. 1985, insb. S. 48, 248.

23 Unzutreffend ist daher die Aussage, dass »[n]icht ›das Museum‹ […] Kunst- oder Wissenschaftsfreiheit [genießt], sondern die Museumsleitung als natürliche Person, soweit sie entsprechende Aufgaben ausübt«. So Deutscher Museumsbund, *Museen im politischen Raum: Was darf ich und was nicht?*, Berlin 2025, S. 6.

24 Zu dieser Frage der inneren Rundfunkorganisation nach wie vor Wolfgang Hoffmann-Riem, *Rundfunkfreiheit durch Rundfunkorganisation*, Baden-Baden 1979, S. 103 ff.

2. Grundrechtsschutz der angestellten Kulturschaffenden

Die Grundrechte der Kulturinstitution drohen also, faktisch in Grundrechte der Institutionsleitung umzuschlagen. Können die angestellten Kulturschaffenden sich ihrerseits – womöglich gar gegen die Institutionsleitung – auf die Kunstfreiheit berufen? Der Begriff der Anstellung ist hier untechnisch und damit weit zu verstehen. Er umfasst diejenigen, die – als Orchestermusiker oder als Generaldirektorin einer Gruppe staatlicher Museen – vollständig in eine staatliche Organisation eingegliedert sind, ebenso wie diejenigen, die – zum Beispiel als künstlerische Leitung der *documenta* – nur projektförmig privatvertraglich beauftragt werden. In solchen Fällen wird im Ergebnis ein Grundrechtsschutz für die angestellten Kulturschaffenden sowohl in der freilich überschaubaren wissenschaftlichen Diskussion[25] als auch in der besonders spärlichen Rechtsprechung[26] bejaht. Als Rechtfertigung dürfte dabei eine Feststellung des Bundesverfassungsgerichts in der *Mephisto*-Entscheidung dienen, die vom Gericht später auch zur Behandlung der Wissenschaftsfreiheit aufgegriffen wurde. In dieser Entscheidung stellte das Gericht fest:

> Art. 5 Abs. 3 Satz 1 GG erklärt die Kunst neben der Wissenschaft, Forschung und Lehre für frei. Mit dieser Freiheitsverbürgung enthält Art. 5 Abs. 3 Satz 1 GG nach Wortlaut und Sinn zunächst eine objektive, das Verhältnis des Bereiches Kunst zum Staat regelnde wertentscheidende Grundsatznorm. Zugleich gewährleistet die Bestimmung jedem, der in diesem Bereich tätig ist, ein individuelles Freiheitsrecht.[27]

25 Helmut Ridder, »Die Freiheit der Kunst nach dem Grundgesetz« [1963], in: ders., *Kommunikation in der Demokratie*, hg. von Friedhelm Hase u. a., Tübingen 2019, S. 189-200, hier S. 198; v. Arnauld, in: Kahl u. a. (Hg.), *Bonner Kommentar zum Grundgesetz*, Art. 5 Abs. 3 Rn. 97; Hans D. Jarass, in: ders., Bodo Pieroth, *Grundgesetz für die Bundesrepublik Deutschland*, München ¹⁸2024, Art. 5 Rn. 122; Kunig, »Bühnenleiter und Kunstfreiheitsgarantie«, S. 765 f.; Gerd Roellecke, »Wissenschaftsfreiheit als institutionelle Garantie?«, in: *JZ* 1969, S. 726-733, hier S. 733; Fabian Wittreck, in: Horst Dreier (Hg.), *Grundgesetz*, Bd. I, Tübingen ³2013, Art. 5 III (Kunst) Rn. 50.

26 BVerwGE 62, 55 (59) – *Künstlerisches Personal eines Theaters* (1981); BVerwG, Beschluss vom 12. 8. 2002, 6 P 17.01, Rn. 38; OVG Berlin-Brandenburg, Urteil vom 21. 5. 2021, OVG 5 B 32.19, Rn. 80; implizit OLG Dresden, Urteil vom 16. 5. 2000, 14 U 729/00, Rn. 33-37.

27 BVerfGE 30, 173 (188) – *Mephisto* (1971). In BVerfGE 35, 79 (112) – *Hochschulurteil* (1973), wird dies für die Wissenschaftsfreiheit aufgegriffen.

Damit knüpft das Gericht an ältere Überlegungen an, in denen ein »Lebensbereich«, der von den Grundrechten spezifisch erfasst wird, rechtsformunabhängig grundrechtlich geschützt ist. Dieses Argument ist nicht zu verwechseln mit der in der Literatur teilweise herangezogenen Figur der »grundrechtstypischen Gefährdungslage«.[28] Diese Figur passt hier nicht, dient sie doch in der Rechtsprechung dazu, Freiheitsgefährdungen, die juristische Personen bedrohen können, mit den Gefährdungen natürlicher Personen zu vergleichen, um auch den Grundrechtsschutz der Ersteren für besondere Fälle der Strukturähnlichkeit zu rechtfertigen.[29] Hier geht es aber gerade nicht um den Grundrechtsschutz juristischer Personen, sondern um denjenigen natürlicher Personen, die im weitesten Sinne im Auftrag des Staates handeln.

Damit ist jedoch noch nicht die Frage beantwortet, ob die angestellte Kuratorin sich auch gegenüber der Museumsdirektorin auf die Kunstfreiheit berufen darf. Wie für die Kulturinstitution selbst gilt auch für die angestellten Künstler: die Reichweite des Grundrechtsschutzes im öffentlichen Kunstsektor ist nicht einfach mit derjenigen privater Grundrechtsträger gleichzusetzen. Vielmehr muss der Grundrechtsschutz aus der Aufgabe folgen, die für eine bestimmte Person durch die Institution konkretisiert wurde. So hat das Bundesverwaltungsgericht anerkannt, dass im Falle einer künstlerischen Leitungsfunktion dieser Grundrechtsschutz doppelt wirken kann: zum einen für den Schutz der eigenen künstlerischen Tätigkeit als Regisseurin oder Dirigent und zum anderen mit Blick auf die weitere Verantwortung für die Verbreitung der Kunst durch Gestaltung von Programmen und die Auswahl von künstlerischen Mitarbeitenden.[30]

Zwischen individueller Freiheitsbetätigung und der Inanspruch-

28 So v. Arnauld, in: Kahl u. a. (Hg.), *Bonner Kommentar zum Grundgesetz*, Art. 5 Abs. 3 Rn. 97; Kempen, in: Epping, Hillgruber (Hg.), *BeckOK Grundgesetz*, Art. 5 Rn. 174; Bethge, in: Sachs, *Grundgesetz*, Art. 5 Rn. 192.

29 BVerfGE 45, 63 (79) – *Stadtwerke Hameln* (1977); 61, 82 (102, 105) – *Gemeinde Sasbach* (1982).

30 Ausdrücklich BVerwGE 62, 55 (59 f.) – *Künstlerisches Personal eines Theaters* (1981); dieser Rechtsprechung zustimmend Peter Emmerich, Joachim Würkner, »Kunstfreiheit oder Antisemitismus?«, in: *NJW* 1986, S. 1195-1205, hier S. 1199; Germelmann, *Kultur und staatliches Handeln*, S. 549 f.; Tillner, *Die öffentliche Förderung des Musiktheaters*, S. 99 f.; Wolf, »Die Rolle der staatlichen Theater im Kulturkampf«, S. 848.

nahme einer öffentlich-rechtlichen Amtsstellung muss also eine funktionelle Grenze gezogen werden. Das Amt fällt, zumindest auf den ersten Blick, nicht in den grundrechtlichen Gewährleistungsgehalt. Dieses Problem ist aus dem öffentlichen Dienstrecht altbekannt.[31] Während beispielsweise das äußere Erscheinungsbild eines Soldaten überwiegend dem Bereich grundrechtlicher Freiheitsausübung zugeordnet wird und sich Argumente der Einheitlichkeit und Repräsentation damit erst auf Rechtfertigungsebene auswirken,[32] wird für die vieldiskutierte Frage, inwiefern das Tragen religiöser Kleidung in staatlichen Ämtern vom Grundrechtsschutz umfasst ist, teilweise eine kleinteiligere Abwägung gefordert, die die Kommunikationsfunktion des Bekleidungsstücks in den Blick nimmt.[33] In ähnlicher Weise will das Bundesverfassungsgericht auch den grundgesetzlichen Gewährleistungsgehalt für die Notartätigkeit als staatlich gebundenen Beruf begrenzen. Notare könnten sich zwar grundsätzlich auf Art. 12 Abs. 1 GG berufen, allerdings werde deren Schutz im Einzelfall durch an Art. 33 Abs. 5 GG angelehnte Sonderregelungen überlagert, wobei eine umfassende Beurteilung ihrer konkreten Aufgaben, Befugnisse und Rechtsstellung erfolgen müsse.[34]

31 Sebastian Graf Kielmansegg, *Grundrechte im Näheverhältnis*, Tübingen 2012, S. 279-281, 359-362; ders., »Das Sonderstatusverhältnis«, in: *JA* 2012, S. 881-887, hier S. 885 f. Allgemein zu diesem Dualismus BVerfGE 39, 334 (366 f.) – *Radikalenerlass* (1975).

32 Siehe zu dienstlichen Vorgaben hinsichtlich des Erscheinungsbildes vor allem die umfassende Rechtsprechung des Bundesverwaltungsgerichts: BVerwGE 43, 353 (355 f.) – *Haarnetz eines Soldaten* (1972); 46, 1 (1-3) – *Haartracht eines Soldaten* (1972); 84, 287 (291) – *Ohrschmuck eines Zollbeamten* (1990).

33 Einen funktionellen Ansatz betonend Udo Di Fabio, in: Günter Dürig, Roman Herzog, Rupert Scholz, *Grundgesetz*, Bd. I, München 2020 (92. EL), Art. 4 Rn. 140; Kielmansegg, *Grundrechte im Näheverhältnis*, S. 424-435; kritisch hinsichtlich eines umfassenden Grundrechtsschutzes abweichende Meinung der Richter Jentsch, Di Fabio und Mellinghoff in BVerfGE 108, 282 (316-318) – *Hijab I* (2003); Johannes Rux, »Religiös motiviertes Kopftuch im öffentlichen Schuldienst«, in: *DVBl* 2001, S. 1542-1546, hier S. 1543; Uwe Volkmann, »Dimensionen des Kopftuchstreits«, in: *JURA* 2015, S. 1083-1094, hier S. 1085. Dagegen eindeutig einen Grundrechtsschutz bejahend BVerfGE 138, 296 (328, Rn. 84) – *Hijab II* (2015); Ernst-Wolfgang Böckenförde, »›Kopftuchstreit‹ auf dem richtigen Weg?«, in: *NJW* 2001, S. 723-728, hier S. 724.

34 Mit Blick auf die berufliche Außendarstellung eindeutig die Grundrechtsberechtigung bejahend BVerfGE 112, 255 (262) – *Anwaltsnotariat II* (2005); 131, 130 (139) – *Weisung an Notare* (2012), wobei das Gericht offenlässt, ob die angegriffene

Die Besonderheit des Kunstsektors besteht nun aber darin, dass das Dienstverhältnis gerade einen spezifisch grundrechtlichen Handlungsbereich schafft und die freie Ausübung dieses Bereichs damit auch vom Staat gewollt ist. Geht es in den normalen dienstrechtlichen Abgrenzungskonstellationen um die Linie zwischen privater Freiheit und öffentlich-rechtlicher Pflicht, schafft im vorliegenden Fall erst die Einrichtung einer künstlerischen öffentlichen Aufgabe den Bedarf an grundrechtlich zu schützender Freiheitswahrnehmung. Damit ergibt sich kein Widerspruch zwischen der Ausübung der staatlichen Aufgabe und der Wahrnehmung eines Grundrechts. Die Kulturschaffende wird quasi mit ihrer grundrechtlichen Freiheit in Dienst genommen.[35] Dies ist im Ergebnis nur deswegen möglich, weil diese spezielle Aufgabe eines Bereichs genuiner Freiheitsausübung bedarf. Anders als frei können wir uns eine Praxis der Kunst (wie auch eine solche der Wissenschaft) schwerlich denken.[36] Für den Grundrechtsschutz kommt es also nicht darauf an, ob die Person in Ausübung ihrer öffentlichen Tätigkeit handelt, sondern ob sie künstlerisch tätig ist oder bloß verwaltet.

Umgekehrt folgt aus der aufgabenbezogenen Bestimmung, dass Tätigkeiten, die in kunstimmanent begründete Arbeitsteilungszusammenhänge oder sogar in ebenso künstlerisch begründbare Hierarchien führen, nur im Rahmen dieser Zusammenhänge Kunstfreiheit genießen. Der Flötist genießt Kunstfreiheit innerhalb

Maßnahme hier an der Berufsfreiheit zu messen ist (144 f.). Zur Grundrechtsberechtigung von Notaren siehe auch Jens Bormann, Leif Böttcher, »Notare und Beliehene zwischen Grundrechtsträgerschaft und staatlichem Funktionsverhältnis«, in: *NJW* 2011, S. 2758-2761. Kämmerer weist auf die Gefahren hin, die sich aus einer schon tatbestandlichen Begrenzung der Berufsfreiheit für »staatlich gebundene Berufe« ergäben (Jörg Kämmerer, »Freiheit und Staatsgebundenheit der Notare«, in: *NJW* 2006, S. 2727-2734, hier S. 2728 f.).

35 Ähnlich Udo Steiner, »Kulturauftrag im staatlichen Gemeinwesen«, in: *VVDStRL* 42 (1984), S. 7-45, hier S. 30. Diese Indienstnahme von Freiheit übersieht Saro in ihrem Entwurf einer Dogmatik des Zuwendungsrechts, wenn sie die Empfänger von Fördermitteln weitgehend auf politische Neutralität verpflichten will (Kristiane Saro, *Die staatliche Förderung gesellschaftlicher Organisationen*, Heidelberg 2025, S. 122 f.).

36 Zum Problem des Verhältnisses von Theorien der Freiheit zur ästhetischen Theorie Christoph Möllers, *Unverbindlicher Eigensinn. Über Freiheiten und Unfreiheiten der Kunst*, München 2025.

der Logik des Orchesters, in dem er spielt, und die Kuratorin im Zusammenhang einer möglicherweise hierarchisch strukturierten Museumsorganisation, in der sie die Freiheit haben kann, eine Ausstellung zu entwerfen, aber nicht zwingend die, zu entscheiden, wie viele Ausstellungen im Haus gemacht werden. Daraus folgt aber nicht – wie eine neue Handreichung des Deutschen Museumsbunds behauptet[37] –, dass die Kunstfreiheit der Kuratorin durch die Weisungsbefugnis des Museumdirektors aufgehoben wird. Vielmehr muss umgekehrt die Weisung des Museumsdirektors die aufgabenbezogene Kunstfreiheit der Kuratorin berücksichtigen.

Praktisch wird diese Art von Aufgabenverteilung im Schatten der Kunstfreiheit in der Regel mit Hilfe informeller Absprachen praktiziert.[38] Die arbeitsteilige Ausübung der Kunstfreiheit lässt sich häufig nicht als fest formalisierte Kompetenzordnung verstehen. Vielmehr funktioniert künstlerische Produktion oft nur in einem offenen Umgang mit der vorhandenen Aufgabenverteilung. Dabei geht es nicht darum, den Kunstbetrieb zu idealisieren, der wie andere organisierte Praktiken auch durch willkürliches Verhalten und Machtmissbrauch von Leitungspositionen geprägt ist.[39] Es soll nur daran erinnert werden, dass jedenfalls aus der Perspektive des Verfassungsrechts eine hierarchische Struktur, wie sie im Bereich der Staatsorganisation aus Gründen demokratischer Verantwortung als notwendig anerkannt ist,[40] in der Sphäre der organisierten Kunstfreiheit weder normativ geboten noch praktisch möglich erscheint.[41]

37 Deutscher Museumsbund, *Museen im politischen Raum*, S. 6.

38 Diese informal agierende Praxis wird teilweise auch als Ausdruck der Kunstfreiheit gedeutet, vgl. Palm, *Öffentliche Kunstförderung zwischen Kunstfreiheitsgarantie und Kulturstaat*, S. 84.

39 Vgl. Thomas Schmidt, *Macht und Struktur im Theater: Asymmetrien der Macht*, Wiesbaden 2019, zusammenfassend S. 317-320.

40 Ernst-Wolfgang Böckenförde, »Demokratie als Verfassungsprinzip«, in: Josef Isensee, Paul Kirchhof (Hg.), *Handbuch des Staatsrechts*, Bd. II, Heidelberg [3]2004, § 24 Rn. 21 f.; differenziert Horst Dreier, *Hierarchische Verwaltung im demokratischen Staat*, Tübingen 1991, S. 141 ff. Zu Grenzen aber Christoph Möllers, »Demokratie«, in: Matthias Herdegen u. a. (Hg.), *Handbuch des Verfassungsrechts*, München 2021, § 5 Rn. 61.

41 Diesen Koordinationsgedanken expliziert Kahl in ähnlicher Weise für die Wissenschaftsfreiheit (Wolfgang Kahl, *Hochschule und Staat*, Tübingen 2004, S. 79).

II. Exkurs: Grundrechtsschutz öffentlicher Korporationen in vergleichendem Kontext

Der Weg, Kunst wie auch Wissenschaft durch staatlich gegründete, aber dann freigestellte öffentliche Institutionen zu ermöglichen und unter Umständen sogar grundrechtlich zu schützen, wie ihn das deutsche Recht, wenn auch zögerlich und inkonsequent, gegangen ist, lässt sich auch in einen weiteren vergleichenden Kontext einbetten und von dort aus theoretisch reflektieren. Dazu bietet sich ein kurzer Blick auf die beiden nachrevolutionären Wege an, die in dieser Frage die Verfassungssysteme der Vereinigten Staaten und von Frankreich gegangen sind, um den deutschen Weg besser zu verstehen und die Fragen aufzuwerfen, die in diesem letztlich offengeblieben sind. Diese Auseinandersetzungen haben sich namentlich auf dem Gebiet der öffentlichen Hochschulen abgespielt, sie sind aber auch für die Frage öffentlicher Kunstinstitutionen unmittelbar von Bedeutung.

1. Französische Verstaatlichung

Die Französische Revolution setzt im Jahr 1791 zwei zeitgenössisch viel und genau diskutierte Regelungen durch, das *Décret*, später die *Loi d'Allarde*[1] am 17. März und die *Loi le Chapelier* vom 14. und 17. Juni 1791. Mit dem ersten Gesetz wurde eine allgemeine Gewerbefreiheit unter Erlaubnisvorbehalt eingeführt und die alten Berufskorporationen wurden abgeschafft. Mit dem zweiten wurde die Gründung neuer Korporationen, also sämtlicher Bündnisse von Bürgern desselben Standes oder Berufs, verboten.[2] Unmittelbarer

1 Dazu Philippe Minard, »Le métier sans institution : les lois d'Allarde-Le Chapelier et leur impact au début du xixe siècle«, in: Steven L. Kaplan, Philippe Minard (Hg.), *La France, malade du corporatisme ? XVIIIe-XXe siècles*, Paris, Berlin 2004, S. 81-97.

2 Dazu aus den Quellen Spiros Simitis, »Die Loi le Chapelier: Bemerkungen zur Geschichte und möglichen Wiederentdeckung des Individuums«, in: *KJ* 22 (1989), S. 157-175. Grundsätzlich und sehr eingehend zum ganzen Komplex Steven L. Kaplan, *La fin des corporations*, Paris 2001.

Anlass der Gesetze war die Gründung einer »*Union fraternelle*«, eines Zusammenschlusses von Arbeitern, die höhere Löhne durchsetzen wollten. Die Auseinandersetzung um Korporationen hat zunächst einen wirtschaftspolitischen Hintergrund. Diese Diskussion war bereits vor der Revolution als Maßnahme der Liberalisierung geführt worden. Turgot war als königlicher Minister schließlich über ein entsprechendes Dekret gestürzt, auf das sich die Regelung d'Allarde aber ausdrücklich bezieht.

Doch hat sich der Anlass nach 1789 charakteristisch verschoben. Ging es zuvor um die Frage der Monopolisierung durch Gilden und Zünfte, geht es in der Revolution um die Gründung von Interessenorganisationen von Arbeitern, man könnte sagen: Vorformen der Gewerkschaft, die sich zusammenschließen, um bessere Arbeitsbedingungen auszuhandeln.[3] Ihr Verbot auch für die Zukunft wird in der Konstituante mit sehr grundsätzlichen Argumenten diskutiert und auch im Gesetzestext als Grundlage (*base fondamentale*) der Verfassung eingeordnet.[4] Einheiten zwischen dem Individualinteresse aller Einzelnen und dem Gemeinwohl soll es nicht geben. Sie stellen die Gleichheit des Gesetzes in Frage und stehen – unhistorisch gesprochen – wie alle Arten von Intermediären unter Feudalismusverdacht, weil sie Privilegien ermöglichen.[5]

3 So ist auch noch Hegels Begriff der Korporation in der Rechtsphilosophie ganz auf die bürgerliche Gesellschaft bezogen. Die Korporationen dienen der sozialen Absicherung des Mittelstandes, nicht ihrer politischen Mobilisierung. Siehe G. W. F. Hegel, »Grundlinien der Philosophie des Rechts. Naturrecht und Staatswissenschaft im Grundrisse« [1821], in: *Gesammelte Werke* 14,1, hg. von Klaus Grotsch und Elisabeth Weisser-Lomann, Hamburg 2009, S. 197 (§ 251): Der Gewerbetreibende ist »nach seiner *besondern Geschicklichkeit* Mitglied der Corporation, deren allgemeiner Zweck damit ganz *concret* ist und keinen weitern Umfang hat, als der im Gewerbe, dem eigenthümlichen Geschäfte und Interesse, liegt«. Hervorhebungen i. O. gesperrt, hier kursiv wiedergegeben.

4 So Art. 1 Loi le Chapelier: »L'anéantissement de toutes les espèces de corporations de citoyens du même état & profession, étant une des bases fondamentales de la Constitution Française, il est défendu de les rétablir de fait, sous quelque prétexte & sous quelque forme que ce soit.«

5 Begründung des Abgeordneten Le Chapelier: »Il n'y a plus de corporation dans l'état; il n'y a plus que l'intérêt particulier de chaque individu et l'intérêt général«; »Il n'est permis à personne d'inspirer aux citoyens un intérêt intermédiaire, de les séparer de la chose publique par un exprit de corporations«, zitiert nach Simitis, »Die Loi le Chapelier«, S. 157. Zur Erklärung der Menschen- und Bürgerrechte von 1789 heißt es bei Condorcet entsprechend: »Il n'existe dans l'Etat que des

Zugleich erscheint einem mit Hilfe der Straße kämpfenden Zeitgenossen wie Marat das Verbot als Unterdrückung möglicher politischer Opposition.[6] Das Gesetz, das erst im Jahr 1884 vollständig aufgehoben wurde, wird tatsächlich auch in späteren Regimen zum Verbot von Gewerkschaften benutzt. Doch hatten die Gesetze bald einen weiteren Effekt: die Auflösung der Universitäten (genauer: der Fakultäten) im Herbst 1792 und 1793 in Anwendung der *Loi le Chapelier* durch den Konvent.[7] Eine vorsichtige Dezentralisierung und Entstaatlichung des französischen Universitätssystems zieht sich dann durch das 19. und 20. Jahrhundert. Heute sind diese Strukturen aber weiterhin gesetzlich ausgestaltet,[8] eigene Grundrechte haben die Universitäten nicht. Die Zugriffsmöglichkeiten des Staates erscheinen nach deutschen Standards relativ scharf.[9] Zugleich stehen zentrale Institutionen der höheren Bildung gar nicht in der Tradition feudaler Selbstgründungen, sondern sind als *Grandes Écoles* revolutionäre oder spätere staatliche Gründungen mit staatsnahen Aufgaben wie der Versorgung der staatlichen Bürokratie mit Personal.

citoyens divisés par cantons, et des hommes chargés par les citoyens des fonctions publiques; toute association est donc nécessairement une association privée qui doit être libre, mais qui ne peut avoir droit de se donner une existence comme corps«, zitiert nach Simitis, »Die Loi le Chapelier«, S. 161.

6 Zur zeitgenössischen Kritik Marats, der hinter dem Gesetz eine Beschränkung der Meinungsfreiheit vermutet, Simitis, »Die Loi le Chapelier«, S. 171.

7 Loi Relative á la suppression des Congrégations séculières & des Confrairies du 18 août 1792; Décret du 8 août 1793, Portant suppression de toutes les Académies & Sociétés littéraires patentées out dotées par la Nation.

8 Article L711-1 Code d'education: »Les établissements publics à caractère scientifique, culturel et professionnel sont des établissements nationaux d'enseignement supérieur et de recherche jouissant de la personnalité morale et de l'autonomie pédagogique et scientifique, administrative et financière.
Ils sont autonomes. Exerçant les missions qui leur sont conférées par la loi, ils définissent leur politique de formation, d'aide à l'insertion professionnelle, de recherche et de documentation dans le cadre de la réglementation nationale et dans le respect de leurs engagements contractuels.«

9 Vgl. etwa Olivier Beaud, *Les libertés universitaires à l'abandon? Pour une reconnaissance pleine et entière de la liberté académique*, Paris 2010, S. 249-271.

2. Nordamerikanische Privatisierung

Knapp 30 Jahre später, im Jahre 1819, hat der U. S. Supreme Court in der berühmt gewordenen Entscheidung *Dartmouth College v. Woodward* über eine andere Korporation zu entscheiden und schlägt den entgegengesetzten Weg ein.[10] Im Jahre 1700 hatte der englische König Georg III. dem Dartmouth College per königlicher Charta Land zugesprochen und dabei die Organisationsstruktur und die Aufgabe der Institution festgelegt. 1816 entschloss sich der Gesetzgeber von New Hampshire, in diese Struktur einzugreifen, das College durch ein staatliches Aufsichtsorgan mit Veto-Rechten zu kontrollieren, die Aufgabe zu modifizieren und die Führung auszutauschen.[11] Die Klage der Trustees gegen diesen Eingriff war erfolgreich. Der Supreme Court unter seinem Chief Justice John Marshall sah in dem Gesetz einen unzulässigen Eingriff in die *Contract Clause* der amerikanischen Verfassung. Der Gerichtshof deutete die »*corporate charter*« als einen Vertrag zwischen privaten Parteien über Eigentumsrechte, in den der Gesetzgeber nicht eingreifen dürfe. Im Namen der *Contract Clause* war es dem Gesetzgeber nun nicht mehr möglich, bestehende korporative Strukturen mit einem öffentlichen Zweck zu versehen. Diese waren gewissermaßen verfassungsrechtlich zur Privatheit verpflichtet. Der Staat musste sie, wenn er auf sie zugreifen wollte, unmittelbar als eigene einrichten. Im Ergebnis ging es dabei im vorliegenden Fall wie in der folgenden Entwicklung auch um die Trennung von kirchlichen Einrichtungen und Staat, weil solche Einrichtungen wie Dartmouth oft ursprünglich einen religiösen Missionsauftrag wahrzunehmen hatten.

Die Entscheidung des Supreme Court erwies sich als folgenreich. Nicht nur bezeichnet das Wort »*Corporation*« auf Dauer nur noch ein privates Unternehmen, der Zusatz »*public*« dessen Börsennotierung; auch die mit dem Begriff verbundene gemischte Wirtschaftsverfassung ist nicht mehr zu halten.[12] Öffentliche Universitä-

10 17 U.S. 518 (1819).

11 Zu den Vorgängen im Einzelnen: William Gwyer North, »The Political Background of the Dartmouth College Case«, in: *The New England Quarterly* 18 (1945), S. 181-203.

12 Eingehend Victor Loxen, »›Technologien öffentlichen Handelns‹. *Corporations*, Eigentumsrechte und Verfassung in den USA nach der Revolution«, in: *Der Staat* 62 (2023), S. 717-749, hier S. 724-730.

ten werden per Gesetz gegründet und, um ihre Existenz zu sichern, Teil des gliedstaatlichen Verfassungsrechts.[13] Der traditionelle Bestand des europäischen Korporatismus, namentlich Hochschulen und Religionsgesellschaften, agiert als private Unternehmen. Sie bekommen damit freilich in neuester Zeit einen ausgebauten Grundrechtsbestand, der sie – wie von den französischen Revolutionären für die öffentliche Korporation gefürchtet – auch von der Allgemeinheit des Gesetzes ausnimmt.[14]

3. Deutsche Mittelwege

Der US-amerikanische und der französische Weg ziehen im Ausgangspunkt die Grenze zwischen öffentlichem Staatshandeln und privaten Rechten scharf. Ein Dazwischen soll es nicht geben. Man kann diese unterschiedlichen institutionellen Pfade als Reaktionen auf das gleiche nachrevolutionäre Dilemma verstehen. In beiden Traditionen werden Korporationen im Namen wirtschaftlicher Freiheiten in Frage gestellt. In beiden Traditionen passen sie nicht in eine revolutionäre Konzeption von Freiheit. Zugleich scheinen beide Traditionen von jeweils gegenüberliegenden Polen zu kommen. Wenn Korporationen, mit der *Loi Le Chapelier* formuliert, ein unerwünschtes Zwischending zwischen staatlicher und individueller Willensbildung darstellen, dann kann die Lösung dieses Problems in beide Enden ausschlagen: in eine der individuellen Freiheit verpflichteten privaten Kultur- und Wissenschaftslandschaft wie in den Vereinigten Staaten oder in ein weitgehend staatliches Kultur- und Wissenschaftswesen, geschaffen durch starke Gesetzgebung, die etwa den Rechtsstatus aller Universitäten zugleich respektiert und sehr eingehend reguliert, wie in Frankreich.

Hinter diesen Arrangements bleibt das Problem, das Tocqueville wohl als Erster demokratietheoretisch formuliert hat[15] und das die

13 Beispiel der University of Michigan: Article VIII § 4 und 5 der Constitution of Michigan of 1963.

14 *Burwell v. Hobby Lobby Stores*, Inc., 573 U.S. 682 (2014).

15 Alexis de Tocqueville, »Über die Demokratie in Amerika. Zweiter Teil« [1840], in: ders., *Werke und Briefe*, Bd. II, hg. von Jakob-Peter Mayer, übersetzt von Hans Zbinden, Stuttgart 1962, S. 123-127. Dazu vergleichend und im Ergebnis angesichts einer allgemeinen nationalistischen Politisierung des Vereinswesens

Debatte bis heute beschäftigt.[16] Eine demokratische Ordnung kann ohne soziales Vorfeld nicht funktionieren, deswegen bedarf es einer Struktur intermediärer Assoziationen, die die politische Willensbildung vorbereiten und ermöglichen. Diese Struktur muss offensichtlich unabhängig vom Staat operieren, aber diese Unabhängigkeit kann aus zwei Richtungen gefährdet sein und in zwei Richtungen gefährden. Für die französische Tradition liegt die Gefahr maßgeblich in der Privilegierung einzelner Teile der Gesellschaft und deren dadurch wachsender Möglichkeit, dem demokratischen Gesetz zu entgehen oder auf dessen Entstehung Einfluss zu nehmen. Für die amerikanische Tradition geht es umgekehrt um die Bedrohung privater Freiheiten durch einen sich hinter dem Grundrechtsschutz versteckenden Staat. Die französische Lösung liegt dann klassisch wie nach Rousseau in der Allgemeinheit des republikanischen Gesetzes, das Freiheitssphären verteilt und verwirklicht.[17] Die amerikanische Lösung liegt in der spontanen Ordnungsbildung durch frei gelassene Subjekte, vorgedacht in Humes Theorie der Konvention.[18] Dass öffentliche Korporationen in beiden Konzepten keinen Platz haben, mag eine wichtige Gemeinsamkeit dieser sehr unterschiedlichen Ausgangspunkte sein. Die revolutionäre Intuition hat manches für sich: Es gibt in liberalen Ordnungen individuelle und demokratische Freiheit. Wenn wir Hoheitsträger zwischen beiden Polen mit grundrechtlich sanktionierter Handlungsmacht ausstatten, so entstehen Ausnahmen vom allgemeinen Gesetz mit fehlender politischer Legitimation.

Die deutsche Tradition hat keine entsprechende revolutionäre Geschichte hervorgebracht. In ihr ist das feudale Korporations-

skeptisch: Stefan-Ludwig Hoffmann, *Geselligkeit und Demokratie. Vereine und zivile Gesellschaft im transnationalen Vergleich 1750-1914*, Göttingen 2003, S. 17-19.

16 Zur Geschichte im 19. Jahrhundert: Hoffmann, *Geselligkeit und Demokratie*, S. 35-73. Für das Problem in der jüngeren Geschichte Robert D. Putnam, *Bowling Alone*, New York 2000, S. 336-349. Für die Gegenwart: Anton Jäger, *Hyperpolitik*, Berlin 2023, S. 33-71.

17 Jean-Jacques Rousseau, »Vom Gesellschaftsvertrag oder Grundsätze des Staatsrechts« [1762], in: ders., *Sozialphilosophische und Politische Schriften*, bearbeitet und ergänzend übersetzt von Dietrich Leube, München 1981, S. 267-391, hier S. 298 f. (Buch II, Sechstes Kapitel).

18 David Hume, *Eine Untersuchung über die Prinzipien der Moral* [1739], hg. und übersetzt von Manfred Kühn, Hamburg 2003, S. 146 f.

wesen in Kirchen[19] und Universitäten fortgeführt worden und hat sich gegenüber dem Staat ausdifferenziert. Fragen nach dem Status der Korporation werden in Deutschland zunächst im Privatrecht, etwa in Gierkes Genossenschaftsrecht,[20] und dann erst allmählich im Verfassungsrecht verhandelt.

Nimmt man die deutsche Universität als Organisation zum Ausgangspunkt, so lässt sich deren Geschichte entgegen einem oft gepflegten Professorenmythos nicht als die einer ursprünglich selbstverwalteten Korporation erzählen.[21] Bis zur Weimarer Republik standen die in der Regel von Fürsten gegründeten Universitäten, die oft deren Namen trugen, als eigenständige Rechtspersönlichkeiten des öffentlichen Rechts unter der Aufsicht des Staates, der sich – durchaus mit Erfolg – auch in innere Angelegenheiten wie die Berufung von wissenschaftlichem Personal einmischte. Die Vorstellung einer professoralen Selbstverwaltung der Universität stieß von Humboldt über Goethe bis Bismarck auf prominentes Misstrauen.

Gleichzeitig schufen Interventionen wie die Sanktionierung der Göttinger Sieben schon in der ersten Hälfte des 19. Jahrhunderts ein Problembewusstsein, das sich auch in der Garantie der Wissenschaftsfreiheit in § 152 der Paulskirchenverfassung zum Ausdruck bringt. Politische Attacken auf Wissenschaftler, aber eben auch auf Künstler[22] finden sich bis in die Bundesrepublik häufig. Erst in der

19 Dazu namentlich Horst Dreier, *Kirche ohne König*, Tübingen 2020, S. 25-74.

20 Gierke wusste freilich um die Bedeutung des öffentlichen Rechts, siehe Otto von Gierke, *Das Deutsche Genossenschaftsrecht*, Berlin 1868, S. 4: »Allein es fehlt noch an einer umfassenderen Untersuchung, welche auf der einen Seite dem Rechtsgedanken der deutschen Genossenschaft und seinen Wandlungen durch die ganze Geschichte hindurch nachgienge, auf der anderen Seite ihm gleichmäßig auf die beiden von ihm gleich sehr ergriffenen und gestalteten Gebiete, das *öffentliche Recht* wie das *Privatrecht*, folgte« (Hervorhebungen i. O. gesperrt, hier kursiv wiedergegeben).

21 Alexander Kluge, *Die Universitäts-Selbstverwaltung. Ihre Geschichte und gegenwärtige Rechtsform*, Frankfurt/M. 1958, S. 32-37, 54-65. Aus jüngerer Zeit etwa Gerd Roellecke, »Geschichte des deutschen Hochschulwesens«, in: Christian Flämig u. a. (Hg.), *Handbuch des Wissenschaftsrechts*, Bd. 1, Berlin u. a. [2]1996, S. 3-36, hier S. 13-23; Marian Füssel, »Universität«, in: Marianne Sommer u. a. (Hg.), *Handbuch Wissenschaftsgeschichte*, Stuttgart 2017, S. 193-201.

22 Eingehend jetzt Peter Jelavich, *Kunstfreiheit: Eine deutsche Ideologie*, Frankfurt/M. 2025. Zur Zensur vor allem von Theateraufführungen vor 1919 siehe auch Andreas Hamann, »Zur rechtsgeschichtlichen Entwicklung des Verhältnisses von staatlicher Zensur und Kunstfreiheit«, in: *VerwArch* 75 (1984), S. 15-37,

Weimarer Republik werden sie aber nicht nur als Problem individueller Rechte, sondern auch als solche des Korporationsschutzes verstanden. Gleichzeitig konvergieren Probleme der Kunst- und der Wissenschaftsfreiheit früh in öffentlichen Institutionen wie den einflussreichen Kunstakademien, die sich jedes große Territorium leistet.[23]

Maßgeblich für den aktuellen Stand der Korporation ist dann die Weimarer Republik. Insbesondere das Staatsrechtslehrerreferat des nationalkonservativen Göttinger Hochschullehrers Rudolf Smend[24] 1927 in München, in der er die Wissenschaftsfreiheit unter Berufung auf den Pädagogen Friedrich Paulsen als »Grundrecht der deutschen Universität«[25] bezeichnete und damit einer öffentlichen Körperschaft Grundrechtsschutz zusprach, hat auch auf die Diskussion unter dem Grundgesetz großen Einfluss.

Hier kommen zwei deutsche Besonderheiten zum Ausdruck. Smend macht, *zum Ersten*, über die zu Beginn des 19. Jahrhunderts entstehende Lehrfreiheit eine interessante Beobachtung, die sich auch heute als historisch zutreffend erweist:

> Aber diese Privilegien sind nicht mehr geschichtliche Sonderrechte einer eximierten Korporation, sondern die sittlich notwendige Gestalt des neuen geistigen Lebens, der höchsten Form des geistigen Lebens überhaupt, wie der Idealismus meinte: Das ist die neue Sinngebung für die besondere Rechtsstellung der akademischen Welt, deren großartigster und abschließender Ausdruck Fichtes Rektoratsrede über die akademische Freiheit ist.[26]

Hier kommt, so Smend weiter, die »Eigengesetzlichkeit des wissenschaftlichen Lebens, das vermöge dieser der rechtlichen Nor-

hier S. 16-27; Joachim Würkner, »Die Spruchpraxis des PrOVG zur Theaterzensur vor Inkrafttreten der Kunstfreiheitsgarantie des Art. 142 WRV«, in: *VerwArch* 80 (1989), S. 206-222, hier S. 207-218. Eine nicht auf Deutschland beschränkte Materialsammlung von kunstbezogenen Gerichtsprozessen findet sich in Sandra Frimmel, Mara Traumane (Hg.), *Kunst vor Gericht. Ästhetische Debatten im Gerichtssaal*, Berlin 2018.

23 Zur Berliner Akademie der Künste Elise Grauer, *Die Berliner Akademie der Künste*, Berlin 2010, S. 9-75.

24 Zu Smend treffend aus Sicht einer anderen Disziplin: Klaus Tanner, *Die fromme Verstaatlichung des Gewissens*, Göttingen 1989, S. 123-134 und öfter.

25 Rudolf Smend, »Das Recht der freien Meinungsäußerung«, in: *VVDStRL* 4 (1928), S. 44-74, hier S. 57.

26 Ebd., S. 60.

mierung entzogen ist«,[27] zum Ausdruck. Mit der etwas blumigen Formel ist gemeint, dass an die Stelle von oder maßgeblich ergänzend zum Schutz der Organisation der Schutz der Autonomie des wissenschaftlichen und auch des künstlerischen Diskurses treten soll. Der Gedanke der Eigengesetzlichkeit von Kunst und Wissenschaft, der Notwendigkeit einer – mit einem weiteren Zitat Smends – »Selbstregulierung des geistigen Lebens«,[28] stammt aus der idealistischen Philosophie des 19. Jahrhunderts, namentlich von Hegel und Schelling,[29] klingt aber bereits deutlich bei Schiller an, wenn er über Kunst und Wissenschaft schreibt: »Der politische Gesetzgeber kann ihr Gebieth sperren, aber darinn herrschen kann er nicht.«[30] Er führt in Deutschland in einem bemerkenswerten Bogen über Smend zu Luhmann, dessen Theorie der Grundrechte als Schutz gesellschaftlicher Ausdifferenzierung auch ausdrücklich an Smend anschließt.[31] Schon wegen der sehr abstrakten und Universalität beanspruchenden neueren systemtheoretischen Rekonstruktion dieser Vorstellung wird selten gesehen, wie deutsch die Idee ist, ein Gesetz »könne« einen gewissen Bereich aufgrund von dessen immanenter Eigenlogik nicht sinnvoll regeln.

Eine *zweite* Beobachtung in Smends Referat ist hervorzuheben. Denn die Idee der Eigengesetzlichkeit verbindet sich bei ihm mit einer klar vorgetragenen antiliberalen Grundrechtstheorie. So formuliert Smend über die von ihm gedeuteten Rechte, diese seien »nicht Schranken, sondern Verstärkungen des Staats und der Staatsgewalt«.[32] Grundrechte dienen hier also der Verfestigung von Strukturen, die in Smends Welt Eigengesetzlichkeit ermöglichen.

27 Ebd., S. 61. Der Begriff wird auch in der zeitgenössischen Kommentierung benutzt: Friederich Kitzinger, »Artikel 142 Satz 1. Die Freiheit der Wissenschaft und der Kunst«, in: Hans Carl Nipperdey (Hg.), *Die Grundrechte und Grundpflichten der Reichsverfassung*, Zweiter Band, Berlin 1930, S. 449-510, hier S. 459. Heute findet er sich in Standardlehrbüchern, siehe Ralf Poscher, Thorsten Kingreen, *Grundrechte. Staatsrecht II*, Heidelberg [40]2024, § 14 Rn. 857.

28 Smend, »Das Recht der freien Meinungsäußerung«, S. 70.

29 Zur Geschichte der Ausdifferenzierung Gerhard Wagner, »Schwierigkeiten mit der Differenzierungstheorie«, in: *Internationales Archiv für Sozialgeschichte der deutschen Literatur* 23 (1998), S. 147-165.

30 Friedrich Schiller, *Über die ästhetische Erziehung des Menschen in einer Reihe von Briefen* [1795], Frankfurt/M. 2009, S. 35 (9. Brief).

31 Niklas Luhmann, *Grundrechte als Institution*, Berlin 1965, S. 43-45.

32 Smend, »Das Recht der freien Meinungsäußerung«, S. 48.

Der Staat hält sich dabei nicht heraus, sondern schafft diese Möglichkeiten durch seine Intervention. So gesehen besteht der deutsche Weg auf der einen Seite aus starken Grundrechten wie in den Vereinigten Staaten, die aber auf der anderen Seite mit einer starken Tendenz zur zumindest mittelbaren Etatisierung wie in Frankreich ausgestattet sind. So eröffnet sich der Weg zum Autonomieschutz, wie von Smend erwünscht, aber eben auch der Weg zum Schutz der öffentlichen Korporation.

Hat man diese Geschichte im Blick, verwundert es wenig, dass der deutschen politischen Theorie eine der französischen oder amerikanischen Revolutionstradition vergleichbare Debatte über den demokratischen Status der Korporationen fehlt. Stattdessen entsteht aus einer bemerkenswerten Verbindung aus idealistischen Ideen und feudalen Institutionen ein starkes Modell gesellschaftlicher Ausdifferenzierung, das bis heute die Grundrechtsdogmatik prägt, indem es Grundrechte nicht nur als Individualschutz, sondern auch als Schutz von Eigenrationalitäten versteht.[33]

Doch lässt sich die deutsche Lösung in die atlantische Diskussion durchaus einfügen. Öffentliche Intermediäre wie Hochschulen oder Kunstinstitutionen – Vergleichbares ließe sich auch zur grundgesetzlichen Publifizierung politischer Parteien jenseits des privaten Vereinsrechts sagen[34] – sollen das ermöglichen, was den privaten Assoziationen nicht gelingt. Diese schaffen in einer positiven Rechtfertigung demokratische Öffentlichkeit, Wohlstand und Bildungsgerechtigkeit. Gerade auf den Gebieten von Wissenschaft und Kunst soll die Vermittlungsleistung, die dem Assoziationswesen angemutet wird, Besonderes leisten. Warum aber sollte das durch ein *öffentliches* Körperschaftswesen geschehen, das doch entgegen allen Beteuerungen immer unter dem Verdacht

33 Vgl. etwa die stark systemtheoretisch angeleitete Gedankenführung bei Dieter Grimm, »Kulturauftrag im staatlichen Gemeinwesen«, in: *VVDStRL* 42 (1984), S. 46-82, hier S. 47; ders., »Wissenschaftsfreiheit als Funktionsgrundrecht«, in: Berlin-Brandenburgische Akademie der Wissenschaften (Hg.), *Wissenschaftsfreiheit in Deutschland*, Berlin 2021, S. 17-23, hier S. 21. Für die Kunstfreiheit schon früh Helmut Ridder, »Die Freiheit der Kunst nach dem Grundgesetz« [1963], in: ders., *Kommunikation in der Demokratie*, hg. von Friedhelm Hase u. a., Tübingen 2019, S. 189-200, hier S. 190 f.; zur Diskussion mit Blick auf die Kunstfreiheit prägnant Lea-Marie Weischede, *Parlamentskunst*, Tübingen 2022, S. 136-140.

34 Dazu Anna von Notz, *Liquid Democracy*, Tübingen 2020, S. 46-69.

steht, politisch beeinflusst zu sein?[35] Hier dürfte, ohne dass dies oft ausdrücklich ausgesprochen würde, eine negative Rechtfertigung greifen: Wenn man das Assoziationswesen vollständig dem Privathandeln überlässt, dann wird es auf Dauer von der dominanten Form gesellschaftlicher Selbstorganisation definiert, dem gewinnorientierten Unternehmen, dem Markt. Man könnte auch sagen, eine Aversion sowohl gegen nicht eingehegte demokratische Politik als auch gegenüber zu freien Märkten macht sich hier bemerkbar. Fallen beide in einem politischen Neo-Patrimonialismus zusammen,[36] in dem sich unbegrenzte Staatsgewalt und kapitalistisches Unternehmertum gegen die Freiheit von Kunst und Wissenschaft verbünden, dann gibt das dem altmodischen deutschen Weg eine frische Rechtfertigung.

Diesen altmodischen deutschen Weg beschreitet das Grundgesetz in seinem Art. 5 Abs. 3, der Wissenschaft und Kunst im gleichen Satz nennt. Schon Art. 15 Abs. 1 des Herrenchiemsee-Entwurfs fasste beide Bereiche unter ein Grundrecht.[37] Dem folgte der Parlamentarische Rat, der die Wissenschafts- und Kunstfreiheit stets im selben Atemzug debattierte.[38] Strukturelle Unterschiede zwischen

35 Dies zeigt sich natürlich besonders im Rundfunkrecht und ist dort auch besonders umstritten. Zu den Parallelen von Wissenschafts- und Rundfunkfreiheit in der Rechtsprechung des Bundesverfassungsgerichts: Matthias Roßbach, Thomas Wischmeyer, »Grundrechtsschutz durch Organisation: Das erste Fernseh-Urteil und das Hochschul-Urteil«, in: Dieter Grimm (Hg.), *Vorbereiter – Nachbereiter? Der Beitrag der Staatsrechtslehre zu den großen Innovationen der Verfassungsrechtsprechung im Grundrechtsbereich*, Tübingen 2019, S. 193-259, hier S. 198-200. Grundlegend historisch ausgreifend auch mit einem Blick auf das besonders prägende Religionsverfassungsrecht der Weimarer Republik: Dominik Rennert, *Hierarchie und Verhandlung*, Tübingen 2023.

36 Christoph Möllers, »Epilog«, in: *Demokratie und Gewaltengliederung*, Berlin 2025, S. 436-446, hier S. 436-441.

37 Vgl. Art. 15 Abs. 1 des Herrenchiemsee-Entwurfs, abgedruckt im Bericht über den Verfassungskonvent auf Herrenchiemsee vom 10. bis 23. August 1948, in: Deutscher Bundestag/Bundesarchiv (Hg.), *Der Parlamentarische Rat 1948-1949. Akten und Protokolle*, Bd. 2, bearbeitet von Peter Bucher, Boppard am Rhein 1981, S. 504 (581).

38 Die Diskussion im Ausschuss für Grundsatzfragen betraf neben Formulierungsfragen allein, ob man ein spezielles Grundrecht überhaupt aufnehmen sollte, weil man befürchtete, die Professoren könnten ihre Lehrfreiheit nutzen, um gegen die junge Demokratie zu agitieren, vgl. Deutscher Bundestag/Bundesarchiv (Hg.), *Der Parlamentarische Rat 1948-1949. Akten und Protokolle*, Bd. 5/I, bearbeitet von

beiden waren vom Parlamentarischen Rat nicht beabsichtigt. Auch in der frühen und mittleren Rechtsprechung des Bundesverfassungsgerichts finden sich Hinweise auf den Zusammenhang beider Schutzbereiche.[39] Dennoch haben sich beide Grundrechte recht unterschiedlich entwickelt. Während es zur korporativen Wissenschaftsfreiheit nicht nur Berge an Literatur, sondern auch eine reiche verfassungsgerichtliche und verwaltungsgerichtliche Rechtsprechung gibt,[40] bleiben beide Befunde mit Blick auf die Kunstfreiheit bescheiden. Insbesondere stellt sich die Verfassungsrechtsprechung in den meisten Fällen als Abwägungsübung zwischen der Kunstfreiheit und anderen verfassungsrechtlichen Positionen, namentlich dem Persönlichkeitsrecht in Kunst vermeintlich Dargestellter, dar.[41] Zur hier interessierenden Struktur öffentlicher Institutionen, die im Bereich der Kunstfreiheit operieren, gibt es, wie gesehen, so gut wie keine Rechtsprechung. Auch der Gedanke einer kunstimmanenten Rationalität findet sich in der Rechtsprechung zwar angedeutet,[42] aber nicht im Zusammenhang des Organisationsrechts öffentlicher Institutionen. Während die Hochschulverfassung Gegenstand eingehender Bemühungen der Rechtsprechung ist, gibt es zur Verfasstheit von Theatern, Museen, Festivals und Orchestern so gut wie nichts.

Über die Gründe kann hier nur spekuliert werden, einige Vermutungen drängen sich auf: *Erstens* steht mit der Organisation der Universität eine für die Wissenschaft prototypische Organisationsform zur Verfügung, an der sich alle wesentlichen Probleme festmachen

Eberhard Pikart und Wolfram Werner, Boppard am Rhein 1993, S. 54 f., 120 f., 680-682.

39 Nochmals BVerfGE 30, 173 (188) – *Mephisto* (1971).

40 Überblicke bei Klaus F. Gärditz, *Hochschulorganisation und verwaltungsrechtliche Systembildung*, Tübingen 2009, S. 274-283; ders., »Die äußeren und inneren Grenzen der Wissenschaftsfreiheit«, in: *Wissenschaftsrecht* 51 (2018), S. 5-44, hier S. 21 f.

41 Diese Kollision ist gewissermaßen der Standardfall der Kunstfreiheit: BVerfGE 30, 173 (193-195) – *Mephisto* (1971); 67, 213 (228) – *Anachronistischer Zug* (1984); 75, 369 (379 f.) – *Strauß-Karikatur* (1987); 119, 1 (23 f.) – *Esra* (2007). Siehe dazu nunmehr Bodo Pieroth, *Kunstfreiheit im Verfassungswandel*, Tübingen 2021, S. 8-26; Silvia Pernice-Warnke, »Fiktion und Realität in der Kunst – Zur Abwägung von Kunstfreiheit und allgemeinem Persönlichkeitsrecht«, in: *DVBl* 2023, S. 648-654.

42 Zur sog. »kunstspezifischen Betrachtung« unten, III. 2.

lassen. Ihr Status als öffentliche Körperschaft und die Frage ihrer Unabhängigkeit vom Staat waren schon Thema, bevor sie grundrechtlich formuliert wurden. Obwohl staatliche Interventionen in den Kunstbetrieb auch seit langem beklagt werden, fungierten sie zum einen selten als Intervention in die Organisationsstruktur selbst, zum anderen sind diese Organisationen sehr unterschiedlich strukturiert. Probleme zeigten sich vornehmlich in der Form der (nachträglichen) Zensur.[43] So konnten die Organisationen so bleiben, wie sie waren, nur einzelne ihrer Produkte unterfielen staatlichen Verboten. Dagegen fand sich die Organisation der Hochschulen peu à peu durch die Länder umfassend gesetzlich geregelt. Erst durch diese Regelungen konnte die Reichweite der Hochschulautonomie formalisiert und in eine Selbstverwaltungsgarantie nach dem Vorbild anderer Autonomiestrukturen überführt werden.

Dass sich diese unterschiedlichen Wege bis in die Gegenwart fortsetzen, könnte *zweitens* mit der nicht trivialen Klagefähigkeit der Kunstinstitution zu tun haben. Denn auch wenn wir ihre Grundrechtsfähigkeit bejaht haben und ihr der Rechtsweg offensteht, sehen die Prozessordnungen vor, dass partei- beziehungsweise beteiligtenfähig grundsätzlich nur ist, wer rechtsfähig ist (§ 50 ZPO, § 61 Nr. 1 VwGO). Die klassische Rechtsfähigkeit fehlt den Kunstinstitutionen, wie gezeigt, jedoch häufig.[44] Die Museumsdirektorin müsste also vor dem Verwaltungsgericht eine Klage im Namen des nicht rechtlich verselbstständigten Museums einreichen. Das lässt sich prozessrechtlich über § 61 Nr. 2 VwGO lösen. Dafür muss das Verwaltungsgericht aber bereits anerkennen, dass der Kunstinstitution jedenfalls das Grundrecht der Kunstfreiheit zusteht. Inwieweit Verwaltungsgerichte zu dieser Erweiterung der bekannten Ausnahmetrias des Bundesverfassungsgerichts bereit sind, ist offen. Vielleicht ist es kein Zufall, dass Gerichte § 61 Nr. 2 VwGO – jenseits privat organisierter Kläger – vor allem im Hochschulbereich aktivieren.[45]

43 BVerfGE 30, 173 (179 f.) – *Mephisto* (1971); 119, 1 (4 f.) – *Esra* (2007).

44 Dass das Bundesverfassungsgericht in seiner ersten Entscheidung zur Grundrechtsfähigkeit von Universitäten über deren Rechtsfähigkeit nicht zu befinden hatte (BVerfGE 15, 256 – *Universitäre Selbstverwaltung* [1963]), liegt daran, dass im Ausgangsverfahren der Verfassungsbeschwerde die Universität nicht Beteiligte des Verfahrens war.

45 Vgl. Wolfgang Bier, Christine Steinbeiß-Winkelmann, in: Friedrich Schoch,

Eine *dritte Ursache* könnte darin liegen, dass sich im Kunstbetrieb kaum Personen finden, die bereit sind, ihre Rechte gegenüber dem Staat einzuklagen. Während die Hochschulpolitik maßgeblich von Akteuren betrieben wird, die über eine Daueranstellung, im Fall der Professorenschaft über eine Lebenszeitverbeamtung, verfügen oder, im Fall der Studierenden, planmäßig nur kurzzeitig an die Universität gebunden sind, stehen so gut wie alle leitenden Funktionen im öffentlichen Kulturwesen in Vertragsbeziehungen. Deswegen gibt es hier durchaus Rechtsstreitigkeiten, die sich aber fast immer auf dem Gebiet des Arbeitsrechts bewegen und individuelle, nicht strukturelle Fragen betreffen. Diejenigen, die solche Fragen aufwerfen könnten, würden damit ihre künftige Anstellungsfähigkeit ganz anders in Frage stellen, als dies bei Hochschullehrern oder bei Studierenden der Fall ist. Damit wird deutlich, dass die unterschiedlichen Wege der Grundrechtsentwicklung sich aus praktischen und aus normativen Kontexten ergeben, nicht aber aus einer stimmigen dogmatischen Rekonstruktion der beiden grundrechtlichen Garantien.

Dieser Hintergrund gestattet es auch, kritisch über die sogenannte Ausnahmetrias nachzudenken, die sowohl in der Rechtsprechung des Bundesverfassungsgerichts[46] als auch in der wissenschaftlichen Literatur eher tradiert als reflektiert wird. Ihr zufolge genießen Körperschaften des öffentlichen Rechts grundsätzlich keinen durch Art. 19 Abs. 3 GG vermittelten Grundrechtsschutz. Ausnahmen davon sollen nur für staatliche Hochschulen, öffentliche Rundfunkanstalten und als Körperschaften des öffentlichen Rechts anerkannte Religionsgesellschaften gelten. Was genau diese drei Ausnahmen systematisch verbindet, ist freilich unklar. Der grundrechtliche Schutz von inkorporierten Religionsgesellschaften ergibt sich schon daraus, dass es sich hier nicht um staatliche Gründungen handelt, sondern um eine gesellschaftliche Selbstorganisation, die in Ausübung eines Grundrechts handelt. Auch wenn das Verhältnis zwischen Körperschaftsstatusrechten und Grundrechten nicht völlig geklärt ist,[47] ist doch seit langem anerkannt, dass

Jens-Peter Schneider (Hg.), *Verwaltungsrecht. VwGO*, Bd. I, München 2017 (33. EL), § 61 VwGO Rn. 5.

46 Oben, I. 1. Siehe auch Christoph Möllers, *Staat als Argument*, Tübingen ^{2}2011, S. 305 ff.

47 Dazu Christian Walter, *Religionsverfassungsrecht*, Tübingen 2006, S. 538-541.

die Geltung der Religionsfreiheit die Körperschaftsrechte überwölbt.[48]

Die beiden anderen Ausnahmen funktionieren grundlegend anders als die Religionsgesellschaften, sind aber auch voneinander bemerkenswert verschieden. Gemeinsam ist ihnen, dass sie staatlich veranlasste Organisationen sind, die durch einen gesetzlichen oder staatsvertraglichen Gründungsakt entstehen. Anders als im Fall der Kirchen ist hier die Anwendung der Grundrechte in der Tat besonders rechtfertigungsbedürftig. Hochschulen sind mal vorkonstitutionelle, mal nachkonstitutionelle staatliche Gründungen, die mittlerweile per Gesetz erfolgen. Öffentlich-rechtliche Rundfunkanstalten sind nach dem Krieg errichtete Institutionen, die vom Staat vorgehalten werden müssen, um eine bestimmte Aufgabe, die Sicherung einer demokratischen Öffentlichkeit,[49] zu garantieren. Das Rundfunkrecht sieht stärkere verfassungsrechtliche Garantien vor als das Hochschulrecht. Namentlich ist die staatliche Aufsicht weiter zurückgedrängt und eine von der politischen Gestaltungsmacht des Haushaltsgesetzgebers unabhängige Finanzierung vorgegeben, auf die Hochschulen nur mit Neid schauen können.[50] Dem Staat steht es dagegen frei, Hochschulen finanziell auszutrocknen, mit neuen Aufgaben zu betrauen, zu schließen[51] oder zu fusionieren. Jedenfalls die ersten drei Maßnahmen wären bei öffentlich-rechtlichen Rundfunkanstalten verfassungsrechtlich ausgeschlossen. Damit sind die drei »Ausnahmen« anders einzuordnen. Bei den Religionsgesellschaften handelt es sich um gar keine Ausnahme, sondern um den Zusammenfall einer klassischen Grundrechtsgarantie mit dem historisch entstandenen Körperschaftstatus.

48 Siehe schon die Bemerkung von Smend, »Das Recht der freien Meinungsäußerung«, S. 64f. samt Anm. 1 auf S. 65. Grundsätzlich die Beiträge in Hans-Michael Heinig, Christian Walter (Hg.), *Staatskirchenrecht oder Religionsverfassungsrecht?*, Tübingen 2007.

49 BVerfGE 57, 295 (319) – *Privatfunk Saarland* (1981); 59, 231 (257) – *Freier Rundfunkmitarbeiter* (1982); 73, 118 (152) – *Landesrundfunkgesetz Niedersachsen* (1986); 74, 297 (323) – *Landesmediengesetz Baden-Württemberg* (1987); 83, 238 (295) – *Westdeutscher Rundfunk* (1991); 87, 181 (197) – *Werbeverbot im Dritten Fernsehprogramm* (1992); 90, 60 (87) – *Kabelgroschen* (1994); 121, 30 (50) – *Hessisches Privatrundfunkgesetz* (2008).

50 BVerfGE 119, 181 (220-224) – *Rundfunkgebühren* (2007); 158, 389 (422f., Rn. 85-89) – *Staatsvertrag Rundfunkfinanzierung* (2021).

51 BVerfGE 85, 360 (384f.) – *Akademieauflösung* (1992).

Die beiden anderen Fälle stehen sich näher, haben aber eine sehr unterschiedliche Reichweite. Die Kategorisierung als »Ausnahme« erscheint vor diesem Hintergrund als begriffliche Arbeitsverweigerung, die sich weder für Binnenunterschiede interessiert noch nach Verallgemeinerbarkeiten etwa mit Blick auf die Kunstfreiheit sucht, sondern einfach nur die Rechtsprechung unreflektiert einsortiert. Dies ist kein Problem der Rechtsprechung, sondern einer Wissenschaft, die über die Rechtsprechung hinausdenken können sollte.

Systematisch besonders nahe stehen sich dagegen »Wissenschaft und Kunst«. Nicht nur, weil beide in Art. 5 Abs. 3 Satz 1 GG in einer gemeinsam objektivierenden Formulierung genannt werden, ein Zusammenhang, der auch vom Bundesverfassungsgericht bald anerkannt wurde – sondern auch, weil Kunst- und Wissenschaftsinstitutionen mit organisatorischer Unabhängigkeit und grundrechtsspezifischer Aufgabenbeschreibung eben die beiden Kriterien erfüllen, die das Bundesverfassungsgericht zu Beginn seiner Rechtsprechung entwickelt hatte.[52] Die Welt der öffentlichen Kunstinstitutionen ist freilich, wie gesehen, unübersichtlich. Viele Fragen der Grundrechtsdurchsetzung müssen als ungeklärt gelten. Dies gilt namentlich für das Prozessrecht und die interne Organisation. Entscheidend bleibt es, dass in Zeiten zunehmender politischer Bedrohung solche Institutionen eine eigene grundrechtlich geschützte Position beanspruchen können. Dass sie dann nicht nur im Klageweg, sondern auch in der vorhergehenden Auseinandersetzung eine Funktion erfüllen, dass solche Rechte mit anderen Worten nicht nur zur Rechtsdurchsetzung, sondern auch zur Erhöhung der politischen Kosten politischer Übergriffigkeit genutzt werden können, ist dabei nicht zu vergessen. Schließlich mag es auch dem Selbstverständnis von Kunstinstitutionen guttun, sich nicht einfach als nachgeordnete Behörden zu verstehen.

52 Oben, I. 1.

III. Implikationen der Kunstfreiheit

Träger der Kunstfreiheit, zu diesem Ergebnis kamen wir, sind die private und die in die öffentliche Kulturinstitution eingegliederte Künstlerin sowie die öffentliche Kunstinstitution selbst, nicht jedoch die staatlichen Strukturen, die nur administrieren, ohne selbst künstlerisch tätig zu werden. Damit stellt sich die Frage, welche Rechtsfolgen die Kunstfreiheit in einer staatlich organisierten Kulturlandschaft zeitigt. Dabei spricht viel dafür, diese zunächst – wie im Fall privater Künstler – als Abwehrrecht zu betrachten. Für diese gilt bekanntlich: Unterfallen ihre Handlungen der Kunstfreiheit, so sind sie im Grundsatz vor staatlichem Zugriff geschützt. Unter Berufung auf Art. 5 Abs. 3 Satz 1 GG kann auch die öffentliche Kulturinstitution Einflüsse auf ihr künstlerisches Programm abwehren (1.). Diese abwehrrechtliche Dimension der Kunstfreiheit wird besonders in Fällen politischer Kunst virulent. Hier erweist sich – auch bei geförderten privaten Künstlern – die Abgrenzung zur Meinungsfreiheit zugleich als schwierig und weitgehend folgenlos. Die Parallelität zwischen Meinungs- und Kunstfreiheit hat jedoch eine wichtige Konsequenz: Die Figur der kunstspezifischen Betrachtung erlaubt – als Spezialfall des Grundsatzes der meinungsfreiheitsfreundlichen Auslegung – einen verfassungsgerichtlichen Zugriff auf die Interpretation des Kunstwerks, das heißt auf den Sachverhalt (2.). Die Anwendung kunstspezifischer Kriterien gilt aber nicht nur für die Deutung von Kunstwerken, sondern für die gesamte kunstbezogene Administration. Bei einer Entscheidung über Kunstförderung muss der Staat zwar nicht nur, aber auch kunstimmanente Kriterien anwenden (3.). Hingegen folgt aus der Kunstfreiheit keine spezifische Organisationsverfassung der öffentlichen Kulturbetriebe. Art. 5 Abs. 3 Satz 1 GG gibt aber immerhin vor, die künstlerische von der administrativen Seite unterscheiden zu können (4.). In einem Zwischenergebnis fassen wir die hier dargestellten Rechtsfolgen der Kunstfreiheit zusammen (5.).

1. Schutz der künstlerischen Gestaltungsfreiheit

Zentrale Rechtsfolge jedes grundrechtlichen Freiheitsschutzes ist die Beschränkung staatlicher Intervention in den grundrechtlich geschützten Bereich. Die Eröffnung des Schutzbereichs löst formell den Gesetzesvorbehalt und materiell eine Verpflichtung auf das Verhältnismäßigkeitsprinzip aus.[1] Damit lassen sich zahlreiche Konstellationen, in denen der Staat in die Kunstfreiheit eingreift, gut erfassen. Untersagt die Polizei die Ausstellung eines Kunstwerks, das den Tatbestand der Volksverhetzung nach § 130 Abs. 1 Nr. 1 StGB erfüllt, kann sie ihr Handeln auf die einschlägige polizeiliche Generalklausel zur Abwendung von Gefahren für die öffentliche Sicherheit stützen. Das Verbot erweist sich als verhältnismäßig, weil es das Persönlichkeitsrecht eines Angesprochenen schützt und der Gefahr gewalttätiger Reaktionen vorbeugt. Ein anderes Beispiel: Die Schließung einer Ausstellung wegen der Gefahr einer Infektion kann sich, eine gesetzliche Grundlage vorausgesetzt, aus dem Grundrecht auf Leben und körperliche Unversehrtheit rechtfertigen lassen.[2]

In all diesen Fällen wenden die Behörden eine allgemeine gesetzliche Befugnisnorm auf einen Sachverhalt an, in dem »zufällig« die Kunstfreiheit einschlägig ist. Das ändert sich in der Beziehung zwischen Staat, öffentlicher Kulturinstitution und geförderten privaten Künstlern. Hier findet der Staat keine freien privaten Künstler vor, sondern interveniert in einen von ihm geschaffenen künstlerischen Handlungsrahmen. Auch dafür zwei Beispiele: Der Gemeinderat beschließt, ein bestimmtes umstrittenes Stück vom Spielplan des städtischen Theaters zu nehmen, und beauftragt den zuständigen Magistratsbeamten mit der Umsetzung.[3] Das Kultusministerium fordert den Direktor eines staatlichen Museums zu Haushaltsdisziplin auf. Falls in solchen Konstellationen ein Eingriff in die Kunst-

1 Grundsätzlich Uwe Volkmann, »Allgemeine Grundrechtslehren«, in: Matthias Herdegen u. a. (Hg.), *Handbuch des Verfassungsrechts*, München 2021, § 16 Rn. 55-58, 63.

2 Zu diesem hier nicht weiter interessierenden Konflikt bei der infektionsbedingten Schließung von Kulturstätten etwa Bayerischer VGH, Beschluss vom 16. 11. 2020, 20 NE 20.2601.

3 Dazu, dass dies kein ausgedachtes Problem ist, obwohl solche Fälle so gut wie nie vor Gericht landen: Peter Laudenbach, *Volkstheater*, Berlin 2023.

freiheit vorliegt, ist dieser nicht gerechtfertigt, schon weil es regelmäßig an der erforderlichen parlamentsgesetzlichen Grundlage fehlt. Zudem dürfte es zumeist an einer materiellen Rechtfertigung fehlen, jedenfalls werden rein politisch motivierte Präferenzen als Rechtfertigung nicht genügen.

Praktisch geht es bei der Prüfung solcher Maßnahmen aber zumeist weniger um die Kontrolle von Gesetzlichkeit und Verhältnismäßigkeit als um die Frage, ob die Kunstfreiheit in ihrem Schutzbereich überhaupt berührt ist oder nicht. In unserem *ersten* Beispiel ist dies klar gegeben. Das Verbot betrifft den künstlerischen Programmbereich, in den die politischen Organe nicht eingreifen dürfen, ohne die Kunstfreiheit zu verletzen. Der Beschluss des Gemeinderats ist verfassungswidrig. Im *zweiten* Fall ist dies anders: Die Einhaltung des Haushaltsplans gehört zu den allgemeinen Pflichten jeder staatlichen Organisation, auch wenn diese von der materiellen Freiheit nicht immer einfach abzugrenzen sind.[4] Das Bestehen auf dessen Einhaltung berührt keine künstlerischen Gestaltungsfreiheiten, ja gar keinen grundrechtlichen Schutzbereich.[5] Aus dem Grundrechtsschutz folgt also der Schutz der künstlerischen Gestaltungsfreiheit in der Programmarbeit.[6]

4 Interessant sowohl als historisches Dokument wie auch als Illustration der praktischen Probleme Hellmut Becker, Alexander Kluge, *Kulturpolitik und Ausgabenkontrolle. Zur Theorie und Praxis der Rechnungsprüfung*, Frankfurt/M. 1961, S. 152-190.

5 Etwas anderes mag sich bei einer eklatanten Unterfinanzierung ergeben, siehe Klaus Stern, »§ 117 Freiheit der Kunst und Wissenschaft«, in: ders., *Das Staatsrecht der Bundesrepublik Deutschland*, Bd. IV 2, München 2011, S. 595-881, hier S. 669 f.; für Kunsthochschulen: Christian von Coelln, »Die Kunstfreiheit«, in: *JURA* 2024, S. 940-949, hier S. 942.

6 Zu dieser nur wenigen Grenzen unterliegenden Programmautonomie Dirk Hewig, »Künstlerische Regiebetriebe der öffentlichen Hand und die verfassungsrechtliche Kunstfreiheitsgarantie«, in: *BayVBl.* 1977, S. 37-41, hier S. 38; Ulrich Karpen, Katrin Hofer, »Zur Verwaltung großer Bühneninstitute«, in: *VerwArch* 81 (1990), S. 557-577, hier S. 577; Philip Kunig, »Bühnenleiter und Kunstfreiheitsgarantie«, in: *DÖV* 1982, S. 765-773, hier S. 767 f.; Ulrich Repkewitz, »Nochmals: Zur Verwaltung großer Bühneninstitute«, in: *VerwArch* 81 (1990), S. 578-582, hier S. 581. Zum Identifikationsverbot Herbert Bethge, in: Michael Sachs, *Grundgesetz*, München [10]2024, Art. 5 Rn. 190; Wolfgang Palm, *Öffentliche Kunstförderung zwischen Kunstfreiheitsgarantie und Kulturstaat*, S. 191 f.; Udo Steiner, »Kulturauftrag im staatlichen Gemeinwesen«, in: *VVDStRL* 42 (1984), S. 7-45, hier S. 29; Bernhard Weck, *Verfassungsrechtliche Legitimationsprobleme öffentlicher Kunstförderung aus wirklichkeitswissenschaftlicher Perspektive*, Berlin 2001, S. 161 f.

Jenseits der oft schwierigen Frage, wie (hierarchisch) Kulturinstitutionen intern organisiert sein dürfen und sollen, sind die Beteiligten jedenfalls vor staatlichen Anweisungen zu den künstlerischen Inhalten geschützt: Der Staat kann grundsätzlich keine Vorgaben zu Programmen oder zur Auswahl von Künstlerinnen in eingerichteten Institutionen wie Theatern oder Museen machen. Etwas anderes gilt, wie sich zeigen wird,[7] bei der abstrakteren Planung spezifischer Förderprogramme und bei der Einstellung von Leitungspersonal. Solche Entscheidungen fallen in einen spezifischen Bereich der Kulturpolitik, in dem staatliche Stellen durchaus Spielräume haben, auch wenn sie sich künstlerisch beraten lassen müssen.

Im Ergebnis dürfen unmittelbar staatliche Stellen für einmal eingerichtete Institutionen keine konkreten Programme determinieren, sondern nur eine allgemein gefasste kulturpolitische Programmatik. Sie dürfen nicht im Einzelnen entscheiden, welche Stücke gespielt, welche Schauspieler besetzt, welche Personen zu Vorträgen eingeladen oder wessen Kunstwerke ausgestellt werden. Oft wird freilich auf informellem Wege Einfluss auf künstlerische Entscheidungen genommen. Das Ministerium lässt sich den Text im Ausstellungskatalog vorab vorlegen, die Bürgermeisterin ruft im Theater an, um sich zu beschweren. In solchen Fällen steht das Grundrecht den Institutionen zur Seite, auch wenn es sicherlich in den seltensten Fällen geraten erscheint, dieses per Gericht durchzusetzen. Die Kenntnis der eigenen Rechtsposition ist aber auch Element einer Verhandlungsposition, die außerhalb rechtlicher Verfahren verteidigt werden kann. Grundrechte sind nicht nur Rechtstitel, sondern auch institutionenpolitische Argumente.

2. »Politische Kunst«: Auslegung von Mehrdeutigkeit

Staatliche Interventionen knüpfen häufig, wie das Beispiel der volksverhetzenden Kunst illustriert, an den Inhalt des Kunstwerks, das nicht selten einen dezidiert politischen Anspruch erhebt, an. Zu Fragen politischer Kunst, etwa Pamphleten oder Karikaturen, liegt eine reiche Rechtsprechung vor.[8] Von einem neuen Phänomen

7 Eingehender zum Problem sogleich unten, III. 3.

8 Zum Schutz engagierter beziehungsweise politischer Kunst siehe nur BVerfGE

kann bei Kunst mit politischem Anspruch ohnehin nicht gesprochen werden. Gleichwohl stellt sich das alte Problem der thematischen Entgrenzung der Kunst immer wieder neu.[9]

In der Regel wird sich die Frage nach einer Abgrenzung zwischen politischer und ästhetischer Betätigung mit nur geringer Dringlichkeit stellen, weil Äußerungsformen, die nicht von der Kunstfreiheit gedeckt sind, unter den Schutzbereich der Meinungsfreiheit fallen.[10] Auch wenn Meinungsfreiheit und Kunstfreiheit im Text des Grundgesetzes separat geregelt werden und die Schranken des Art. 5 Abs. 2 GG sich eigentlich nicht auf Art. 5 Abs. 3 GG beziehen sollten, haben Rechtsprechung und Literatur diese Unterschiede aus beiden Richtungen relativiert.[11] Auf der einen Seite unterliegt auch die Schranke des allgemeinen Gesetzes seit dem *Lüth*-Urteil einer materiellen verfassungsrechtlichen Kontrolle.[12] Die Form des

30, 173 (190 f.) – *Mephisto* (1971); 75, 369 (377) – *Strauß-Karikatur* (1987); 81, 278 (291) – *Bundesflagge* (1990). Zu den besonderen Konflikten zwischen politischer Kunst und Ehrschutzfragen Jens Michael Buscher, »Neuere Entwicklungen der straf- und ehrenschutzrechtlichen Schranken der Meinungsfreiheit und der Kunstfreiheit«, in: *NVwZ* 1997, S. 1057-1064, hier S. 1062; instruktiv zu dieser Rechtsprechung Axel Enderlein, *Der Begriff der Freiheit als Tatbestandsmerkmal der Grundrechte*, Berlin 1995, S. 4-8.

9 Dazu nunmehr Jannis Lennartz, »Adorno in Karlsruhe«, in: *AöR* 151 (2026), S. 1-54, hier S. 10-13.

10 Zum Problem des Verhältnisses der beiden Grundrechte noch einmal unten, IV. 2. a).

11 Das Bundesverfassungsgericht lässt eine Abgrenzung zwischen Kunst- und Meinungsfreiheit teilweise dahinstehen, vgl. BVerfGE 68, 226 (233) – *Schwarzer Sheriff* (1984); 87, 209 (233) – *Tanz der Teufel* (1992); 102, 347 (369) – *Benetton Schockwerbung* (2000). Faßbender betont, dass sich die Unterschiede, die sich aus dem nur für die Meinungsfreiheit geltenden Schrankenvorbehalt des Art. 5 Abs. 2 GG ergäben, nicht überbewertet werden dürften und in den meisten Fällen ein weitgehend paralleler Rechtfertigungsmaßstab angelegt werden könne (Kurt Faßbender, »Was darf Satire?«, in: *NJW* 2019, S. 705-710, hier S. 707). Eine Annäherung der Rechtfertigungsmaßstäbe konstatieren auch Rupp von Brünneck in ihrem Sondervotum in BVerfGE 30, 173 (221 f.) – *Mephisto* (1971), sowie das OLG Hamburg, Urteil vom 15. 5. 2018, 7 U 34/17, in: *ZUM-RD* 2018, S. 484-493, hier S. 489. Zu den Parallelen zwischen Meinungs- und Kunstfreiheit Buscher, »Schranken der Meinungsfreiheit und der Kunstfreiheit«, S. 1061-1063; kritisch hinsichtlich des Ausmaßes der Entgrenzung Rolf Dünnwald, »Kunst und Unzüchtigkeit. Zum Film ›Das Schweigen‹«, in: *JR* 1965, S. 46-52, hier S. 47; Palm, *Öffentliche Kunstförderung zwischen Kunstfreiheitsgarantie und Kulturstaat*, S. 61-64.

12 BVerfGE 7, 198 (208 f.) – *Lüth* (1958).

allgemeinen Gesetzes reicht zu einer Einschränkung des Grundrechts allein nicht hin, sondern bedarf einer abwägenden Rechtfertigung in der Sache. Auf der anderen Seite ist anerkannt, dass auch ein vorbehaltslos gewährtes Grundrecht wie die Kunstfreiheit nur auf parlamentsgesetzlicher Grundlage eingeschränkt werden darf.[13] Damit bleiben Tendenzen der Entdifferenzierung von Politik und Kunst, die der Kunstgeschichte altbekannt sind, mit den bekannten Mitteln der Grundrechtsinterpretation zu lösen.

In einer Hinsicht könnte die Zuordnung entweder zur Meinungs- oder zur Kunstfreiheit jedoch eine Rolle spielen. Nur für die Meinungsfreiheit, nicht für die Kunstfreiheit scheint der *Grundsatz einer meinungsfreiheitsfreundlichen Auslegung* zu gelten. Dieser Grundsatz gehört zu den wichtigsten Konsequenzen der neueren Rechtsprechung zur Meinungsfreiheit. Er erfordert es zunächst, bei Äußerungen, die mehrere nachvollziehbare Interpretationsmöglichkeiten zulassen, diejenige Lesart zu wählen, die nicht als sanktionsbedürftig einzustufen ist, um der Meinungsfreiheit bestmöglich zur Geltung zu verhelfen.[14] Darüber hinaus gebietet eine meinungsfreiheitsfreundliche Interpretation die Berücksichtigung von Kontexten[15] sowie die Kenntnisnahme wertender Aspekte auch dann, wenn die Aussage für sich einen starken tatsächlichen Gehalt

13 Allgemein zur Beschränkung vorbehaltloser Grundrechte BVerfGE 107, 104 (120) – *Anwesenheit im JGG-Verfahren* (2003); 108, 282 (297) – *Hijab I* (2003); 122, 89 (107) – *Wissenschaftsfreiheit in der Theologie* (2008); 128, 1 (41) – *Gentechnikgesetz* (2010); Bernd Grzeszick, in: Günter Dürig, Roman Herzog, Rupert Scholz, *Grundgesetz*, Bd. III, München 2022 (97. EL), Art. 20 Rn. 92; Michael Sachs, Thomas Mann, in: Michael Sachs, *Grundgesetz*, München [10]2024, vor Art. 1 Rn. 125. Spezifisch mit Blick auf die Kunstfreiheit BVerfGE 83, 130 (139) – *Josefine Mutzenbacher* (1990); Philipp Waltke, *Kunst und öffentlicher Frieden – Strafbefreiung durch Grundrechte?*, Berlin 2021, S. 73 f.

14 Grundlegend BVerfGE 43, 130 (137) – *Flugblatt* (1976); am prägnantesten BVerfGE 93, 266 (295 f.) – *»Soldaten sind Mörder«* (1995). Instruktiv zu den verfassungskonformen Auslegungsdirektiven bei (mehrdeutigen) Äußerungen Dieter Grimm, »Die Meinungsfreiheit in der Rechtsprechung des Bundesverfassungsgerichts«, in: *NJW* 1995, S. 1697-1705, hier S. 1700 f.; zur Vermutung der Zulässigkeit der freien Rede BVerfGE 54, 129 (138 f.) – *Kunstkritik* (1980); grundsätzlich zur Freiheitsvermutung des Bundesverfassungsgerichts Robert Alexy, *Theorie der Grundrechte*, Frankfurt/M. 1986, S. 517 f.

15 BVerfGE 85, 1 (20) – *Bayer-Aktionäre* (1991); 93, 266 (297) – *»Soldaten sind Mörder«* (1995). Ausdrücklich zur Kunstfreiheit: BVerfGE 67, 213 (228 f.) – *Anachronistischer Zug* (1984).

aufweist.[16] Dogmatisch liegt diese Deutung der Meinungsfreiheit damit auf der Schnittstelle von Tatbestand und Rechtsfolge, denn sie erweitert den Tatbestand der Meinungsfreiheit mit Blick auf die Rechtsfolgen seines Ausschlusses. Aus dieser ständigen Rechtsprechung folgt – und das ist aus prozessrechtlichen Gründen durchaus ungewöhnlich – verfassungsunmittelbar ein bestimmter Umgang mit einem Sachverhalt. Im Ergebnis dient diese Rechtsprechung dazu, die von den Tatsacheninstanzen festgestellten Äußerungen auch auf ihre Deutung hin verfassungsgerichtlich überprüfbar zu halten.[17]

Diese Rechtsprechungslinie ist von Interesse, weil sie regelmäßig auch Äußerungen an der Grenze von Meinungs- und Kunstfreiheit betrifft, ja ganz konkret Fälle, in denen künstlerische oder künstlerisch verwertbare Formen wie Satire oder Flugblatt mit einer politischen Bedeutung versehen werden.[18] Die Verfassungsrechtsprechung zur Kunstfreiheit kennt freilich die Figur der »kunstspezifischen Betrachtung«. Sie ist als das speziellere Pendant zur freiheitsbenevolenten Auslegung im Bereich der Meinungsfreiheit zu verstehen, sodass im Ergebnis auch hier kein praktischer Unterschied zwischen Kunst- und Meinungsfreiheit besteht.

Das Bundesverfassungsgericht entnimmt der Kunstfreiheit die Pflicht, bei der Prüfung der Möglichkeit der rechtsverletzenden

16 Besonders deutlich in BVerfGE 85, 1 (18-20) – *Bayer-Aktionäre* (1991); BVerfG, Stattgebender Kammerbeschluss vom 29. 2. 2012, 1 BvR 2883/11, in: *NJW-RR* 2012, S. 1002-1003, hier S. 1003, Rn. 13 f.; kritisch Martin Hochhuth, »Schatten über der Meinungsfreiheit«, in: *NJW* 2007, S. 192-195, hier S. 194 f.

17 Abweichende Meinung des Richters Stein in BVerfGE 30, 173 (200 f.) – *Mephisto* (1971); dazu Bethge, in: Sachs, *Grundgesetz*, Art. 5 Rn. 183a; Christoph Grabenwarter, in: Günter Dürig, Roman Herzog, Rupert Scholz, *Grundgesetz*, Bd. I, München 2013 (70. EL), Art. 5 Abs. 1, 2 Rn. 53 f.; Vincent Klausmann, *Meinungsfreiheit und Rechtsextremismus*, Baden-Baden 2019, S. 98. Kritisch abweichende Meinung der Richterin Haas in BVerfGE 93, 266 (313 f.) – *»Soldaten sind Mörder«* (1995); Bert Campell, »Tucholsky-Zitat ›Soldaten sind Mörder‹«, in: *NStZ* 1995, S. 328-329, hier S. 329; Gerhard Herdegen, »›Soldaten sind Mörder‹«, in: *NJW* 1994, S. 2933-2934, hier S. 2934; Manfred Kiesel, »Die Liquidierung des Ehrenschutzes durch das BVerfG«, in: *NVwZ* 1992, S. 1129-1137, hier S. 1132. Insofern wird auch Kritik von den »betroffenen« Fachgerichten geübt, siehe etwa OLG Bamberg, Beschluss vom 11. 1. 1994, Ws 314/92, in: *NJW* 1994, S. 1972-1975, hier S. 1973 f.

18 Ganz ausdrücklich BVerfG, Stattgebender Kammerbeschluss vom 9. 7. 2008, 1 BvR 519/08, Rn. 45, juris.

Wirkung eines Werks die Relevanz der ästhetischen Form für dessen Wirkung zu berücksichtigen.[19] Das potenziell verletzte Recht ist zumeist das allgemeine Persönlichkeitsrecht eines Menschen, der in dem Kunstwerk erkennbar sei. Dieses Kriterium der Erkennbarkeit kritisieren die Richterin Hohmann-Dennhardt und der Richter Gaier in ihrer abweichenden Meinung als nicht »kunstspezifisch«.[20] Darüber hinaus werfen sie der Senatsmehrheit vor, die proklamierte kunstspezifische Betrachtungsweise nicht hinreichend umzusetzen, was vornehmlich einer zu oberflächlichen Anwendung generalisierender Kriterien geschuldet sei. Insbesondere reiche hierfür nicht die bloße Feststellung von Stilmitteln und der Textgattung. Vielmehr müsse literaturwissenschaftlicher Sachverstand herangezogen werden.[21] Die darin zum Ausdruck kommende Vorstellung, literaturwissenschaftlicher Sachverstand führe, zum einen, zu eindeutigen Ergebnissen, die, zum anderen, mehr Kunstfreiheit garantierten, erscheint freilich nicht zwingend.[22]

Aus der verfassungsgerichtlich entwickelten Pflicht, die Eigengesetzlichkeiten der Kunst durch eine spezifische Maßstäblichkeit zu berücksichtigen und nicht auf ihre bloß außerkünstlerische Wirkung abzustellen, ergibt sich das Erfordernis, den fiktionalen Charakter eines Textes sowie seine Vielschichtigkeiten und seinen ästhetischen Eigenwert, theatrale Ausdrucksformen, die Bedeutung eines künstlerischen Archivs oder die Technik des Kuratierens in der Untersuchung eines Werks mitzureflektieren. Dabei ist es dem Bundesverfassungsgericht auch mit vielen argumentativen Schleifen, insbesondere in *Esra*, nicht gelungen, das Dilemma aufzulösen,

19 BVerfGE 119, 1 (27) – *Esra* (2007). Allgemein zu diesem Maßstab Friedrich Müller, *Freiheit der Kunst als Problem der Grundrechtsdogmatik*, Berlin 1969, S. 109-119.

20 BVerfGE 119, 1 (40 f.) – *Esra* (2007).

21 BVerfGE 119, 1 (45-47) – *Esra* (2007). In ähnlicher Weise kritisch hinsichtlich der Umsetzung Sophie-Charlotte Lenski, »Grundrechtsschutz zwischen Fiktionalität und Wirklichkeit«, in: *NVwZ* 2008, S. 281-284, hier S. 282 f.; Fabian Wittreck, »Esra, Mephisto und Salomo«, in: *JURA* 2009, S. 129-136, hier S. 134. Zur Eigentümlichkeit der künstlerischen Formensprache Sophie-Charlotte Lenski, *Personenbezogene Massenkommunikation als verfassungsrechtliches Problem*, Berlin 2007, S. 98.

22 Vgl. für eine theoretisch hoch informierte, im Ergebnis skeptische Position Andreas Kablitz, *Kunst des Möglichen. Theorie der Literatur*, Freiburg i. Br. 2013, S. 165-168 und Anm. 32 (mit Hinweis auf *Esra*).

das Rupp-von Brünneck in ihrem Sondervotum zu *Mephisto* mit beneidenswerter Klarheit formuliert hat:

Dies führt zu dem seltsamen und widersprüchlichen Ergebnis, daß dem Autor einerseits der Vorwurf gemacht wird, er habe zu wenig »verfremdet« – d. h. er habe seinen Romanhelden Gründgens zu ähnlich, also zu wirklichkeitsgetreu nachgebildet –, andererseits wird ihm vorgeworfen, er habe zu stark »verfremdet« – nämlich seinen Helden mit erdichteten negativen Verhaltensweisen und Charakterzügen ausgestattet, die dem Lebensbild von Gründgens nicht entsprächen.[23]

Der Widerspruch dieses doppelten Vorwurfs zeigt sich darin, dass das eine Element des Vorwurfs gegen das andere zum Schutz der Kunst aktiviert werden kann. Wenn die reale Person, die als Vorbild für eine mit negativen Charaktereigenschaften versehene Figur eines literarischen Werkes fungiert, erkennbar ist (»zu wenig« verfremdet), gilt weiterhin die Fiktionalitätsvermutung. Mit ihr lässt sich dann der Vorwurf, man habe »zu stark« verfremdet, nämlich negative Eigenschaften angedichtet, abtun, weil der Schluss von Figur auf reale Person trotz Identifizierbarkeit nicht ohne weiteres zulässig sei.[24] Umgekehrt soll das in einer Ausstellung zu Kindesmissbrauch gezeigte Porträt einer Minderjährigen den Eindruck erwecken, sie sei Opfer von Kindesmissbrauch gewesen.[25] Wie in *Esra* wird zu wenig verfremdet, weil das Porträt die gezeigte Person identifizierbar macht, und dann zu stark verfremdet, weil der Eindruck, die abgebildete Person sei missbraucht worden, nicht korrigiert wird.

Diese Kritik ändert nichts an dem Grundsatz, dass aus den kommunikativen Grundrechten die Pflicht folgt, Kunstwerke in ihren möglichen Bedeutungsebenen zur Kenntnis zu nehmen und sie, soweit hermeneutisch plausibel, nicht auf einsinnige Aussagen zu reduzieren. Auch im Rahmen einer meinungsfreiheitsfreundlichen Auslegung beziehungsweise kunstspezifischen Betrachtung wird es aber darauf ankommen, inwieweit von der (künstlerischen) Äußerung andere Rechte, namentlich Persönlichkeitsrechte, berührt

23 BVerfGE 30, 173 (222) – *Mephisto* (1971).

24 So in BVerfGK 13, 49 (50 f.) – *»Pestalozzis Erben«* (2007); 13, 115 (118) – *»Ehrensache«* (2007).

25 BVerfG, Stattgebender Kammerbeschluss vom 28. 1. 2019, 1 BvR 1738/16, in: *NJW* 2017, S. 1277-1280, hier S. 1279.

sein können.[26] Gerade die jüngere Rechtsprechung ist zudem hinsichtlich einer meinungsfreiheitsfreundlichen Auslegung zurückhaltender, indem sie bei Kollisionen mit Persönlichkeitsrechten auch die Zeitstruktur der Sanktionen in den Blick nimmt. Ohne von seiner grundsätzlichen Auslegungslinie abzuweichen, hat das Bundesverfassungsgericht aus dem Gebot einer meinungsfreiheitsfreundlichen Auslegung von persönlichkeitsrechtsverletzenden Äußerungen zwar einen Ausschluss von Sanktionen (Strafe, Schadensersatz), aber ohne weiteres nicht den Ausschluss eines Anspruchs auf künftiges Unterlassen gefolgert.[27] Die Meinungsfreiheit schützt also, wenn von ihrer Wahrnehmung andere Rechte berührt werden, stärker gegenüber vergangenheitsbezogenen Sanktionen als gegenüber zukunftsbezogenen Einschränkungen. Auf die Kunstfreiheit sind diese Grundsätze übertragbar.

3. Anwendung kunstimmanenter Kriterien

In seiner klassischen Funktion dient die Kunstfreiheit der Abwehr staatlicher Interventionen in die künstlerische Gestaltungsfreiheit. Damit ist in der deutschen, in hohem Maße staatlich finanzierten Kunstlandschaft freilich wenig gewonnen. So wichtig die öffentliche Kunstförderung für die einzelne Künstlerin sein mag: Aus der Kunstfreiheit ergibt sich – das ist nahezu unbestritten – kein Anspruch auf staatliche Förderung künstlerischer Projekte, auch nicht auf die Fortsetzung einer bereits gewährten Unterstützung, soweit diese nicht unter einen selbstständigen Vertrauensschutztatbestand fällt.[28] Die einmal erfolgte Förderung oder Anstellung verstetigt

26 So auch Alexy, *Theorie der Grundrechte*, S. 517.

27 BVerfGE 114, 339 (349 f.) – *Stolpe* (2005), daran anschließend BVerfGK 8, 89 (105 f.) – *Kollektivbeleidigung durch Abtreibungsgegner* (2006).

28 VGH Baden-Württemberg, Beschluss vom 15. 10. 2003, 9 S 1858/03, Rn. 7; BVerwG, Beschluss vom 16. 8. 1979, 7B 174/78, in: *DÖV* 1979, S. 912; OVG Berlin, Urteil vom 8. 6. 1978, III B 50/77; Bayerischer VGH, Urteil vom 15. 9. 1995, 4 CE 95.2973, in: *NJW* 1996, S. 1165-1166, hier S. 1166; Müller, *Freiheit der Kunst als Problem der Grundrechtsdogmatik*, S. 128 f.; Joachim Würkner, *Das Bundesverfassungsgericht und die Freiheit der Kunst*, München 1994, S. 136 f.; Fabian Wittreck, in: Horst Dreier (Hg.), *Grundgesetz*, Bd. I, Tübingen ³2013, Art. 5 III (Kunst) Rn. 72; Stern, »§ 117 Freiheit der Kunst und Wissenschaft«, S. 649, 656 m. w. N. Hingegen entnimmt Germelmann der Kunstfreiheit eine staatliche Pflicht zur

sich nicht als Konsequenz der Kunstfreiheit. Grundsätzlich steht es dem Staat frei, Förderungen zu verlängern oder sich selbst, etwa durch Vertrag, auf die Möglichkeit einer Verlängerung nach bestimmten Kriterien zu verpflichten. In solchen Fällen können im Einzelfall auch verfassungsrechtliche Gebote des Vertrauensschutzes eine Rolle spielen, wenn der Staat sich entgegen früherer Zusage ohne weitere Rechtfertigung anders entscheidet. Ein spezifischer Anspruch aus der Kunstfreiheit auf die Fortdauer bestehender Förderung ergibt sich hieraus nicht.

Werden künstlerische Aktivitäten vom Staat bereits gefördert, so wird die Frage der Fortsetzung dieser Förderung den zwischen Staat und Künstlerin getroffenen Vereinbarungen folgen müssen, die in der Regel in Privatrechtsform abgeschlossen werden. Im Rahmen der Auslegung solcher privatvertraglicher Regelungen und der dann einschlägigen privatrechtlichen Vorschriften muss die Kunstfreiheit berücksichtigt werden. Dies ist nicht spezifisch für die Kunstfreiheit, sondern folgt aus der allgemein anerkannten mittelbaren Drittwirkung der Grundrechte im Privatrechtsverhältnis.[29] Hat beispielsweise eine Künstlerin mit einem Museum einen Vertrag über eine Ausstellung ihrer Werke abgeschlossen, in dem ein außerordentliches Kündigungsrecht mit der Möglichkeit eines vorzeitigen Abbruchs aus wichtigem Grund vorgesehen ist, so dürfte eine solche Klausel, im Lichte der Kunstfreiheit ausgelegt, eine Kündigung seitens des Museums aus rein ästhetischen Gründen ausschließen.[30]

Kunstförderung, die in Verbindung mit Art. 3 Abs. 1 GG zu einem subjektiven Teilhaberecht führen soll (Claas Friedrich Germelmann, in: Horst Dreier [Hg.], *Grundgesetz*, Bd. I, Tübingen [4]2023, Art. 5 III [Kunst] Rn. 75).

29 Zu neuen, vor allem europarechtlich beeinflussten Impulsen bei der Privatrechtswirkung der Grundrechte Matthias Ruffert, »Privatrechtswirkung der Grundrechte«, in: *JuS* 2020, S. 1-6, hier S. 4-6. Spezifisch mit Blick auf die Kunstfreiheit Andreas L. Paulus, in: Peter M. Huber, Andreas Voßkuhle (Hg.), *Grundgesetz*, Bd. 1, München [8]2024, Art. 5 Abs. 3 Rn. 442. Eine wichtige Wirkung der Kunstfreiheit findet sich im Urheberrecht auch in der Zivilrechtsprechung, dazu Jannis Lennartz, »Werkbegriff und Kunstfreiheit«, in: *JZ* 2023, S. 521-529, hier S. 526-529; Felicitas Kahl, *Zum Spannungsverhältnis von Kunstfreiheit und Urheberrecht*, Berlin 2023, S. 38-191.

30 Das Bundesverfassungsgericht verlangt auch für die Auslegung und Anwendung privatrechtlicher Regelungen eine kunstspezifische Betrachtung. Siehe etwa zur kunstspezifischen Auslegung urheberrechtlicher Bestimmungen BVerfGE 142,

Umgekehrt erscheint es denkbar, dass der Staat ein solches Kündigungsrecht wahrzunehmen hat, wenn er aus anderen verfassungsrechtlichen Grundsätzen dazu verpflichtet ist, die Ausstellung zu beenden. So ist klar, dass die staatliche Seite es nicht dulden muss, wenn im Rahmen einer Ausstellung Straftaten begangen werden.[31] Hier kann sich auch ein besonderes Kündigungsrecht der staatlichen Seite ergeben.

Auch wenn den Staat also keine grundrechtlich herleitbare Pflicht trifft, bestimmte künstlerische Projekte zu fördern, sondern allenfalls eine allgemeine Pflicht zur Förderung der Kultur,[32] bindet er sich doch mit der Entscheidung zur Förderung der Kultur an bestimmte Maßstäbe. Aus dem grundrechtlichen Schutz der Kunst können damit auch Vorgaben für die Anwendung kunstimmanenter Kriterien bei der staatlichen Kunstförderung folgen, deren Reichweite aber ungewiss erscheint. Ansatzpunkt ist die vom Bundesverfassungsgericht ausdrücklich anerkannte und im Wortlaut des Art. 5 Abs. 3 S. 1 GG (»Kunst«) herausgehobene objektive Dimension der Kunstfreiheit,[33] die jenseits einer Eingriffskonstellation den Staat sogar primär zu einer prozeduralen und organisa-

74 (102 f., Rn. 85-87) – *Sampling* (2016). Dazu auch Hans D. Jarass, in: ders., Bodo Pieroth, *Grundgesetz für die Bundesrepublik Deutschland*, München [18]2024, Art. 5 Rn. 132.

31 Dazu eingehender unten, IV. 3. a).

32 Zur Herleitung des verfassungsrechtlichen Kulturauftrags Dieter Grimm, »Kulturauftrag im staatlichen Gemeinwesen«, in: *VVDStRL* 42 (1984), S. 46-82, hier S. 63-68. Mißling hingegen spricht sogar von einer staatlichen »Kulturpflicht« (Sven Mißling, *Art. 5 Abs. 3 Satz 1 GG als ein Grundrecht der Kunst*, Köln 2012, S. 245); eine verfassungsrechtliche Verpflichtung ablehnend Stefan Huster, *Die ethische Neutralität des Staates*, Tübingen [2]2017, S. 476 f.

33 BVerfGE 119, 1 (21) – *Esra* (2007). Das Bundesverfassungsgericht spricht zwar in BVerfGE 36, 321 (331) – *Schallplatten* (1974) vom Kulturstaat als »Staatszielbestimmung«, geht aber in Folgeentscheidungen wieder zur Umschreibung von Kulturstaatlichkeit als objektive Wertentscheidung des jeweiligen Grundrechts über, etwa BVerfGE 111, 333 (353) – *Brandenburgisches Hochschulgesetz* (2004). Kritisch hinsichtlich einer grundrechtlichen Herleitung bei gleichem Ergebnis Huster, *Die ethische Neutralität des Staates*, S. 456, 471; Sophie-Charlotte Lenski, *Öffentliches Kulturrecht*, Tübingen 2013, S. 92 f. Zum kunstimmanenten (qualitätsorientierten) Maßstab für die Kunstförderung im Einzelnen Huster, *Die ethische Neutralität des Staates*, S. 441-445, 481-487; Paulus, in: Huber, Voßkuhle (Hg.), *Grundgesetz*, Bd. 1, Art. 5 Abs. 3 Rn. 446; Stern, »§ 117 Freiheit der Kunst und Wissenschaft«, S. 660 f.

torischen Absicherung verpflichtet.[34] Diese Verpflichtung betrifft das »Wie« von Entscheidungen, zu deren »Ob« keine Pflicht besteht: Der Staat muss kein Museum errichten, kein dazu gehöriges Personal einstellen und kein neues Förderprogramm für bildende Künstlerinnen einrichten. Umgekehrt kann er Museen oder vergleichbare Institutionen aus haushaltspolitischen Gründen oder wegen einer gewandelten kulturpolitischen Orientierung wieder schließen. Insoweit können demokratische Organe kunst- und kulturpolitische Entscheidungen treffen[35] und sind dabei weder einem Neutralitätsmaßstab[36] noch einem institutionellen Bestandsschutz verpflichtet.[37]

Demokratische Politik muss auch hier politische Gestaltungsmöglichkeiten haben, die nicht in der Ausführung fachlicher Beratung aufgehen. Wenn sich demokratische Organe aber dafür entscheiden, bestimmte künstlerische Projekte zu fördern, müssen sie im zweiten Schritt sicherstellen, dass bei der Umsetzung einer solchen Entscheidung kunstimmanente Kriterien zur Anwendung kommen. Aus dem Grundgesetz folgt insoweit eine Verpflichtung

34 Peter Häberle, »Die Freiheit der Kunst im Verfassungsstaat«, in: *AöR* 110 (1985), S. 577-619, hier S. 610 f.; Edith Schreyer, *Pluralistische Entscheidungsgremien im Bereich sozialer und kultureller Staatsaufgaben*, Berlin 1982, S. 138 f.; Karl-Heinz Ladeur, in: Erhard Denninger u. a. (Hg.), *Grundgesetz Alternativkommentar*, Neuwied, Kriftel 2001, Art. 5 Abs. 3 II Rn. 24-26. Zu einem analogen Argument für die Wissenschaftsfreiheit siehe BVerfGE 35, 79 (114 f.) – *Hochschulurteil* (1973); 94, 268 (285) – *Wissenschaftliches Personal* (1996).

35 Für die besonderen Probleme einer demokratischen Politik repräsentativen Bauens: Ulrich Battis, *Demokratie als Bauherrin*, Baden-Baden 2024, S. 14-21.

36 So aber Deutscher Museumsbund, *Museen im politischen Raum: Was darf ich und was nicht?*, Berlin 2025, S. 8, unter Berufung auf BVerwGE 159, 327 – *»Licht aus!«* (2017). Nicht nur ist die Entscheidung problematisch (zur darin schlummernden Negation der Politizität des Politischen: Klaus F. Gärditz, »Unbedingte Neutralität? Zur Zulässigkeit amtlicher Aufrufe zu Gegendemonstrationen durch kommunale Wahlbeamte«, in: *NWVbl* 2015, S. 165-171, hier S. 168-170), sie betrifft auch das Handeln eines Oberbürgermeisters, also eines politischen Amtsträgers ohne Grundrechtsschutz, der in die politische Meinungsbildung eingreift. Daraus ließe sich für unsere Konstellation auch dann wenig lernen, wenn die Entscheidung überzeugend wäre.

37 Huster, *Die ethische Neutralität des Staates*, S. 461; Palm, *Öffentliche Kunstförderung zwischen Kunstfreiheitsgarantie und Kulturstaat*, S. 192 f.; Weck, *Verfassungsrechtliche Legitimationsprobleme öffentlicher Kunstförderung*, S. 165; Elise Grauer, *Die Berliner Akademie der Künste*, Berlin 2010, S. 243 f.; Stern, »§ 117 Freiheit der Kunst und Wissenschaft«, S. 669.

zu einer spezifischen Beratung und Kontrolle künstlerisch relevanter Entscheidungen.[38] So wird die Programmatik eines neuen Museums oder die Einstellung einer neuen Direktorin für dieses Museum nicht ohne eine entsprechende wissenschaftliche oder künstlerische Begleitung erfolgen können. Die Form dieser Begleitung wird sich nicht im Detail aus der Kunstfreiheit herleiten lassen, sie kann durch eine ad-hoc-Kommission oder durch einen eigenen Beirat erfolgen. Diese Kommissionen müssen auch nicht in völliger Staatsfreiheit agieren,[39] doch sollte garantiert werden, dass die künstlerisch oder wissenschaftlich kompetenten Mitglieder innerhalb des Entscheidungsgremiums einen bestimmenden Einfluss ausüben und nicht einfach durch Mehrheitsentscheidung überspielt werden können.[40] Eine solche Beratungspflicht betrifft dann alle Entscheidungen von entsprechender künstlerischer Bedeutung, also beispielhaft nicht nur die Ernennung von künstlerischem Leitungspersonal, sondern auch die Verlängerung von deren Amtszeiten.

In dieser Verpflichtung auf kunstimmanente Kriterien unterscheidet sich die Kunst- von der Rundfunkfreiheit. Letztere dient der Verwirklichung der freien individuellen und öffentlichen Meinungsbildung, die sichergestellt wird, indem im Rundfunk die bestehende Vielfalt der Meinungen zum Ausdruck kommt.[41] Entsprechend müssen die Aufsichtsgremien der Rundfunkanstalten plural und hinreichend staatsfern besetzt sein.[42] Für die Gremien und Kommissionen, die kunstbezogene Verwaltungsentscheidungen treffen, gilt dies nicht: Hier besteht kein verfassungsrechtliches Gebot, gesellschaftliche Gruppen angemessen zu repräsentieren,

38 Siehe Horst Locher, *Das Recht der bildenden Kunst*, München 1970, S. 27 f.

39 Zu Beteiligungsfragen im kulturverwaltungsrechtlichen Verfahren und insbesondere zum Problem gemischter Gremien Lenski, *Öffentliches Kulturrecht*, S. 430-435.

40 Graul stellt unterschiedliche Modelle zur Verwirklichung dieser Voraussetzung dar (Heidemarie Graul, *Künstlerische Urteile im Rahmen der staatlichen Förderungstätigkeit*, Berlin 1970, S. 74-96). Zum Pluralitätserfordernis Schreyer, *Pluralistische Entscheidungsgremien im Bereich sozialer und kultureller Staatsaufgaben*, S. 135-141; Palm, *Öffentliche Kunstförderung zwischen Kunstfreiheitsgarantie und Kulturstaat*, S. 193-195. Kritisch hinsichtlich einer zwingend pluralistischen Verfahrensgestaltung Huster, *Die ethische Neutralität des Staates*, S. 485.

41 Siehe die Nachweise oben, II. 3. in Anm. 49.

42 BVerfGE 136, 9 (32-42, Rn. 36-58) – *ZDF-Staatsvertrag* (2014).

sondern vielmehr besteht die Pflicht, auch kunstimmanente Kriterien zur Anwendung zu bringen.

4. Unterscheidbarkeit künstlerischer und administrativer Ebene

Aus dem verfassungsrechtlichen Gebot, auch kunstimmanente Kriterien bei kunstbezogener Administration anzuwenden, lässt sich indes nicht auf eine bestimmte Verfasstheit der Kunstverwaltung schließen. Grundsätzlich würde es die Direktionskraft des Verfassungsrechts überfordern, wenn man versuchte, aus ihm eine Organisationsverfassung des öffentlichen Kulturbetriebs herzuleiten. Jenseits der Pflicht zur ästhetisch informierten Entscheidung lassen sich aber zwei normative Direktiven benennen:

Die künstlerische Unabhängigkeit von Institutionen, die nicht projektförmig operieren, hängt, *zum Ersten*, auch von den Laufzeiten der Beschäftigungsverhältnisse ab. Der Staat ist hier durchaus frei, sollte aber im Regelfall beachten, dass die Verwirklichung einer künstlerischen Programmatik einer bestimmten Dauer bedarf. *Zum Zweiten* werden Eingriffe in die Kunstfreiheit oft nicht direkt, sondern verdeckt erfolgen, namentlich *im Gewand der Einhaltung allgemeiner Regeln*. Die Abgrenzung zwischen der staatlich-administrativen und der künstlerischen Ebene kann im Einzelfall zu einem Problem werden. Künstlerische Entscheidungen haben, wie gesehen, immer auch eine administrative Seite, für deren Sicherstellung eine staatliche Entscheidungsebene vorgesehen ist, namentlich eine kaufmännische Leitung. Diese ist, weil sie keine künstlerischen (oder im Museum wissenschaftlichen) Aufgaben wahrnimmt, der allgemeinen ministerialen Aufsicht unterworfen. Zwischen diesen beiden Ebenen besteht dagegen grundsätzlich keine Hierarchie, ihre Aufgabenverteilung spiegelt den Schutzbereich der Kunstfreiheit wider. Diese umfasst, wie gesehen, nicht das Recht, Haushaltsregeln zu verletzen – und umgekehrt darf die allgemeine Verwaltung ästhetische Entscheidung nicht steuern. An dieser Schnittstelle besteht praktisch aber immer die Gefahr einer staatlichen Lenkung des künstlerischen Bereichs über die administrative Ebene, die durch die klare Unterscheidbarkeit beider Bereiche beschränkt werden muss, wenn auch nicht völlig ausgeräumt werden kann. Jedenfalls ist dafür Sorge zu tragen, dass die künstlerische Ebene organisatorisch eigenständig ausgestaltet ist, dass Leistungsposten, die beide Funktionen gemeinsam wahrnehmen, diese unterscheidbar halten und dass sich die staatliche Aufsicht auf die administrativen Funktionen beschränkt.[43]

5. Zwischenergebnis: Das Selbstverständnis öffentlicher Kulturinstitutionen

Obgleich die Kunstfreiheit weder einen individuellen Anspruch auf staatliche Förderung noch Bestandsschutz gewährleistet, ist sie im Kontext öffentlicher Kunstförderung nicht unbeachtlich. Ihre wichtigsten Konsequenzen sind dreierlei: *Erstens* verpflichtet sie zu einer kunstspezifischen Betrachtung als einer besonderen Form der meinungsfreiheitsfreundlichen Auslegung. *Zweitens* muss der Staat, wenn er Kunst fördert, kunstimmanente Kriterien anwenden. Jenseits der kulturpolitischen Planung, bei der der Staat weite Spielräume hat, sich bei deren Ausfüllung aber künstlerisch beraten lassen muss, sind künstlerische Entscheidungen wie der Entwurf von Programmen oder die Auswahl von künstlerischem Personal vor staatlichem Einfluss grundrechtlich geschützt. Staatliche Behörden dürfen nicht eigene Entscheidungen an die Stelle von Entscheidungen ihres künstlerischen Personals stellen. Die Kunstfreiheit entbindet nicht von der Einhaltung allgemeinen Rechts oder von Haushaltsregeln, so wie umgekehrt die allgemeine Verwaltung ästhetische Entscheidungen auch nicht indirekt beeinflussen darf. Dies verlangt *drittens*, die administrative Ebene vom künstlerischen Bereich organisatorisch zu unterscheiden, weil nur so die Gefahr der staatlichen Steuerung der Kunstschaffenden begrenzt werden kann.

Nimmt man diese drei Rechtsfolgen der Kunstfreiheit ernst, spricht viel dafür, die Kunstfreiheit in Richtung der Wissenschaftsfreiheit zu einer auch Organisationen schützenden Garantie wei-

43 Diese Abgrenzungsschwierigkeiten zwischen organisatorischen Maßnahmen und Eingriffen bemerkt auch Paulus, in: Huber, Voßkuhle (Hg.), *Grundgesetz*, Bd. 1, Art. 5 Abs. 3 Rn. 419. Ähnlich Hewig, »Künstlerische Regiebetriebe der öffentlichen Hand und die verfassungsrechtliche Kunstfreiheitsgarantie«, S. 38; Kunig, »Bühnenleiter und Kunstfreiheitsgarantie«, S. 768.

terzuentwickeln und einen der Hochschulautonomie vergleichbaren Schutz für Kunstinstitutionen vorzusehen. Ob dies passiert, hängt freilich auch vom Selbstverständnis der öffentlichen Museen, Theater und Orchester ab. Verstehen sie sich als nachgeordnete Behörde[44] oder als Grundrechtsträger? Sind sie bereit, mit ihrem Anspruch aus grundrechtlicher Freiheit auch Risiken einzugehen, oder vermeiden sie diese unter Berufung auf ihre »Neutralität«? Nur wenn sie den erstgenannten Weg einschlagen, hat das Grundrecht eine Entwicklungsperspektive.

44 Dies ist der problematisch kleinmütige Ansatz in Deutscher Museumsbund, *Museen im politischen Raum.*

IV. Eingriffsverwaltung

Nicht Gegenstand, aber Anlass für unsere Untersuchung war die *documenta fifteen*, in der Exponate gezeigt wurden, die – teilweise zu Recht – als antisemitisch bewertet wurden. Damit greift aber eine nur institutionenbezogene Deutung der Kunstfreiheit, wie wir sie bisher entwickelt haben, zu kurz. Hinzutreten muss eine antidiskriminierungsrechtliche Betrachtung, um die konkreten, politisch breit diskutierten Maßnahmen gegen antisemitische und rassistische Kunst zu erfassen. Diese reichen von der Forderung, antisemitische Bilder aus Ausstellungen zu entfernen, bis hin zur Einfügung einer Antisemitismusklausel in Förderbescheiden. Diese Maßnahmen wollen wir einer nicht nur verfassungsrechtlichen Prüfung unterziehen. Die rechtliche Prüfung darf freilich nicht blind sein für den Umstand, der das institutionenbezogene Verständnis der Kunstfreiheit motivierte: Weil die deutsche Kunstlandschaft weitgehend staatlich finanziert und organisiert ist, sind Maßnahmen gegen antisemitische und rassistische Kunst eben nicht immer schlicht rechtfertigungsbedürftige Eingriffe in die Kunstfreiheit Privater, sondern geschehen in einem staatlich ermöglichten künstlerischen Handlungsrahmen.

Versucht man, die diskutierten Maßnahmen gegen antisemitische und rassistische Kunst zu systematisieren, bietet sich die Unterscheidung zwischen Eingriffs- und Leistungsverwaltung an. Der Staat kann (darf aber nicht notwendig) eine Aufführung vorzeitig beenden, sich von einem Gemälde öffentlich distanzieren, es in der Ausstellung mit einem Hinweis versehen, bestimmte Stellen verdecken oder es gänzlich abhängen lassen. Zu solchen Eingriffen kann sich der Staat insbesondere veranlasst sehen, wenn er die betroffene Ausstellung finanziell oder anderweitig gefördert hat. Der als Leistungsverwaltung agierende Staat erhofft sich hingegen, vorab die staatliche Förderung antisemitischer und rassistischer Kunst zu unterbinden. Beispielsweise kann der Künstler verpflichtet werden, sich gegen Antisemitismus und Rassismus zu bekennen, wenn er eine staatliche Förderung in Anspruch nehmen will.

In diesem Abschnitt (IV.) wenden wir uns den Maßnahmen der Eingriffsverwaltung, im folgenden Abschnitt (V.) denjenigen der

Leistungsverwaltung zu. Wegen der Vielfalt möglicher Eingriffe lohnt es sich, die Frage nach der zulässigen Beschränkung der Kunstfreiheit von der anderen Seite anzugehen: Trifft den Staat unter Umständen eine Pflicht, gegen die Zurschaustellung von Kunstwerken einzuschreiten? Nach einer Reflexion über die rechtlich konstituierte künstlerische Verantwortlichkeit im öffentlichen Kunstsektor (1.) soll die Frage einer Pflicht zum Einschreiten am Fall antisemitischer Kunst behandelt werden (2.). Das Ergebnis dieser Untersuchung legt einen normativen Konflikt zwischen der Kunstfreiheit im Rahmen staatlicher Kunstförderung und der Durchsetzung verfassungsrechtlich sanktionierter und demokratisch legitimierter Interessen des Staates offen. Dieser Konflikt ist dann für einige typische Eingriffe exemplarisch aufzulösen (3.).

1. Kehrseite der Freiheit: Verantwortlichkeit in staatlichen Kulturinstitutionen

Die staatliche Kulturverwaltung, die administrative Seite öffentlicher Kulturinstitutionen, darf sich, wie gesehen, nicht auf die Kunstfreiheit berufen, sie ist vielmehr durch diese wie durch andere öffentlich-rechtliche Sonderbindungen verpflichtet, die die künstlerische Seite nicht treffen. Als staatliche Kulturverwaltung zählen dabei – dies ist gesichert – alle zur Staatsorganisation zählenden Einheiten unabhängig von ihrer Rechtsform,[1] also das Kultusministerium, der Bundesbeauftragte für Kultur und Medien, aber ebenso Geschäftsführung und Organe der documenta gGmbH, deren Gesellschafter ausschließlich Gebietskörperschaften sind.

Anderes gilt für Personen, die etwa als Programmbeauftragte in eine öffentliche Kunstinstitution eingebunden sind. Ihre Handlungen unterfallen, soweit sie künstlerischer Natur sind, dem Schutz

1 Zur Grundrechtsbindung (auch) der privatförmigen Verwaltung BVerfGE 128, 226 (244) – *Fraport* (2011); Florian Becker, »Öffentliches und Privates Recht«, in: *NVwZ* 2019, S. 1385-1392, S. 1391. Umfassend zum Ausmaß der Bindung im Einzelnen Dirk Ehlers, *Verwaltung in Privatrechtsform*, Berlin 1984, S. 212-232; Stefan Muckel, »Wandel des Verhältnisses von Staat und Gesellschaft – Folgen für Grundrechtstheorie und Grundrechtsdogmatik«, in: *VVDStRL* 79 (2020), S. 245-289, hier S. 273; zur Bindung der staatlichen Kulturverwaltung Friedhelm Hufen, *Die Freiheit der Kunst in staatlichen Institutionen*, Baden-Baden 1982, S. 183.

des Art. 5 Abs. 3 GG. Ihr Grundrechtsschutz stellt sie indes nicht von jeder Verantwortlichkeit gegenüber dem Staat und der Öffentlichkeit frei. Als staatliche Akteure sind sie an die Grundrechte gebunden.

Jenseits dieser rechtlichen Bindung manifestiert sich ihre Verantwortung gegenüber der Öffentlichkeit in der Auseinandersetzung über ihre künstlerischen Praktiken, im weitesten Sinne in der öffentlichen Debatte, in der Kritik.[2] Schon aus diesem Grund schulden sie der Öffentlichkeit Transparenz über Entscheidungsvorgänge im Rahmen der Informationsfreiheitsregeln.[3] Auf die Kunstfreiheit werden sie sich, ohne dass diese Frage hier genauer zu klären wäre, gegenüber Informationsanfragen der Öffentlichkeit in aller Regel nicht berufen können, weil diese künstlerische Tätigkeiten nicht einschränken. Die künstlerische Freiheit wäre ohne eine entsprechende Verantwortung gar nicht möglich. Künstlerinnen, die scharf öffentlich kritisiert werden und sich deswegen über »Zensur« oder »öffentlichen Druck« beklagen, zeigen damit an, dass sie ihre informelle Verantwortung in einer offenen Gesellschaft nicht annehmen. Rechtlich bleibt das Lamento ohnehin irrelevant.

Diese künstlerische Verantwortung ist – darin der *politischen* Verantwortung ähnlich – nicht durch Recht sanktioniert, aber durch Recht konstituiert. Weil den Programmbeauftragten die Rechtsmacht übertragen wurde, künstlerische Entscheidungen mit öffentlichen Mitteln zu verwirklichen, ist es sinnvoll, sie für diese Entscheidung zur Verantwortung zu ziehen. Damit zieht das Recht aber auch der Weiterdelegation von künstlerischer Verantwortung Grenzen. Beispielhaft am Fall der *documenta fifteen*: Die Konzep-

2 Siehe etwa Nikolaus Marsch, »Kunst unter Druck – Zu Zweck und Reichweite des grundrechtlichen Schutzes von Art. 5 Abs. 3 Satz 1 GG, insbesondere in der Drittwirkungsdimension«, in: *JZ* 2021, S. 1129-1138, hier S. 1136; Margit Seckelmann, in: Wolfgang Kahl u. a. (Hg.), *Bonner Kommentar zum Grundgesetz*, Ms. 2025, Art. 5 (2. Teil) Rn. 56.

3 Siehe § 1 Abs. 1 Informationsfreiheitsgesetz (IFG) und die entsprechenden Vorschriften in den Ländern, zum Beispiel § 2 Abs. 1 Informationsfreiheitsgesetz NRW. Fehlt es wie häufig der Kulturinstitution an Rechtsfähigkeit, ist sie dennoch aus dem IFG verpflichtet, sofern sie eine »Stelle« im Sinne des § 1 Abs. 4 VwVfG ist (siehe § 1 Abs. 1 IFG). Dies setzt eine gewisse organisatorische Eigenständigkeit voraus, vgl. Friedrich Schoch, *Informationsfreiheitsgesetz*, München [3]2024, § 1 Rn. 116-118. Mangelt es an der organisatorischen Eigenständigkeit, ist Anspruchsverpflichtete die Behörde, der die Kulturinstitution zugeordnet ist.

tion der künstlerischen Leitung durch das indonesische Künstlerkollektiv *ruangrupa* sah, wie gesagt, die Auswahl von anderen Künstlern vor, die ihrerseits weitere Künstlerinnen bestimmten.[4] Diese Subdelegation bleibt aber in der Verantwortung von *ruangrupa*, schon weil deren Entscheidung die notwendige Bedingung der weiteren Entscheidungen darstellt. Die im Fall der *documenta* vertraglich vorgesehene Berichtspflicht der künstlerischen Leitung gegenüber der Geschäftsführung kann durch solche Subdelegationen nicht in Frage gestellt werden. Dass die ästhetische Kritik es dennoch anders sehen und den Zusammenhang zwischen Kuratorenteam eng oder lose verstehen kann, ist davon unbenommen. Die künstlerische Verantwortung der Leitung ist im Übrigen nicht grenzenlos. Die Intendantin der Berlinale verantwortet die eingeladenen Filme, aber nicht mehr die Dankesrede eines preisgekrönten Regisseurs.

Im Kern künstlerischer Betätigung ist dagegen eine verrechtlichte formalisierte Verantwortlichkeit gegenüber dem Staat angesichts der Kunstfreiheit schwer denkbar, weil dies voraussetzen würde, dass staatliche Stellen verbindliche ästhetische Urteile fällen und gegenüber Trägerinnen der Kunstfreiheit durchsetzen könnten. Eine sanktionierbare Verantwortlichkeit wird vornehmlich hinsichtlich der Einhaltung allgemeiner gesetzlicher Pflichten und insbesondere der Haushaltsregeln gelten.[5] Zugleich dient die Etablierung einer eigenen, möglichst klar abgegrenzten[6] Verwaltungsebene aber eben auch dazu, die künstlerische Seite von dieser Verantwortung zu entlasten.

Umgekehrt schließt die nicht formalisierbare künstlerische Verantwortung aus künstlerischer Freiheit gegenüber der Öffentlichkeit eine politische Verantwortung staatlicher Organe für künstlerische Inhalte aus. Solange die administrative und politische Leitung keine künstlerischen Gestaltungsaufgaben wahrnimmt, kann sie für künstlerische Inhalte auch nicht zur Verantwortung gezogen werden. Insoweit ist die mitunter zu beobachtende Interventions-

4 Documenta fifteen, *Handbook*, Berlin 2022, S. 21.

5 Zum Kernbereich künstlerischer Betätigung im Einzelnen und seine vornehmliche Begrenzung durch Haushalts- und Informationspflichten Dirk Hewig, »Künstlerische Regiebetriebe der öffentlichen Hand und die verfassungsrechtliche Kunstfreiheitsgarantie«, in: *BayVBl.* 1977, S. 37-41, hier S. 38 ff.

6 Dazu oben, III. 4.

freundlichkeit von Politikern gegenüber öffentlich geförderter Kunst erstaunlich, denn damit handelt sich die Politik Verantwortung ein, die sie schwer überzeugend übernehmen kann – und bei der sie nach aller Erfahrung meistens dilettantisch aussieht.[7] Wie wir gesehen haben, gibt es durchaus einen weiten Bereich kulturpolitischer Gestaltungsmöglichkeit, für den politische Verantwortung übernommen werden muss. Diese Verantwortung endet aber dort, wo die Kunstfreiheit beginnt. Politisch verantwortlich kann man nur für Vorgänge gemacht werden, auf die man rechtmäßig hätte Einfluss nehmen können.

Der Ruf nach staatlichen Sanktionen verkennt deswegen oft nicht nur, dass solche Sanktionen von der Kunstfreiheit ausgeschlossen sind, sondern auch, dass die Kunstwelt ihr eigenes Sanktionenwesen in Form einer kritischen Öffentlichkeit hat. Dieses funktioniert freilich nur, wenn gegenüber als problematisch empfundenen Positionen auch ästhetische, nicht nur politische Kritik geäußert wird.[8]

2. Antisemitische Kunst und staatliche Antidiskriminierungspolitik

Soweit die Kunstfreiheit reicht, können staatliche Organe für missliebige Kunstwerke nicht politisch verantwortlich gemacht werden. Umgekehrt haben sie sich politisch zu verantworten, wenn sie untätig blieben, obwohl sie befugt oder gar verpflichtet waren, gegen antisemitische oder rassistische Kunst einzuschreiten. Um diese Befugnis oder Pflicht zu bestimmen, müssen wir uns zunächst des grundrechtlichen Schutzes antisemitischer Kunst vergewissern (a), bevor wir im Anschluss die staatlichen Pflichten zur Antidiskriminierung bestimmen können. Dabei wird sich zeigen: Der prominente Platz, den der Kampf gegen Antisemitismus in Deutschland einnimmt, ist weniger verfassungsrechtlich als politisch vorgegeben

7 Von erheblichen Defiziten spricht Hans-Jürgen Papier, »Überlegungen zur Kunstfreiheit nach Art. 5 Abs. 3 GG und ihren verfassungsimmanenten Grenzen«, in: *Verf-Blog*, 2023/03/28, ⟨https://verfassungsblog.de/antisemitismus-auf-der-documenta-fifteen/⟩, letzter Zugriff 20. 10. 2025.

8 Zu den zeitgenössischen Problemen ästhetischer Urteilsbildung: Christoph Möllers, *Unverbindlicher Eigensinn. Über Freiheiten und Unfreiheiten der Kunst*, München 2025, S. 61-67.

(b). In einem Zwischenergebnis fassen wir unsere Überlegungen zusammen (c).

a) Grundrechtlicher Schutz antisemitischer Kunst

Antisemitische Kunst ist Kunst und wird daher von Art. 5 Abs. 3 Satz 1 GG geschützt. Zwar finden sich in der rechtswissenschaftlichen Literatur vereinzelt Stimmen, die antisemitische Kunst wegen ihrer diskriminierenden und die Menschenwürde tangierenden Inhalte bereits aus dem Schutzbereich der Kunstfreiheit ausschließen wollen.[9] Nicht nur für die Kunstfreiheit gilt freilich, dass die verletzenden Wirkungen einer Handlung nicht im Schutzbereich, sondern in der Abwägung verarbeitet werden.[10] Eine solche Beschränkung des verfassungsrechtlichen Kunstbegriffs widerspricht außerdem dem inhaltsoffenen Kunstbegriff, den das Bundesverfassungsgericht Art. 5 Abs. 3 GG entnimmt.[11] Vertreter eines engen Kunstbegriffs verweisen für ihre Position auf einen Beschluss eines Dreierausschusses des Bundesverfassungsgerichts aus dem Jahr 1984.[12] Aber diesen Beschluss, der gemeinhin als Ausreißer verstanden wird, greift das Bundesverfassungsgericht in seiner Folgerechtsprechung nicht auf.[13] Dass der Ausschluss antisemitischer

9 Siehe Hannes Ludyga, »Kunstfreiheit und Antisemitismus«, in: *NJW* 2023, S. 713-717, hier S. 715-717; Claus Dierksmeier, »Die Würde der Kunst«, in: *JZ* 2000, S. 883-889, hier S. 887 f. Ähnlich für die Meinungsfreiheit Gerhard Robbers, »Das Grundrecht auf Meinungsfreiheit und Möglichkeiten der Beschränkung von BDS«, in: Volker Beck (Hg.), *Mögliche juristische und rechtspolitische Antworten auf BDS nach dem Urteil des Bundesverwaltungsgerichts gegen die Stadt München*, Berlin, Leipzig 2023, S. 52-68, hier S. 56.

10 Zur nicht mehr ganz neuen Diskussion nur Wolfgang Kahl, »Vom weiten Schutzbereich zum engen Gewährleistungsgehalt«, in: *Der Staat* 43 (2004), S. 167-202. Wie hier Hans-Jürgen Papier, »Überlegungen zur Kunstfreiheit nach Art. 5 Abs. 3 GG und ihren verfassungsimmanenten Grenzen«; Wilfried R. Fuß, »Antisemitismus und die Grenzen der Kunstfreiheit«, in: *DÖV* 2023, S. 1050-1056, hier S. 1052.

11 Siehe BVerfGE 67, 213 (227) – *Anachronistischer Zug* (1984).

12 Ludyga, »Kunstfreiheit und Antisemitismus«, S. 715, mit Verweis auf BVerfG (Vorprüfungsausschuss), Beschluss vom 19. 3. 1984, 2 BvR 1/84, in: *NJW* 1984, S. 1293-1295 – *»Sprayer von Zürich«*.

13 Vgl. auch die Feststellung bei Nina Keller-Kemmerer, »Judenfeindlichkeit und Kunstförderung: Für Anti-Antisemitismusklauseln in staatlichen Förderrichtlinien«, in: *KJ* 2023, S. 416-428, hier S. 421, dass der Grundgesetzgeber das »Nie Wieder Kunstrichtertum« dem »Nie Wieder Antisemitismus« vorgeordnet habe.

Kunst aus dem Schutzbereich der Kunstfreiheit schließlich auch nicht dem Sprachgebrauch zu antisemitischen Figuren wie Richard Wagner, Ezra Pound oder Louis-Ferdinand Céline gerecht wird,[14] die der Kunstgeschichte ohne weiteres zugeordnet werden, ist kein juristisches, aber doch ein juristisch anschlussfähiges Argument für eine Grundrechtsdogmatik, die auf Schutzbereichsebene an die Selbstbeschreibung der Grundrechtsträger anknüpft.[15]

Eine spezifische Verfassungsrechtsdogmatik für antisemitische Kunst ist bisher nicht entwickelt worden. Allerdings war das Bundesverfassungsgericht schon mehrfach mit antisemitischen Meinungsäußerungen befasst und hat in diesem Zusammenhang eine Rechtsprechungslinie entwickelt, die auf die Kunstfreiheit übertragbar ist.[16] Um die einigermaßen gefestigte Rechtslage zur Reichweite der Meinungsfreiheit anschaulich zu machen, bietet sich im Ausgangspunkt eine jüngere Kammerentscheidung des Bundesverfassungsgerichts an. In dieser ging es um die strafrechtliche Verurteilung einer Person wegen Volksverhetzung nach § 130 Abs. 1 Nr. 1 StGB, weil diese den Vorsteher einer jüdischen Gemeinde verunglimpft hatte. Die Kammer hielt die Verurteilung im Ergebnis aufrecht und stellte dabei fest, dass diese mit der Garantie der Meinungsfreiheit vereinbar sei. Die strafrechtliche Regel sei ein allgemeines Gesetz im Sinne von Art. 5 Abs. 2 GG. Bei dieser Gelegenheit formulierte die Kammer noch einmal den Rahmen der grundgesetzlich geschützten Meinungsäußerungsfreiheit im Kontext einer strafbaren antisemitischen Äußerung.[17] Auch antisemitische Äußerungen werden grundsätzlich vom Schutzbereich der Meinungsfreiheit umfasst. Ihre Beschränkung lässt sich aber unter bestimmten Bedingungen rechtfertigen.[18]

14 Zu Bildern Julia Bernstein, Florian Diddens, *Antisemitische Kontinuitäten in Bildern*, Frankfurt/M. 2023.

15 Grundlegend Martin Morlok, *Selbstverständnis als Rechtskriterium*, Tübingen 1993, S. 87-91.

16 Vgl. insb. BVerfG, Stattgebender Kammerbeschluss vom 9. 11. 2011, 1 BvR 461/08, in: *NJW* 2012, S. 1498-1500; BVerfG, Stattgebender Kammerbeschluss vom 22. 6. 2018, 1 BvR 2083/15, in: *NJW* 2018, S. 2861-2863.

17 BVerfG, Nichtannahmebeschluss vom 7. 7. 2020, 1 BvR 479/20, in: *NJW* 2021, S. 297-298, hier S. 297 f., Rn, 14 f.

18 Christoph Enders, Robert Lange, »Symbolische Gesetzgebung im Versammlungsrecht«, in: *JZ* 2006, S. 105-112, hier S. 108; Christoph Grabenwarter, in: Günter Dürig, Roman Herzog, Rupert Scholz, *Grundgesetz*, Bd. I, München

Hierbei sind die gesetzliche Ebene und die Anwendungsebene voneinander zu unterscheiden:

Auf der *gesetzlichen Ebene* bedarf ein Eingriff in die Meinungsfreiheit in jedem Fall einer parlamentsgesetzlichen Grundlage, die als »allgemeines Gesetz« meinungsneutral gefasst sein muss,[19] sich also nicht gegen bestimmte Meinungen richten darf, sondern alle Meinungen gleich zu behandeln hat. Dieses Gesetz muss zudem in der Sache durch verfassungsrechtliche Belange gerechtfertigt sein. In der Regel werden solche Belange entweder in den Persönlichkeitsrechten von Dritten und/oder in der Sicherung des öffentlichen Friedens liegen, deren Gefährdung sich aber aus einem gesonderten aktuellen oder konkret bevorstehenden Rechtsbruch ergeben muss.

2013 (70. EL), Art. 5 Abs. 1, 2 Rn. 69; Vincent Klausmann, *Meinungsfreiheit und Rechtsextremismus*, Baden-Baden 2019, S. 103. Zu den Parallelen zur Rechtsprechungslinie des Europäischen Gerichtshofs für Menschenrechte (EGMR) siehe Mathias Hong, »Hassrede und extremistische Meinungsäußerungen in der Rechtsprechung des EGMR und nach dem *Wunsiedel*-Beschluss des BVerfG«, in: *ZaöRV* 70 (2010), S. 73-126, hier S. 79, wobei Konflikte hier ebenfalls über eine Rechtfertigung nach Art. 10 Abs. 2 EMRK gelöst werden, vgl. etwa EGMR, Entscheidung vom 16. 7. 1982, Nr. 9235/81, *X ./. Deutschland*. Siehe aber auch zur Abwägungsfestigkeit bei Berührung des Menschenwürdekerns, wobei die Annahme solcher menschenverachtenden Äußerungen äußerst hohen Anforderungen unterstellt wird, etwa BVerfG, Nichtannahmebeschluss vom 2. 11. 2020, 1 BvR 2727/19, in: *NZA* 2020, S. 1704-1706, hier S. 1706, Rn. 18. Nach Völzmann können sich solche Verletzungen auch adressatinnenunabhängig aus dem objektiven Gehalt der Menschenwürde ergeben (Berit Völzmann, »Freiheit durch Einschränkung«, in: *AöR* 143 [2018], S. 251-281, hier S. 257-260). Zu der teilweise sehr vagen Abgrenzung in der Rechtsprechung Sergey Lagodinsky, *Kontexte des Antisemitismus*, Berlin 2013, S. 233-242 (mit berechtigter Kritik an der Unterscheidung zwischen Eigenschaften und Verhalten bei der Determinierung von Antisemitismus auf S. 235 f.). Mit Blick auf rassistische Äußerungen kritisch hinsichtlich dieser Rechtsprechung Hendrik Cremer, »Verbreitung rassistischer Positionen – Meinungsfreiheit hat Grenzen«, in: *ZRP* 2017, S. 151-153, hier S. 152.

19 Zur einzigen Ausnahme von diesem Erfordernis: BVerfGE 124, 300 (327 f.) – *Wunsiedel* (2009). Diese Ausnahme umfasst allein die in § 130 Abs. 4 StGB unter Strafe gestellte Holocaust-Leugnung, also eine nachweislich falsche Tatsachenfeststellung. Dies begründet aber keine allgemeine Ausnahme in Bezug auf die Bewertung des Nationalsozialismus oder antisemitischer Äußerungen, ausdrücklich BVerfG, Nichtannahmebeschluss vom 7. 7. 2020, 1 BvR 479/20, in: *NJW* 2021, S. 297-298, hier S. 297 f., Rn. 14. Siehe zur Bedeutung des *Wunsiedel*-Beschlusses für das Schutzbereichsverständnis der Meinungsfreiheit auch Klausmann, *Meinungsfreiheit und Rechtsextremismus*, S. 101 f.

Eine mit wertenden Elementen verbundene Äußerung, das spricht das Gericht klar aus, ist also nicht als solche einschränkbar, weil sie antisemitischen Inhalts ist,[20] sondern nur, wenn sie andere Rechtsverletzungen nach sich zieht oder im konkreten Fall nach sich ziehen kann.[21] Außerhalb dieses Rahmens sind gesetzliche Eingriffe in die Meinungsfreiheit auch bei als antisemitisch einzuordnenden Äußerungen verfassungsrechtlich nicht gerechtfertigt.

Auf der *Anwendungsebene* verweist das Gericht dabei auf die »besonderen Erfahrungen der deutschen Geschichte, insbesondere die damals durch zielgerichtete und systematische Hetze und Boykottaufrufe eingeleitete und begleitete Entrechtung und systematische Ermordung der jüdischen Bevölkerung Deutschlands und Europas«,[22] die zu berücksichtigen sind, wenn im Einzelfall zu prüfen ist, ob eine einschränkbare Meinungsäußerung, die zu Verfolgung oder Diskriminierung – und damit zu weiteren Rechtsguteinbußen – führt, vorliegt. Als besonders schwierig erweist sich diese Einordnung bei neuen Formen des Antisemitismus, die keinen direkten Bezug zum Nationalsozialismus aufweisen, sowie bei Formen des codierten Antisemitismus.[23] Zur Lösung dieses Problems haben sich Bund und Länder auf eine Definition von Antisemitismus – die sogenannte erweiterte Arbeitsdefinition der International Holocaust Remembrance Alliance (IHRA) – geeinigt, die aber umstritten ist.[24] Aus verfassungsrechtlicher Sicht wird der Hinweis

20 BVerfG, Nichtannahmebeschluss vom 7.7.2020, 1 BvR 479/20, in: *NJW* 2021, S. 297-298, hier S. 298, Rn, 14 f.

21 So Helge Rossen-Stadtfeld, »Öffentliche Ordnung, bürgerliches Vertrauen und die neo-nationalsozialistische Versammlung«, in: *BayVBl.* 2009, S. 41-46, hier S. 43.

22 BVerfG, Nichtannahmebeschluss vom 7.7.2020, 1 BvR 479/20, in: *NJW* 2021, S. 297-298, hier S. 298, Rn. 15.

23 Zu dieser Problematik etwa Doris Liebscher u. a., »Antisemitismus im Spiegel des Rechts«, in: *NJOZ* 2020, S. 897-902, hier S. 900, sowie der Bericht des Unabhängigen Expertenkreises Antisemitismus, BT-Drucks. 18/11970 (7.4.2017), S. 174 f.

24 Hierzu und zu den grundsätzlichen Schwierigkeiten einer Antisemitismusdefinition ebd., S. 23-27. Zu Definitionsansätzen und -schwierigkeiten in der Rechtsprechung siehe etwa OLG Nürnberg, Urteil vom 22.10.2019, 3 U 1523/18, in: *MDR* 2020, S. 166-167; in der Literatur Peter Emmerich, Joachim Würkner, »Kunstfreiheit oder Antisemitismus?«, in: *NJW* 1986, S. 1195-1205, hier S. 1200-1202; Lagodinsky, *Kontexte des Antisemitismus*, S. 17-22. Zu den parallelen Begriffsbestimmungsschwierigkeiten beim Rassismus Uwe Kischel, »Rasse, Rassismus und Grundgesetz«, in: *AöR* 145 (2020), S. 227-263, hier S. 246-253.

auf eine Definition zudem nicht immer weiterführen, weil sich die verfassungsrechtlich entscheidungsrelevanten Probleme stets im Zusammenhang mit einer konkreten Rechtsverletzung oder Rechtsgefährdung stellen, also für Konstellationen, in denen eine bestimmte aggressive Ausrichtung der Äußerung keine Fragen der angemessenen Auslegung aufwerfen dürfte.

Im zitierten Beschluss nicht ausdrücklich formuliert, aber aus dem strafrechtlichen Kontext klar zu erschließen ist schließlich der Umstand, dass die hier in Frage stehende strafbare Handlung einen konkreten Adressaten hatte, eben das Opfer der Verunglimpfung, der in seinen Persönlichkeitsrechten beeinträchtigt und unter Umständen in seiner Sicherheit bedroht war. Die gesetzlichen Tatbestände, die eine strafbare Handlung darstellen, sind sehr häufig auf personale Rechtsgüter bezogen oder richten sich jedenfalls auf die Gefährdung einer konkret abgrenzbaren Personengruppe, die etwa, wenn der öffentliche Frieden in Frage steht, bedroht sein könnte.[25]

Was bedeutet dies für die Anwendung auf den Bereich der Kunstfreiheit? Auf einer *ersten Ebene* gelten für Kunst- und Meinungsäußerungen die gleichen Grundsätze. Insbesondere ist anerkannt, dass auch die Kunstfreiheit auf Grundlage eines materiell gerechtfertigten Gesetzes eingeschränkt werden darf.[26] Waren die oben entwickelten Maßstäbe auf den Fall einer strafbaren Handlung nach § 130 Abs. 1 Nr. 1 StGB bezogen, so gelten hier also für die Kunstfreiheit grundsätzlich die gleichen Vorgaben.

Das Gebot einer grundrechtsfreundlichen Auslegung von Äußerungen, die im Zweifel der Deutungsalternative den Vorrang einräumt, die keine staatliche Sanktion rechtfertigen würde, gilt auch für die Kunstfreiheit, nämlich in Form der »kunstspezifischen Be-

25 BGHSt 11, 207 – *Beleidigungsfähige Personenmehrheit* (1958); BVerfG, Nichtannahmebeschluss vom 20. 2. 2009, 1 BvR 2266/04 und 1 BR 2266/05, in: *NJW* 2009, S. 3089-3091. Enders und Lange weisen auf die strafbarkeitsbegrenzende Funktion dieses personalen Bezugs hin, die gleichzeitig ein Leerlaufen des Kriteriums des öffentlichen Friedens verhindere (Enders, Lange, »Symbolische Gesetzgebung im Versammlungsrecht«, S. 108); siehe auch Klausmann, *Meinungsfreiheit und Rechtsextremismus*, S. 77. Sternberg-Lieben und Schittenhelm weisen darauf hin, dass die Norm nicht vor bloß beunruhigenden Meinungen, sondern vor allem ein friedliches Zusammenleben schütze (Detlev Sternberg-Lieben, Ulrike Schittenhelm, in: Adolf Schönke, Horst Schröder, *Strafgesetzbuch*, München [30]2019, § 130 Rn. 1a).

26 Siehe oben, III. 2.

trachtung«,[27] schon weil eine künstlerische Position sich häufig der Festlegung auf eindeutige Aussagen entziehen wird.[28]

Indes stellen sich im Rahmen der Kunstfreiheit besondere Probleme, namentlich bei der *Zurechnung* des Äußerungsinhalts zu einer Person. Am Beispiel der musealen Aufbereitung lässt sich dies gut illustrieren: Wenn ein jahrzehntealtes Werk in einen Ausstellungszusammenhang gebracht wird, den die Schöpferin selbst nicht definieren konnte, dann ist ihr die Bedeutung, die das Werk im Kontext der Ausstellung annimmt, nicht mehr einfach zuzurechnen. Umgekehrt bedeutet die Aufnahme eines Kunstwerks in eine Ausstellung durch einen Kurator nicht einfach eine Identifikation mit der vom Kunstwerk zum Ausdruck gebrachten Position. Der Kurator kann sich die Position zu eigen machen oder sich von ihr distanzieren.[29] Brutalste politische Propaganda mit volksverhetzendem Inhalt kann in einer Ausstellung, die die Mechanismen von Propaganda erklären will, natürlich gezeigt werden. Hier entscheidet die im Gesamtzusammenhang der Ausstellung zum Ausdruck gekommene kuratorische Intention über die Bedeutung der Exponate. Umgekehrt gilt auch: Wem eine Äußerung zuzurechnen ist, ist nicht für alle rechtlichen Kontexte gleichermaßen relevant. Erfüllt ein Kunstwerk den objektiven Tatbestand der Volksverhetzung, kann dies eine Gefahrenabwehrbefugnis der Polizei auslösen.[30] Sie kann dann unter Umständen einschreiten, selbst wenn sich nicht abschließend bestimmen lässt, wer strafrechtlich zur Verantwortung zu ziehen ist oder ob eine Person vorsätzlich gehandelt hat.

Gleichwohl wirken die Probleme der Zurechenbarkeit auf die Interpretation des Kunstwerks zurück. Die im Kunstwerk ausge-

27 Dazu bereits oben, III. 2.

28 Zu dieser Auslegung im Zusammenhang mit antisemitischen Äußerungen siehe etwa LG Freiburg, Urteil vom 6. 6. 2011, 7 Ns 85 Js 4476/08-AK 129/10, obgleich sich hieraus keine allgemeine Präponderanz von Meinungs- und Kunstfreiheit gegenüber anderen Freiheitsrechten ergibt, siehe Herbert Bethge, »Meinungsfreiheit«, in: Hanno Kube u. a. (Hg.), *Leitgedanken des Rechts. Paul Kirchhof zum 70. Geburtstag, Bd. 1: Staat und Verfassung*, Heidelberg 2013, § 49 Rn. 3; Rudolf Mackeprang, *Ehrenschutz im Verfassungsstaat*, Berlin 1990, S. 211.

29 Ein Problem der *documenta fifteen* wird man in der recht vorbehaltlosen Identifikation der Kuratoren mit den Inhalten der kuratierten Kunst ausmachen können.

30 Zum Gefahrbegriff nur Dieter Kugelmann, *Polizei- und Ordnungsrecht*, Heidelberg u. a. [2]2012, S. 77 f., 95-97.

drückte Position ist nicht einfach mit einer Meinungskundgabe gleichzusetzen. Es bedarf eben einer formbezogenen kunstspezifischen Betrachtung. Das bedeutet auch, dass die für eine Beschränkung der Meinungs- wie der Kunstfreiheit erforderliche Betroffenheit anderer Rechtspositionen in einem künstlerischen Kontext schwieriger festzustellen sein dürfte als im Kontext politischer Meinungsäußerungen. Sie muss jedenfalls die Zurechenbarkeit persönlichkeitsrechtsrelevanter Einbußen darlegen.[31]

b) Verfassungsrechtliche und politische Vorgaben zur Abwehr von Antisemitismus

Aus dem Umstand, dass das Grundgesetz auch antisemitische Äußerungen grundrechtlich schützt, folgt nicht, dass es für Diskriminierungen blind ist. Vielmehr untersagt es in seinem Art. 3 Abs. 3 dem Staat bestimmte Formen der Benachteiligung, etwa rassistischer und antisemitischer Art.[32] Das Bundesverfassungsgericht hat das Verbot rassistischer und antisemitischer Diskriminierung darüber hinaus der Menschenwürde als Teil der freiheitlichen demokratischen Grundordnung eingeschrieben.[33] Art. 3 Abs. 3 Satz 1 GG enthält zugleich das Verbot, antisemitisches und rassistisches Verhalten von Privaten *gezielt* zu fördern. Der Staat kann sich seiner grundrechtlichen Beschränkungen nicht dadurch entledigen, dass er Private als Werkzeuge einsetzt.[34] Inwieweit aus diesen Dis-

31 Grundlegend zu diesen Zurechnungsfragen BVerfGE 82, 43 (52 f.) – *Strauß-Transparent* (1990); BGH, Urteil vom 14. 6. 2022, VI ZR 172/20, in: *NJW* 2022, S. 2406-2410, hier S. 2408, Rn. 15-17; Rolf Dünnwald, »Kunst und Unzüchtigkeit. Zum Film ›Das Schweigen‹«, in: *JR* 1965, S. 46-52, hier S. 47. Davydov weist darauf hin, dass sich persönlichkeitsrelevante Konflikte bei Entscheidungen der Kulturverwaltung durch eine kritische Distanzierung entschärfen ließen (Dimitrij Davydov, »Pietätskonflikte und Pietätsschutz in der Kulturverwaltung«, in: *VR* 2021, S. 325-331, hier S. 331); Dieter Grimm, »Die Meinungsfreiheit in der Rechtsprechung des Bundesverfassungsgerichts«, in: *NJW* 1995, S. 1697-1705, hier S. 1700.

32 Susanne Baer, Nora Markard, in: Peter M. Huber, Andreas Voßkuhle (Hg.), *Grundgesetz*, Bd. 1, München [8]2024, Art. 3 Abs. 3 Rn. 470; Sigrid Boysen, in: Ingo von Münch, Philip Kunig, *Grundgesetz*, Bd. 1, München [7]2021, Art. 3 Rn. 182.

33 BVerfGE 144, 20 (207 f., Rn. 541) – *NPD-Verbot* (2017).

34 Vgl. BVerwGE 90, 112 (119-121) – *Osho* (1992). Das Bundesverwaltungsgericht erkannte einen Eingriff in die Religionsfreiheit einer Jugendsekte darin, dass der

kriminierungsverboten darüber hinaus ein verfassungsrechtlicher Auftrag entsteht, aktiv diskriminierendes Verhalten zu bekämpfen, ist umstritten.[35] Selbst wenn man solch einen Auftrag annimmt, wird er sich nicht ohne weiteres zu einer durchsetzbaren oder gar einklagbaren Verpflichtung konkretisieren, so wie grundsätzlich die Annahme verfassungsrechtlich unmittelbar geltender Handlungspflichten der besonderen Rechtfertigung bedarf. Untätigkeit im Umgang mit Antisemitismus oder Rassismus muss zunächst politisch verantwortet werden.

Aus der Einrichtung und Förderung konkreter künstlerischer Vorhaben in Ausstellungen und Aufführungen kann aber eine Ingerenz, eine Verantwortung für die Folgen eigener Entscheidung, entstehen, die sich auch zu einer Handlungspflicht verdichtet. Wenn der Staat konkrete rassistische oder antisemitische Vorkommnisse ermöglicht, darf er sich in einer noch näher zu bestimmenden Art und Weise zu diesen verhalten, unter Umständen muss er dies auch.[36] Doch enthält dieser verfassungsrechtliche Auftrag wie immer im Rechtsstaat nicht zugleich die Mittel und Befugnisse zu seiner Umsetzung.[37] Diese bedürfen einer eigenen gesetzlichen Grundlage und müssen für sich verfassungsrechtlich gerechtfertigt werden.

Neben diesen verfassungsrechtlichen Aufträgen können Behörden auch an die politischen Entscheidungen gebunden werden, die ihnen namentlich durch die demokratisch legitimierte Regierung

Staat einen Verein finanziell förderte, dessen Zweck darin bestand, vor dieser Jugendsekte zu warnen.

35 Neben dieser abwehrrechtlichen Dimension eine konkrete Schutzpflicht sowie Drittwirkungscharakter ablehnend Gabriele Britz, »Diskriminierungsschutz und Privatautonomie«, in: *VVDStRL* 64 (2005), S. 355-402, hier S. 364; Werner Heun, in: Horst Dreier (Hg.), *Grundgesetz*, Bd. I, Tübingen [3]2013, Art. 3 Rn. 139; Christine Langenfeld, in: Günter Dürig, Roman Herzog, Rupert Scholz, *Grundgesetz*, Bd. I, München 2015 (74. EL), Art. 3 Abs. 3 Rn. 83-87. Offener Susanne Baer, »›Ende der Privatautonomie‹ oder grundrechtlich fundierte Rechtsetzung? Die deutsche Debatte um das Antidiskriminierungsrecht«, in: *ZRP* 2002, S. 290-294, hier S. 294; Stefan M. Straßmair, *Der besondere Gleichheitssatz aus Art. 3 Abs. 3 Satz 2 GG*, Berlin 2002, S. 158.

36 Unten, IV. 3.

37 Niklas Luhmann, »Die Grenzen einer betriebswirtschaftlichen Verwaltungslehre«, in: *VerwArch* 56 (1965), S. 303-313, hier S. 308. Zur Unterscheidung zwischen Aufgabe und Befugnis Kugelmann, *Polizei- und Ordnungsrecht*, S. 67 f.

vorgegeben wurden. Wenn die drei letzten Bundesregierungen eine besondere historische Verpflichtung der Bundesrepublik gegenüber dem Staat Israel formulieren,[38] dann wird eine solche außenpolitische Entscheidung auch nicht dadurch in Verfassungsrang gehoben, dass die Anerkennung des Existenzrechts Israels als »Staatsräson« bezeichnet wird. Denn die Bundesregierung kann sich nicht des vorrechtsstaatlichen Begriffs der Staatsräson bedienen, um sich von Bindungen zu befreien und eine kalte materielle Verfassungsänderung zu bewirken.[39]

Diese außenpolitische Entscheidung der Bundesregierung kann grundsätzlich keine rechtliche Wirkung entfalten, denn sie ist weder Verwaltungsvorschrift noch Weisung. Ohnehin könnte die Bundesregierung mittels solcher Handlungsformen nur die unmittelbare Bundesverwaltung binden, während die meisten Kulturinstitutionen von Ländern und Gemeinden getragen werden. Sie wären allenfalls aufgrund des Gebots der Bundestreue gegenüber dem Bund verpflichtet, »eine empfindliche, schwerwiegende Störung der grundgesetzlichen Ordnung« zu unterlassen.[40] Dass eine solche Störung durch staatlich geförderte Kunst ausgelöst wird, ist eher unwahrscheinlich. Solche Vorgaben können sich kulturpolitisch auswirken, nicht aber bereits staatlich geförderte Kultur rechtlich beschränken.

Nichts anderes gilt, wenn der Deutsche Bundestag außerhalb des förmlichen Gesetzgebungsverfahrens politische Beschlüsse fasst, in denen er sich zum Kampf gegen Antisemitismus bekennt. Einen solchen Beschluss hat er am 17. Mai 2019 unter der Überschrift »BDS-Bewegung entschlossen entgegentreten – Antisemitismus

38 Vgl. nur die Rede von Bundeskanzlerin Merkel vom 18.3.2008 vor der Knesset, ⟨https://www.bundesregierung.de/breg-de/service/bulletin/rede-von-bundes kanzlerin-dr-angela-merkel-796170⟩, sowie die Pressekonferenz von Bundeskanzler Scholz mit dem israelischen Premierminister vom 12.9.2022, ⟨https://www.bundeskanzler.de/bk-de/aktuelles/pressekonferenz-von-bundeskanzler-scholz-und-dem-ministerpraesidenten-des-staates-israel-lapid-am-12-september-2022-in-berlin-2125198⟩, jeweils letzter Zugriff 20.10.2025.

39 Zur Geschichte der Figur »Staatsräson« Michael Stolleis, *Staat und Staatsräson in der frühen Neuzeit*, Frankfurt/M. 1990, S. 39-42, 148-159. Zu rechtlichen Problemen Ralf Michaels, »Israels Sicherheit und Existenz zwischen Staatsräson und Rechtsstaatsprinzip«, in: *RuP* 59 (2023), S. 32-53, hier S. 42-49.

40 BVerfGE 8, 122 (139) – *Volksbefragung Hessen* (1958). Übertragen auf die Außenpolitik in BVerwGE 87, 228 (230) – *»Atomwaffenfreie Zone« München* (1990).

bekämpfen« gefasst.[41] In diesem stellt er sich gegen die »Boycott, Divestment and Sanctions«-Bewegung (BDS), die auch in Deutschland zum Boykott gegen Israel, israelische Waren und Dienstleistungen sowie gegen die Einladung von israelischen Vertretern von Kunst, Wissenschaft und Sport aufruft. Der Beschluss fordert Gemeinden und andere öffentliche Körperschaften dazu auf, Projekte, die die BDS-Bewegung unterstützen, nicht zu fördern. Es sei, so der Beschluss, zu begrüßen, dass Gemeinden entschieden hätten, der BDS-Bewegung und Gruppierungen, die die Ziele der Kampagne verfolgen, die finanzielle Unterstützung und den Zugang zu kommunalen Räumen zu verweigern.

Am 7. November 2024 hat der Bundestag ferner den Beschluss »Nie wieder ist jetzt – Jüdisches Leben in Deutschland schützen, bewahren und stärken« gefasst. Darin heißt es:

> Auch in den Reihen von Kunst und Kultur sowie der Medien darf es keinen Raum für Antisemitismus geben. [...] In diesem Rahmen und auf der Grundlage der Gemeinsamen Erklärung der Kulturministerkonferenz, der Beauftragten der Bundesregierung für Kultur und Medien und der kommunalen Spitzenverbände vom 13. März 2024 sollen Länder, Bund und Kommunen – soweit noch nicht erfolgt – rechtssichere, insbesondere haushälterische Regelungen erarbeiten, die sicherstellen sollen, dass keine Projekte und Vorhaben insbesondere mit antisemitischen Zielen und Inhalten gefördert werden. Kunst- und Kulturveranstaltungen sowie -einrichtungen sollten gemeinsam mit Experten antisemitismuskritische Codes of Conducts sowie Awarenessstrategien als Leitfaden ihres Handelns anwenden.[42]

In der vom Bundestag referenzierten Erklärung vereinbarten Länder, Bund und Kommunen, die kunstbezogenen Förderbedingungen zu präzisieren, das heißt »rechtssichere Regelungen [zu] erarbeiten, die darauf abzielen, dass keine Projekte und Vorhaben gefördert werden, die antisemitische, rassistische oder andere menschenverachtende Ziele verfolgen«.[43] Im Koalitionsvertrag von

41 BT-Drucks. 19/10191 (15.5.2019).

42 BT-Drucks. 20/13627, S. 3 (5.11.2024).

43 Gemeinsame Erklärung der Kulturministerkonferenz, der Beauftragten der Bundesregierung für Kultur und Medien und der kommunalen Spitzenverbände vom 13. März 2024: »Freiheit und Respekt in Kunst und Kultur«, abrufbar unter ⟨https://www.kmk.org/presse/pressearchiv/mitteilung/gemeinsame-erklaerung-der-kulturministerkonferenz-der-beauftragten-der-bundesregierung-fuer-kul

CDU, CSU und SPD zur 21. Legislaturperiode wird diese Formulierung aufgegriffen.[44]

Bei beiden Beschlüssen des Bundestages handelt es sich um sogenannte schlichte Parlamentsbeschlüsse, um politische Äußerungen des Parlaments, die nicht in den Kanon formalisierter Entscheidungen fallen, zu denen etwa Gesetzes- oder Geschäftsordnungsbeschlüsse gehören.[45] In der Literatur wie in der Rechtsprechung ist allgemein anerkannt, dass solchen schlichten Parlamentsbeschlüssen keinerlei normative Bindungswirkung zukommt.[46] Da schlichte Parlamentsbeschlüsse nicht in den Rechtsformenkanon gehören, können sie auch keine einer Rechtsform zugewiesene normative Bindungswirkung nach innen erzeugen. Im Ergebnis ist daher gleichfalls unbestritten, dass solche Beschlüsse Private ohnehin, aber auch staatliche Stellen *nicht* verpflichten.[47]

tur-und-medien-und-der-kommunalen-spitzenverbaende.html⟩, letzter Zugriff 20.10.2025.

44 »Verantwortung für Deutschland«. Koalitionsvertrag zwischen CDU, CSU und SPD. 21. Legislaturperiode, S. 119, Zeilen 3812-3816.

45 Ausnahmen wie der wehrverfassungsrechtliche Parlamentsbeschluss bestehen, sind hier aber nicht von Bedeutung. Siehe die Auflistung verfassungsrechtlicher Normen, in denen das Parlament einen schlichten Beschluss mit Rechtswirkung fasst, bei Paul Kirchhof, »Rechtsquellen und Grundgesetz«, in: Christian Starck (Hg.), *Bundesverfassungsgericht und Grundgesetz*, Bd. II, Tübingen 1976, S. 50-107, hier S. 77 in Anm. 151.

46 Norbert Achterberg, *Parlamentsrecht*, Tübingen 1984, S. 747; Kathrin Groh, in: Ingo von Münch, Philip Kunig, *Grundgesetz*, Bd. 1, München [7]2021, Art. 42 Rn. 35; Hans Hugo Klein, »Stellung und Aufgaben des Bundestages«, in: Josef Isensee, Paul Kirchhof (Hg.), *Handbuch des Staatsrechts*, Bd. III, Heidelberg [3]2005, § 50 Rn. 14; Utz Schliesky, in: Peter M. Huber, Andreas Voßkuhle (Hg.), *Grundgesetz*, Bd. 2, München [8]2024, Art. 42 Rn. 60; Hermann Butzer, »Der Bereich des schlichten Parlamentsbeschlusses«, in: *AöR* 119 (1994), S. 61-106, hier S. 90 f. Sellmann will für die Frage der Bindungswirkung auch den parlamentarischen Willen nach Verbindlichkeit berücksichtigen (Klaus-Albrecht Sellmann, *Der schlichte Parlamentsbeschluß*, Berlin 1966, S. 39 f.).

47 So auch VG Berlin, Urteil vom 7.10.2021, 2 K 79/20, Rn. 72; Wissenschaftlicher Dienst des Deutschen Bundestages, »BDS-Beschluss des Deutschen Bundestages (Drucksache 19/10191)«, WD 3 – 3000 – 288/20 (21.12.2020), S. 4 f.; Uwe Schulz, »Die Anti-BDS-Beschlüsse im Lichte des kommunalrechtlichen Anspruchs auf Nutzung öffentlicher Einrichtungen der Gemeinde«, in: *KommJur* 2020, S. 245-248, hier S. 247 f. Zur konsequenterweise auch fehlenden normativen Bindungswirkung kommunaler Anti-BDS-Beschlüsse VerfGH Nordrhein-Westfalen, Beschluss vom 22.9.2020, 49/19.VB-2, Rn. 25; VG Köln, Beschluss vom 12.9.2019, 14 L 1765/19, Rn. 24.

Ein anderes Ergebnis ergibt sich auch nicht aus der demokratisch herausgehobenen Bedeutung des Deutschen Bundestags als einzigem direkt gewählten Organ des Bundes. Dessen Legitimation wird in der Ordnung des Grundgesetzes mit bestimmten Kompetenzen, namentlich zum Beschluss von formellen Gesetzen und zur Wahl des Bundeskanzlers, verbunden – sie kann rechtlich aber nur in Ausübung solcher Verfahren relevant werden.[48]

Die vom Beschluss adressierten Behörden sind durch diesen also nicht gebunden. Freilich können die ministerialen Spitzen von Bund und Ländern verwaltungsinterne Vorgaben erlassen, um diesen Beschluss umzusetzen. Inwieweit es dazu kam, ist schwierig zu beurteilen. Die Bundesregierung erklärte anlässlich einer Kleinen Anfrage der FDP-Fraktion, es sei »im Rahmen der Projektförderung durch den Bund [...] im jeweiligen Zuwendungsbescheid an die geförderten Träger klar geregelt, dass keine Fördermittel an demokratiefeindliche bzw. extremistische Organisationen oder Personen gehen dürfen«.[49] Ein entsprechendes Begleitschreiben des Bundesministeriums für Familie, Senioren, Frauen und Jugend enthielt im Dezember 2023 keine ausdrückliche Nennung der BDS-Bewegung.[50] Hingegen sollen die Bundeszentrale für politische Bildung und das Bundesamt für Migration und Flüchtlinge sensibilisiert worden sein, um sicherzustellen, dass sie keine Träger fördern, die die BDS-Bewegung unterstützen.[51] Unmittelbar integriert wird der BDS-Beschluss in den Zuwendungsbescheid des Auswärtigen Amts an das Goethe-Institut aus dem Jahr 2025. Dort findet sich der Zusatz: »Es gilt der Bundestagsbeschluss zu BDS vom 17.05.2019.«[52] Auch die Landesverwaltung setzt entsprechende Landtagsbeschlüsse um: Beispielsweise schließt die Beauftrage des Landes Nordrhein-Westfalen für die Bekämpfung des Antisemitismus, für jüdisches Leben und Erinnerungskultur Organisationen, die die BDS-Bewegung aktiv unterstützen oder die die IHRA-Definition von Antise-

48 Entsprechend zum fehlenden Gewaltenmonismus des Grundgesetzes BVerfGE 49, 89 (125) – *Kalkar I* (1978); 68, 1 (87) – *Nato-Doppelbeschluss* (1984).

49 BT-Drucks. 19/3494 (20.7.2018), S. 4. Auf diese Antwort verwies die Bundesregierung auch, als sie explizit zur Förderung von Einrichtungen, die die BDS-Bewegung unterstützen, befragt wurde: BT-Drucks. 19/15652 (3.12.2019), S. 2 f.

50 Siehe ⟨https://www.vielfalt-soe.de/downloads/Begleitschreiben.pdf⟩, letzter Zugriff 20.10.2025.

51 BT-Drucks. 19/15652 (3.12.2019), S. 4.

52 Antwort des Auswärtigen Amts auf eine IFG-Anfrage des Autors Weinberg.

mitismus nicht anerkennen, von der Projektförderung aus.[53] In all diesen Fällen entfaltet freilich weiterhin nicht der jeweilige Parlamentsbeschluss Rechtswirkung, sondern der Förderbescheid bzw. dessen Versagung.

Jenseits fehlender rechtlicher Bindungswirkung kann ein Beschluss des Deutschen Bundestages, insbesondere wenn er wie dieser Handlungsempfehlungen formuliert, freilich faktische Wirkungen entfalten.[54] Diese ließen sich beim BDS-Beschluss auch erkennen. Gemeinden in verschiedenen Ländern haben sich auch unter Berufung auf den Beschluss geweigert, Personen mit »Nähe« zur BDS-Bewegung öffentliche Einrichtungen zur Verfügung zu stellen. Soweit diese Entscheidungen vor den Verwaltungsgerichten angefochten wurden – und dies ist in einigen Ländern der Fall –, wurden sie allesamt von den Verwaltungsgerichten für rechtswidrig befunden.[55] Für ein in München spielendes Verfahren hat das Bundesverwaltungsgericht diese Entscheidung Anfang 2022 bestätigt.[56]

Der Zugang zu öffentlichen Einrichtungen steht nach einfachgesetzlichem deutschen Gemeinderecht grundsätzlich jedem offen. Eine Verweigerung dieses Zugangs durch eine Gemeinde, die sich nicht auf fehlende Ressourcen berufen kann, bedarf der materiellen Rechtfertigung. Für die Verwaltungsgerichte stellte der Hinweis auf den BDS-Beschluss oder eine Einschätzung der politischen Positionen der BDS-Bewegung in der Sache keine solche Rechtfertigung dar. *Formell* fehlt es aus Sicht der Verwaltungsgerichte an einer Bindungswirkung. *In der Sache* sieht das Bundesverwaltungsgericht in der ablehnenden Entscheidung einen nicht gerechtfertigten Eingriff in die Meinungsfreiheit. Zum Ersten sei das Kriterium der »Nähe« nicht ausreichend bestimmt, um ein Weltbild der Antragsteller, die öffentliche Räume nutzen wollten, unterstellen zu kön-

53 Siehe ⟨https://antisemitismusbeauftragte.nrw/zuwendungen⟩, letzter Zugriff 20.10.2025.

54 Zu den tatsächlichen Wirkungen schlichter Parlamentsbeschlüsse Sellmann, *Der schlichte Parlamentsbeschluß*, S. 44-46.

55 Etwa VGH Hessen, Beschluss vom 4.12.2020, 8 B 3012/20; VGH München, Urteil vom 17.11.2020, 4 B 19.1358; OVG Lüneburg, Beschluss vom 27.3.2019, 10 EME 48/19; VG München, Beschluss vom 19.7.2021, M 7 E 21.3679; VG Köln, Beschluss vom 12.9.2019, 14 L 1765/19; VG Oldenburg, Urteil vom 27.9.2018, 3 a 2012/16.

56 BVerwGE 174, 367 – *BDS-bezogene Beschränkung einer kommunalen öffentlichen Einrichtung* (2022).

nen. Vielmehr bedürfe es einer konkreten Analyse im Einzelfall, um bestimmte weltanschauliche Prägungen der Antragsteller anzunehmen. Das bedeutet, dass es konkreterer Anhaltspunkte bedarf, um eine bestimmte, etwa antisemitische Einstellung zu unterstellen. Zum Zweiten erlaube der Hinweis auf ein solches Weltbild aber auch keinen Eingriff in die Meinungsfreiheit, solange mit diesem keine strafbaren Handlungen oder Gefährdungen des öffentlichen Friedens verbunden werden könnten.[57]

Diese Begründung entspricht in ihrem zweiten Teil der oben vorgestellten Rechtsprechung des Bundesverfassungsgerichts zur Meinungsfreiheit, wenn sie auch den Umstand, dass um einen einfachrechtlichen Anspruch gestritten wird, nicht in Rechnung stellt.[58] Sie passt sich zudem nahtlos in eine breite Rechtsprechungslinie zum Zugang zu öffentlichen Einrichtungen ein, die als unbestritten gelten kann. Fälle, in denen Vereinigungen mit zweifelhaften oder diskriminierenden Ansichten öffentliche Räume nutzen können, sind in der deutschen Rechtsordnung keine Seltenheit.[59] Im Ergebnis führt dies dazu, dass der Beschluss als informeller Ausdruck des politischen Willens des Deutschen Bundestags zwar zulässig ist, aber zum einen keinerlei Bindungswirkung entfaltet und zum anderen wegen Verstoßes gegen die Meinungsfreiheit oder wegen einer nach Art. 3 GG unzulässigen Diskriminierung verfassungswidrig wäre, würde er eine solche entfalten.[60]

Grundsätzlich lassen sich Erkenntnisse aus dem Bereich der Meinungsfreiheit, wie wir gesehen haben, auch auf die Kunstfreiheit übertragen. Dies gilt ohnehin für die allgemein fehlende Bindungswirkung des Beschlusses. Es gilt auch für die materielle

57 BVerwGE 174, 367 (372 f., Rn. 20 f.) – *BDS-bezogene Beschränkung einer kommunalen öffentlichen Einrichtung* (2022).

58 Dazu ausführlich unten, V. 2. b).

59 Besondere Bedeutung hat diese Rechtsprechung auch bei der Frage des Zugangs politischer Parteien zu kommunalen Einrichtungen. Umfassend hierzu Ulrich M. Gassner, »Grenzen des Zulassungsanspruchs politischer Parteien zu kommunalen öffentlichen Einrichtungen«, in: *VerwArch* 85 (1994), S. 533-566, hier S. 535-549; Bernd Köster, »Zugang der politischen Parteien zu öffentlichen Einrichtungen der Kommunen«, in: *KommJur* 2007, S. 244-248.

60 So auch Schulz, »Die Anti-BDS-Beschlüsse im Lichte des kommunalrechtlichen Anspruchs auf Nutzung öffentlicher Einrichtungen der Gemeinde«, S. 247; Wissenschaftlicher Dienst des Deutschen Bundestages, »BDS-Beschluss des Deutschen Bundestages (Drucksache 19/10191)«, S. 6.

Einschränkbarkeit des Grundrechts.[61] Ein praktisch bedeutsamer Unterschied besteht aber darin, dass im Bereich der Kunstfreiheit in der Regel keine Ansprüche auf Nutzung einer öffentlichen Einrichtung bestehen. Museen und Theater sind, anders als Stadthallen und Gemeindesäle, keine Einrichtungen, zu denen alle Bürgerinnen Zugang haben, um eigene Produktionen vorzustellen oder aufzuführen. Ihre Nutzung steht unter dem Vorbehalt einer vorgängigen künstlerischen Entscheidung. Dies führt im Ergebnis dazu, dass Personen, denen BDS-Nähe unterstellt werden kann, ebenso wenig ein Anspruch auf Nutzung einer öffentlichen Kulturinstitution zusteht wie allen anderen auch.

Auf zwei rechtliche Risiken bei diesen und vergleichbaren Beschlüssen des Deutschen Bundestags ist schließlich hinzuweisen. *Zum Ersten*: Obwohl das Bundesverwaltungsgericht diesen Aspekt nicht ansprechen musste, ist nicht auszuschließen, dass solche Beschlüsse, insbesondere wenn sie nicht nur politische Überzeugungen zum Ausdruck bringen, sondern mit konkreten Aufforderungen handlungsleitenden Charakter beanspruchen, auch für sich gegen Grundrechte verstoßen können.[62] Denn auch wenn sie keine rechtliche Bindungswirkung haben, verleiht die politische Herausgehobenheit und die Befugnis des Parlaments als Gesetzgeber dessen Beschlüssen eine Wirkung, die sich auch zu einem faktischen Grundrechtseingriff verdichten kann. Wenn der Beschluss den Eindruck macht, Handlungen zu verbieten, können Grundrechte diesen Eindruck beim Wort nehmen. Faktische Eingriffe sind auch in der Rechtsprechung anerkannt,[63] dies gilt ebenso für einen sogenannten *chilling effect*.[64] Ein Bundestag, der zu bestimmten

61 Oben, III. 2.

62 Hubert Schmelter, *Rechtsschutz gegen nicht zur Rechtsetzung gehörende Akte der Legislative*, Berlin 1977, S. 126 f.; Martin Sester, *Der Parlamentsbeschluß*, Hamburg 2007, S. 95 f. Anderer Ansicht Sellmann, *Der schlichte Parlamentsbeschluß*, S. 144.

63 Vgl. BVerfGE 113, 63 (76 f.) – *Junge Freiheit* (2005); BVerfGK 10, 330 (336) – *Videoüberwachung* (2007); BVerwGE 90, 112 (118-121) – *Förderung eines Vereins zur Öffentlichkeitsaufklärung* (1992). Im Kontext staatlicher Warnungen spricht das Bundesverfassungsgericht manchmal von einer Grundrechtsbeeinträchtigung oder einem funktionalen Eingriffsäquivalent, vgl. BVerfGE 105, 279 (300 f.) – *Osho-Bewegung* (2002); 148, 40 (51) – *Lebensmittelpranger* (2018).

64 BVerfGE 65, 1 (43) – *Volkszählung* (1983); 86, 122 (131) – *Berufsschüler* (1992); 114, 339 (349) – *Mehrdeutige Meinungsäußerungen* (2005); 115, 320 (354 f.) – *Rasterfahndung II* (2006).

Meinungen oder Handlungen in der Erwartung auffordert, dass diese Aufforderung ernst genommen wird, kommt an die Schwelle eines dann mangels gesetzlicher Grundlage verfassungswidrigen Eingriffs.

Zum Zweiten: Soweit andere staatliche Stellen die Aufforderung des Bundestages als Verpflichtung verstehen, zu handeln, und dabei in Rechte eingreifen, begeben sie sich in die Gefahr eines rechtswidrigen Ermessensnichtgebrauchs. Eine Behörde, die irrtümlich vom Vorliegen einer Rechtspflicht ausgeht, handelt gegenüber dem Adressaten der Entscheidung in aller Regel rechtswidrig.[65] Die Behörde darf sich bei der Vergabeentscheidung also nicht bloß auf die Parlamentsbeschlüsse berufen, sondern muss eigene Erwägungen anstellen.

Für den Staat gilt damit: Antisemitische Kunst, zumal wenn sie vom Staat gefördert wurde, kann den verfassungsrechtlichen Aufgabenkanon des Antidiskriminierungsrechts auslösen, der sich in Einzelfällen auch zu Handlungspflichten verdichten kann. Wie auch sonst bei der Garantie von Grundrechten und Staatszielen muss dieses Gebot aber im Rahmen der verfassungsrechtlichen Kompetenzordnung, auf Grundlage einer verfassungsmäßigen Befugnisnorm und in Ausgleich mit anderen Verfassungsgütern verfolgt werden. Die politische Entscheidung, Antisemitismus und Rassismus in der deutschen Kunstlandschaft entgegenzutreten, ist zunächst eben dies: eine politische Entscheidung. An der verfassungsrechtlich notwendigen Abwägungsentscheidung ändert sie nichs.

c) Zwischenergebnis

Staatliche Maßnahmen gegen antisemitische Äußerungen setzen eine Verletzung oder konkrete Gefährdung von Rechtspositionen voraus. In diesen Schranken bewegt sich auch die Ausübung der Kunstfreiheit. Jenseits der Schwelle des Eingriffs in die Kunst- oder die Meinungsfreiheit ergibt sich aber eine verfassungsrechtliche

65 Hartmut Maurer, Christian Waldhoff, *Allgemeines Verwaltungsrecht*, München [21]2024, § 7 Rn. 21. Aus der verwaltungsgerichtlichen Rechtsprechung zum Ermessensnichtgebrauch BVerwG, Beschluss vom 14. 1. 1999, 6 B 133/98, in: *NJW* 1999, S. 2912-2914; BVerwG, Beschluss vom 5. 4. 2023, 20 F 17.22, in: *NVwZ* 2023, S. 1435-1436, hier S. 1436, Rn. 17-19.

Pflicht des Staates, Antisemitismus und Rassismus zumindest nicht zu fördern. Aus diesem Nebeneinander ergibt sich eine Spannung zwischen der staatlichen Organisation kommunikativer Freiheitsausübung und der staatlichen Pflicht, bestimmte Formen der Kommunikation nicht zu fördern. Dieser Konflikt lässt sich mit Mitteln des Rechts kleinarbeiten, aber nicht völlig auflösen. Dies ist der Punkt, an dem gegenläufige Logiken verarbeitet werden müssen, damit aber auch glatte Lösungen versagen.

3. Konflikt der verfassungsrechtlichen Maßgaben und Verfahren ihrer Auflösung

Resultat der vorliegenden Analyse ist ein normativer Widerspruch zwischen der Kunstfreiheit im Rahmen staatlicher Kunstförderung und der Durchsetzung verfassungsrechtlich und demokratisch legitimierter Interessen des Staates. Beispiele liefert eben das Verbot der direkten Förderung von Rassismus und Antisemitismus, auf das staatliche Stellen verpflichtet sind. Dieser Konflikt spitzt sich in der Frage zu, welche Handlungsoptionen eine staatliche Behörde hat, wenn im Rahmen öffentlicher Kunstförderung antisemitische oder rassistische Äußerungen exponiert werden. Dabei muss der Staat grundsätzlich seine genannten Pflichten und die Kunstfreiheit zu einem Ausgleich bringen, der dem Gebot der Verhältnismäßigkeit unterliegt. Dies impliziert eine Verpflichtung auf geeignete, erforderliche und angemessene Mittel, im Ergebnis eine spezifische Rechtfertigung jedes Eingriffs.

a) Eingriffe in laufende Projekte

Greift der Staat in eine laufende Kunstexhibition ein, indem er ein Kunstwerk abhängt oder die Ausstellung gänzlich beendet, ist er dazu polizeirechtlich befugt, wenn das betroffene Kunstwerk bzw. die Ausstellung als ganze einen Straftatbestand erfüllt. Das gilt ganz unabhängig davon, ob der Staat die Ausstellung gefördert hat oder nicht. Mit der Strafbarkeit endet der Grundrechtsschutz. Mit dem Ende des Grundrechtsschutzes eröffnet sich die staatliche Zugriffsmöglichkeit auf die künstlerische Praxis. Das bedeutet, dass die Kunstfreiheit nicht gestattet, Werke zu zeigen, die namentlich die Rechte anderer in strafbarer Art und Weise verletzen oder den öffentlichen Frieden gefährden. Aus den verletzten Rechten der anderen wird eine Pflicht zum polizeilichen Einschreiten folgen.[66] Damit die Kunstfreiheit aber durch das Strafrecht nicht ausgehöhlt wird, unterliegt sowohl der gesetzliche Straftatbestand als auch dessen Anwendung im Einzelfall einer verfassungsrechtlichen Kontrolle, bei der sichergestellt wird, dass die betroffenen Grundrechte Berücksichtigung finden.[67]

Jenseits strafbarer Äußerungen darf der Staat in eine laufende Ausstellung auch dann nicht unmittelbar eingreifen, wenn er sie gefördert hat. Ein Ausgleich zwischen Kunstfreiheit und staatlicher Aufgabenwahrnehmung kann aber auch darin bestehen, dass staatliche Organe sich zu von ihnen ermöglichten künstlerischen Praktiken öffentlich kritisch verhalten, ohne sie zu untersagen. Solche staatlichen Äußerungen sind im Fall strafbarer Kunst meist ohnehin unzureichend, denn die Kritik an einem volksverhetzenden Kunstwerk beseitigt die Volksverhetzung nicht und ist daher kein geeignetes Mittel zur Gefahrenabwehr.

Auch staatliche Äußerungen, seien sie beschreibender, seien sie wertender Art, müssen sich an den Grundrechten messen lassen. Dabei hat sich das Äußerungsrecht öffentlicher Stellen zu einem komplexen Rechtsgebiet entwickelt. Während aber Grenzen für politische Äußerungen demokratischer Amtsträger zweifelhaft erscheinen,[68] ist klar, dass staatliche Behörden ohne politisches Mandat nicht einfach individualisierte ästhetische Werturteile über künstlerische Werke abgeben können. Ebenso wenig können sie

66 Rechtsdogmatisch formuliert ist das Entschließungs-, nicht aber notwendig das Auswahlermessen auf null reduziert.

67 Auf diese Anforderungen ist hier nicht näher einzugehen. Die Rechtsprechung zur Meinungsfreiheit behandelt in wesentlichen Teilen diese Rechtfertigung, siehe in nuce oben, IV. 2. a).

68 So etwa BVerfGE 138, 102 (110 f., Rn. 31-34) – *Schwesig* (2014); 148, 11 (25 f., Rn. 44-46) – *Wanka* (2018); 154, 320 (335 f., Rn. 47 f.) – *Seehofer-Interview* (2020); 162, 207 (229-233, Rn. 73-79) – *Äußerungsbefugnis der Bundeskanzlerin* (2024); überzeugende Kritik bei Mehrdad Payandeh, »Die Neutralitätspflicht staatlicher Amtsträger im öffentlichen Meinungskampf«, in: *Der Staat* 55 (2016), S. 519-550, hier S. 531-537; Christian Neumeier, »Das Verbot politischer Sprechakte der Regierung«, in: *AöR* 149 (2024), S. 1-81, hier S. 58-79.

ohne weitere Rechtfertigung Personen oder Objekte als antisemitisch oder rassistisch beurteilen.[69]

Im Fall antisemitischer Exponate im Kontext öffentlich geförderter Ausstellungen eröffnet sich dann die Befugnis der zuständigen Stellen, Antisemitismus beim Namen zu nennen.[70] Die Berufung auf Grundrechte steht diesen zwar, wie gesehen,[71] nicht zu. In einem geklärten Fall antisemitischer Exponate hat eine Behörde, wenn sie in einem sachlichen Zusammenhang mit der Kunstaktion operiert, aber die Möglichkeit, nicht nur eine zutreffende Beschreibung des Vorgangs, sondern auch eine kritische Bewertung abzugeben und sich damit von den durch ihn ermöglichten Inhalten inhaltlich zu distanzieren. Denn ohne solch eine Distanznahme kann der Eindruck entstehen, der Staat heiße die von ihm geförderte antisemitische Kunst gut. Entsprechend der neueren Rechtsprechung des Bundesverfassungsgerichts unterliegt eine solche öffentliche Distanzierung dann auch nicht dem Gesetzesvorbehalt, sondern gehört zum allgemeinen Äußerungsrecht der zuständigen Behörden.[72] In der Sache wird sich eine Äußerung auf diesen Aspekt beschränken und entsprechend keine ästhetische Einordnung vornehmen.[73]

69 Klaus F. Gärditz, »Mandat zu Meinungspflege? Zur rechtlichen Stellung der ›Beauftragten der Bundesregierung‹«, in: *VerfBlog*, 2020/12/28, abrufbar unter ⟨https://verfassungsblog.de/mandat-zu-meinungspflege/⟩, letzter Zugriff 20.10.2025. Zur Rechtfertigungsbedürftigkeit und den konkreten Grenzen grundrechtsrelevanter hoheitlicher Äußerungen BVerfGE 105, 252 (270-273) – *Glykol* (2002); 105, 279 (294 f.) – *Osho-Bewegung* (2002); Mario Martini, Benjamin Kühl, »Staatliches Informationshandeln«, in: *JURA* 2014, S. 1221-1236, hier S. 1225 f.; Jens Milker, *»Äußerungen von Hoheitsträgern im Wahlkampf und darüber hinaus«*, in: *JA* 2017, S. 647-654, hier S. 649 f.; Thomas Spitzlei, »Die politische Äußerungsbefugnis staatlicher Organe«, in: *JuS* 2018, S. 856-860, hier S. 856 f. Zu den unterschiedlichen Logiken staatlicher und privater Kommunikationsakte Christoph Gusy, »Transparenz der Verwaltung und Informationszugangsfreiheit«, in: Andreas Voßkuhle u. a. (Hg.), *Grundlagen des Verwaltungsrechts*, Bd. I, München ³2022, § 23 Rn. 12.

70 BVerfG, Stattgebender Kammerbeschluss vom 17. 8. 2010, 1 BvR 2585/06, in: *NJW* 2011, S. 511-513, hier S. 512, Rn. 23.

71 Oben, I. 1.

72 BVerfGE 105, 252 (268) – *Glykol* (2002); 105, 279 (301) – *Osho-Bewegung* (2002); 148, 11 (27, Rn. 51) – *Wanka* (2018); BVerfG, Stattgebender Kammerbeschluss vom 17. 8. 2010, 1 BvR 2585/06, in: *NJW* 2011, S. 511-513, hier S. 512, Rn 24.

73 Wobei sich argumentieren ließe, dass beide hier nicht gleichzusetzen und auch

Angesichts des gerade in künstlerischen Praktiken oft komplexen Nebeneinanders verschiedener Bedeutungsebenen ist es aber wichtig, bei solchen distanzierenden Äußerungen auf die richtige Zurechnung von Kritik zu achten.[74] Dies ist nicht nur eine Frage der sachlichen Klarheit, sondern auch der normativ vorgegebenen Verantwortungszurechnung. Steht der Vorwurf des Antisemitismus oder des Rassismus im Raum, so muss deutlich werden, wem er gemacht wird, und damit auch bereits als Vorfrage, auf welche Bedeutungsebene einer künstlerischen Form er sich beziehen soll. Andernfalls bleibt die Kritik diffus und trifft unter Umständen die Falschen – mit entsprechenden Konsequenzen für die sich hier schnell engziehenden Grenzen ihrer Rechtmäßigkeit.

Nur der Klarstellung wegen ist schließlich darauf hinzuweisen, dass die Freiheit der Kunst keine Pflicht zu ästhetischer oder politischer Ausgewogenheit kennt. Ausstellungen und andere ästhetische Ausdruckformen können in jeder Hinsicht politisch und ästhetisch einseitig sein. Je mehr sich künstlerische Aussagen aber unter Berücksichtigung der spezifischen Logiken ästhetischer Kommunikation als politische Aussagen lesen lassen, die sich in Widerspruch zu Pflichten aus dem Recht der Antidiskriminierung oder dem Schutz des politischen Kernbereichs der grundgesetzlichen Ordnung stellen, desto eher wird es den staatlichen Stellen, die durch ihre konkrete Förderung für die künstlerischen Praktiken nicht in der Sache, aber in der Form von Organisation und Finanzierung in der Verantwortung stehen, erlaubt sein, Gegenpositionen zu äußern, ohne in die eigentliche ästhetische Praxis einzugreifen.

b) Pflicht zu vorbeugender Abstimmung

Der Staat kann nicht nur in eine laufende, sondern schon vorab in eine von ihm geförderte, noch nicht begonnene Ausstellung intervenieren. Wie im Zensurverbot des Art. 5 Abs. 1 Satz 3 GG niedergelegt, das nur die Vorzensur erfasst,[75] unterliegen staatliche Vorabkontrollen grundrechtlich geschützter Kommunikation an-

eine ästhetische Beurteilung nicht per se ausgeschlossen sei, dazu eingehend Stefan Huster, *Die ethische Neutralität des Staates*, Tübingen ^{2}2017, S. 481-487.

74 Oben, IV. 2. a).

75 BVerfGE 33, 52 (71 f.) – *Filmeinfuhrverbot* (1972); 87, 209 (230) – *Tanz der Teufel* (1992).

spruchsvolleren verfassungsrechtlichen Hürden als eine an eine Äußerung anschließende Sanktion. Auch wenn das Zensurverbot nicht unmittelbar auf die Kunstfreiheit anwendbar ist, sind entsprechend erschwerte Rechtfertigungslasten für den Bereich der Kunst anerkannt.[76] Das legt es im Ergebnis nahe, dass es staatlichen Stellen nicht erlaubt sein kann, jenseits der genannten Grenzen der Strafbarkeit oder einer sonstigen konkreten Gefährdung der öffentlichen Sicherheit in den Bestand einer Ausstellung oder einer Aufführung einzugreifen, bevor diese der Öffentlichkeit gezeigt wurde.

Doch ist das Bild zu ergänzen: Die Freiheit der Kunst kann auch in Fällen rassistischer oder antisemitischer Tendenzen vor staatlichen Zugriffen schützen, sie schützt aber nicht vor jeder Art informeller staatlicher Einflussnahme, soweit für eine solche eine eigene Rechtfertigung besteht. Ganz im Gegenteil kann es vorkommen, dass die staatliche Kulturverwaltung die Pflicht trifft, sich mit einem gerechtfertigten Anliegen an die künstlerische Leitung zu wenden, auch wenn sie nicht die Befugnis hat, unmittelbar auf deren künstlerische Praktik zuzugreifen. Dieses *Nebeneinander von Sollen und Nicht-Dürfen* ist auf den ersten Blick unbefriedigend, es schont aber die Sphären beider Beteiligter. Es sorgt dafür, dass die staatliche Seite ihre Aufgabe der Bekämpfung von Rassismus und Antisemitismus wahrnimmt, auch wo sie keine Befugnis hat, diese Aufgabenerfüllung durchzusetzen. Es erlaubt zudem dem Publikum, sich zu dem Konflikt informiert zu verhalten.

Im Idealfall tragen künstlerische und staatliche Seite sowie die Öffentlichkeit in einer solchen Konstellation den Konflikt aus, ohne auf ihren jeweiligen Rechtsstatus zu verweisen. Weder darf die staatliche Verwaltung mit Befugnissen drohen, die sie nicht hat, noch sollte die künstlerische Seite Einwände per se als »Zensur« abtun. Einiges spricht dafür, dass das Scheitern der *documenta fif-*

76 Herbert Bethge, in: Michael Sachs, *Grundgesetz*, München [10]2024, Art. 5 Rn. 129. Kilian spricht insofern von einem »allgemeinen Zensurverbot« (Michael Kilian, »Rechtliche Fragen der ›Kunst im öffentlichen Raum‹«, in: *DÖV* 2020, S. 1-14, hier S. 7 f.). Schulze-Fielitz begründet dies mit einem Erst-recht-Schluss (Helmuth Schulze-Fielitz, in: Horst Dreier [Hg.], *Grundgesetz*, Bd. I, Tübingen [3]2013, Art. 5 Abs. 1-2 Rn. 173). So auch Martin Löffler, »Das Zensurverbot der Verfassung«, in: *NJW* 1969, S. 2225-2229, hier S. 2226; Thomas Nessel, *Das grundgesetzliche Zensurverbot*, Berlin 2004, S. 205 f.; Sieghart Ott, »Kunstfreiheit und Filmbewertung … *BVerwGE* 23, 194«, in: *Jus* 1968, S. 459-465, hier S. 462.

teen auch etwas mit verfehlten Rollenverständnissen zu tun hatte, die eine solche Kommunikation nicht zuließen. Die staatliche Geschäftsführung kann sich nach dem oben Gesagten aber nicht immer auf die Abschirmung der künstlerischen Leitung beschränken und jede inhaltliche Auseinandersetzung aus einem Fehlverständnis der Kunstfreiheit heraus unterlassen.[77] Wenn sich die Möglichkeit antisemitischer Exponate im Vorhinein konkret abzeichnet, muss der Staat mit der künstlerischen Leitung den Kontakt suchen, auch wenn sie ihre Vorstellungen nicht durchsetzen kann. Oft werden sich Konflikte durch Erläuterungen der Aufführung oder Ausstellung lösen lassen.

Schließlich – und das zeigt erst die ganze Komplexität der Aufgabe – kann die staatliche Seite aber eben auch die Pflicht treffen, sich vor die künstlerische Seite zu stellen. Ihren Aufgaben wird sie nicht gerecht, wenn sie öffentlichem Druck einfach nachgibt und Veranstaltungen und Ausstellungen absagt, weil diese öffentlich, vielleicht sogar von politischen Amtsträgern kritisiert werden. Die Kulturverwaltung trifft eben sowohl eine Verantwortung für die Freiheit der von ihr begleiteten künstlerischen Praktiken als auch eine für bestimmte Gemeinwohlgrenzen. Sie hat sich in jedem Fall ein eigenes begründbares Urteil zu bilden, das weder in der Perspektive der künstlerischen Seite noch in der öffentlichen Meinung einfach aufgehen kann. Das Verfassungsrecht weist auch hier Verantwortlichkeiten zu, die in der Sache nicht rechtlich ausdefiniert sind und die nicht im Rechtssystem, sondern vor den Foren der politischen Öffentlichkeit und der ästhetischen Kritik eingelöst werden.

c) Hypothetische Fallstudie: *documenta xy*

Fingieren wir, ohne zu behaupten, den Sachverhalt gesichert zu kennen,[78] die folgende Konstellation: Vor Eröffnung der *documenta*

77 Zum Phänomen der öffentlichen Institutionen, die ästhetische Entwicklungen nur ohne kritische Auseinandersetzung ratifizieren: Rainer Rochlitz, *Subversion et subvention. Art contemporain et argumentation esthétique*, Paris 1994.

78 Zu dem Fall, an den sich die Fiktion anlehnt: Gremium zur fachwissenschaftlichen Begleitung der documenta fifteen, *Abschlussbericht*, 2023, ⟨https://www.documenta.de/media/pages/files/e59a0a888a-1675696303/230202_Abschlussbericht.pdf⟩, letzter Zugriff 20. 10. 2025.

xy werden Gerüchte über antisemitische und rassistische Exponate laut. Nach Eröffnung ist ein eindeutig antisemitisches Exponat zu sehen, das dann mit Zustimmung der Künstler abgehängt wird. Zugleich beginnt eine polemische öffentliche Debatte über den antisemitischen Charakter anderer Exponate. Die Kuratoren berufen sich auf ihre Kunstfreiheit. Welche Handlungsmöglichkeiten hat der Staat?

Zur Beantwortung dieser Frage ist zunächst zu wiederholen, dass der »Staat« in diesem Fall die Geschäftsführung der *documenta* selbst ist.[79] Deren Aufgabe besteht in der Ermöglichung der Schau und in der Unterstützung der Künstler. Anders als die private künstlerische Leitung kann sich die Geschäftsführung nicht auf die Kunstfreiheit berufen, und ebenfalls anders als diese unterliegt sie den Sonderbindungen des Verfassungsrechts, namentlich dem Verbot einer direkten Förderung von Diskriminierung. Vor diesem Hintergrund würde die Geschäftsführung der *documenta* ihre verfassungsrechtliche Pflicht verletzen, wenn sie nicht den Versuch unternehmen würde, über einen angemessenen Umgang mit den potenziell antisemitischen Exponaten mit der künstlerischen Leitung zu verhandeln. Es liegt keine Zensur vor, wenn die *documenta*-Geschäftsführung vor der Eröffnung der Ausstellung die Exponate in kritischer Absicht zur Kenntnis nimmt, sollte es Anzeichen für Probleme geben.

Jenseits des Verfassungsrechts ist es auch hier noch einmal wichtig, auf die verschiedenen Bedeutungsebenen von Exponaten hinzuweisen. Auf das Exponat »als solches« kommt es nicht an, sondern auf die kuratorische Haltung, mit dem das Ausgestellte als Ausgestelltes eine Bedeutung gewinnt. Staatlicherseits um eine Klärung dieser Haltung bei der künstlerischen Leitung zu bitten, verletzt deren Kunstfreiheit nicht. Soweit sich mit dem kuratorischen Programm eine politische Tendenz verbinden lässt, die fundamentalen Wertungen des Grundgesetzes zuwiderläuft, hat die Geschäftsführung auch die Pflicht, dies öffentlich festzustellen. Soweit Exponate klare rassistische oder antisemitische Haltungen verbreiten und eine kuratorische Distanzierung nicht vorgenommen wird, kann die staatliche Verwaltung ihrerseits ihre Position auch

79 Zur entsprechenden Verfasstheit der Gremien der documenta gGmbh, deren Gesellschafter das Land Hessen und die Gemeinde Kassel sind: ⟨https://documenta-fifteen.de/partner-und-foerderinnen/⟩, letzter Zugriff 20. 10. 2025.

durch Kontextualisierungen im Rahmen der Ausstellung vornehmen. Dieses öffentliche Informationsbehandeln bedarf, wie gezeigt, keiner ausdrücklichen gesetzlichen Ermächtigung, das allgemeine Äußerungsrecht von Behörden greift hier.

Sofern die antisemitischen Kunstwerke keinen Straftatbestand erfüllen und keine privaten Rechtsgüter verletzen, muss die Verwaltung deren Ausstellung hinnehmen. Ein polizeiliches Einschreiten ist mangels Gefahr für die öffentliche Sicherheit oder den öffentlichen Frieden nicht zulässig. Der Staat wird seiner Pflicht, antisemitische Äußerungen nicht zu fördern, dadurch gerecht, dass er sich von ihnen distanziert. Wenngleich er sie finanziell tatsächlich gefördert hat, bleibt ihm ein anschließendes Einschreiten verwehrt. Hier zeigt sich ganz konkret der Konflikt zwischen der Kunstfreiheit und dem verfassungsrechtlichen Diskriminierungsverbot.

4. Zwischenergebnis: Weder Staats- noch Privatkunst

Die aufgeworfene Rechtsfrage legt zwei einfache, diametral entgegengesetzte Lösungen nahe. Die eine verweist auf das Verbot, antisemitische und rassistische Kunst gerade angesichts der besonderen historischen Verantwortung der Bundesrepublik in staatsfinanzierten öffentlichen Räumen auszustellen. Juristisch behandelt diese Lösung staatlich geförderte Kunst wie anderes staatliches Handeln auch als grundrechtsverpflichtete Verwaltung. Wäre dies richtig, gäbe es in Deutschland nur noch die Wahl zwischen allein privat geförderter Kunst einerseits und »Staatskunst« andererseits, dagegen keinen staatlich ermöglichten Raum freier öffentlicher Kunst. Die andere Lösung behandelt den Bereich öffentlicher Kunstförderung wie eine private Veranstaltung, in der ohne weiteres innerhalb der für alle geltenden Regeln operiert werden kann. Wäre dies richtig, würde die staatliche Kunstförderung sich ihrer besonderen rechtlichen Bindungen wie auch demokratisch legitimierter Präferenzen entledigen können. Auch dies erwies sich als kein überzeugendes Ergebnis.

Die rechtlich vertretbare Antwort muss die beiden unterschiedlichen und mitunter widerstrebenden Logiken grundrechtlicher Freiheit und staatlicher Gemeinwohlbindung zugleich bewahren und überzeugend verarbeiten. Dabei gilt es zunächst zu erinnern, dass Kunstschaffende auch im Rahmen der Kunstfreiheit verantwortlich bleiben: Für ihre künstlerische Leistung verantworten sie sich vor der kritischen Öffentlichkeit. Gegenüber staatlichen Trägern verantworten sie die Einhaltung rechtlicher Vorgaben und den zweckgerechten Umgang mit staatlichen Mitteln. Diese Verantwortung wird aber in aller Regel im Nachhinein wirksam, sie kann im Rahmen des anzuwendenden arbeits- oder dienstrechtlichen Regimes zu Sanktionen oder zur Beendigung der Zusammenarbeit führen.

Die staatliche Kulturverwaltung kann sich nicht auf die Kunst- oder Meinungsfreiheit berufen. In ihrem Pflichtenkanon liegt aber die sich aus Art. 3 Abs. 3 GG ergebende Aufgabe, Antisemitismus und Rassismus nicht zu fördern. Im beschränkten Rahmen des Gebots der Bundes- und Organtreue kann auch die aus historischer Verantwortung der Bundesrepublik Deutschland getroffene politische Entscheidung zu einer besonderen Beziehung mit dem Staat Israel zu beachten sein.

Der Ausgleich, der zwischen grundrechtlicher Freiheit und staatlicher Gemeinwohlbindung zu finden ist, erweist sich dann als asymmetrisch. Die Freiheit der Kunst kann auch in Fällen rassistischer oder antisemitischer Inhalte vor staatlichen Zugriffen schützen. Das ist der freiheitliche Skandal der grundgesetzlichen Ordnung. Doch kann die staatliche Kulturverwaltung die Pflicht treffen, mit der künstlerischen Seite das Gespräch zu suchen und sich öffentlich zu distanzieren. Direkte Eingriffe in künstlerische Vorgänge sind, wenn die Strafbarkeitsgrenze nicht überschritten ist, nicht zu rechtfertigen.

Dieses Nebeneinander von staatlichem Sollen und staatlichem Nicht-Dürfen im Bereich staatlicher Kunstförderung ist auf den ersten Blick unbefriedigend, es schont aber die Sphären sowohl der Künstler als auch des Staates, durch den nicht die Obrigkeit spricht, sondern ein demokratisches Gemeinwesen. Für die rechtliche Aufgabe der Bekämpfung des Antisemitismus im staatlichen und öffentlich geförderten Kulturbetrieb gilt demnach: Der Staat hat die Pflicht, Kulturinstitutionen grundsätzlich und in spezifischen Konstellationen vor Antisemitismus zu warnen, und kann diesen eine besondere Sensibilität auferlegen. Eine flächendeckende Vorabkontrolle von künstlerischen Programmen ist dagegen ausgeschlossen. Nur durch eine solche Arbeitsteilung zwischen politischer und künstlerischer Ebene lässt sich staatlich geförderte Kunst von staatlicher Propaganda unterscheiden. Ob dieses System, das wie jedes freiheitliche fehleranfällig ist, funktioniert, zeigt sich nicht zuletzt darin, dass ihre durch diese Arbeitsteilung geschaffene Verantwortung auch von den Kulturschaffenden wahrgenommen wird.

V. Leistungsverwaltung

Sieht sich der Staat – wie im Fall der *documenta fifteen* – mit einer von ihm geförderten Ausstellung konfrontiert, von deren Kunstwerken zumindest einem berechtigterweise Antisemitismus vorgeworfen wird, sind sowohl polizeiliche Eingriffe als auch Untätigkeit politisch riskant, weil er sich einerseits dem Vorwurf der Zensur, andererseits dem Vorwurf, Antisemitismus Vorschub zu leisten, aussetzt. Politisch attraktiv sind und seit einiger Zeit diskutiert werden daher Maßnahmen, die vorab verhindern sollen, dass der Staat antisemitische und rassistische sowie allgemein extremistische Kunst fördert.[1] Der Beauftragte der Bundesregierung für Kultur und Medien konsultierte das Bundesamt für Verfassungsschutz vor der Vergabe des Deutschen Buchhandlungspreises 2026 und schloss auf dieser Grundlage drei Buchhandlungen aus, zu denen »verfassungsschutzrelevante Erkenntnisse« vorlägen. Die schleswig-holsteinischen Regierungsfraktionen brachten im Juli 2024 einen Gesetzesentwurf in den Landtag ein, dem zufolge die Landeshaushaltsordnung die Behörden ermächtigen soll, Zuwendungen nur unter der Voraussetzung zu gewähren, dass der Zuwendungsempfänger erklärt, sich zu einer vielfältigen Gesellschaft zu bekennen, sich gegen jedwede Diskriminierung zu stellen und jede Form von Antisemitismus abzulehnen. In Berlin sollten Zuwendungsbescheide um eine Klausel ergänzt werden, die die Zuwendungsempfängerin darauf verpflichtet, sich gegen israelbezogenen Antisemitismus zu stellen. Die Stadt Leipzig wollte in ihrer Fachförderrichtlinie Kultur eine Pflicht der geförderten Person verankern, sich unter anderem gegen Antisemitismus zu positionieren.[2]

Solche Maßnahmen der Leistungsverwaltung sind, weil sie Abweichung verhindern, statt sie zu sanktionieren, tendenziell illiberal.[3] In Luhmanns Worten:

1 Zu den Plänen der Bundesregierung oben, IV. 2. b).

2 Die Klauseln finden sich im Anhang.

3 Christoph Möllers, *Freiheitsgrade*, Berlin 2020, S. 92 f.

> [I]n dieser Beschränkung, als Verzicht auf vorbeugende Kontrolle aller Kommunikation, fällt die Toleranz dem politischen System [...] nicht leicht. Daher ist zu erwarten, daß Tendenzen aufkommen, den Herrschaftsbereich des politischen Untersystems auf alle öffentlichen Kommunikationen auszudehnen und auf diese Weise das Kommunikationswesen unter politischen Gesichtspunkten zu entdifferenzieren.[4]

Diese verfassungstheoretische Einordnung ist noch keine verfassungsrechtliche Bewertung. Die Frage bleibt also: Darf der Staat beispielsweise die Förderung eines Künstlers davon abhängig machen, dass dieser keine antisemitische und rassistische Gesinnung aufweist oder antisemitische Äußerungen unterlässt? Darf er Gelder verteilen, die nach dem zugrundeliegenden Förderbescheid nicht für ein antisemitisches Kunstwerk verwendet werden dürfen?

In all diesen Fällen wendet der Staat ein nicht-künstlerisches Kriterium an. Das ist ihm in diesem Zusammenhag grundsätzlich gestattet (1.). Fraglich ist jedoch, ob die Kunstverwaltung einer eigenen gesetzlichen Grundlage bedarf, wenn sie auch kunstfremde Kriterien an die Kunstförderung anlegen will. Die besondere – nicht nur politische, sondern auch rechtsdogmatische – Brisanz dieser Fragestellung zeigt sich vor allem, wenn der Staat die Förderung des Künstlers davon abhängig macht, dass dieser ein Bekenntnis gegen Antisemitismus und Rassismus abgibt. Wir werden zum Ergebnis kommen, dass insbesondere bei einem personen- statt projektbezogenen Förderkriterium eine qualifizierte Ungleichbehandlung vorliegt, die nach der Wesentlichkeitstheorie eine gesetzliche Ermächtigungsgrundlage verlangt (2.). Diese Unterscheidung zwischen projekt- und personenbezogenen Förderkriterien wird dabei helfen, einige der denkbaren Instrumente einer staatlichen Förderpraxis, die sich auf den Kampf gegen Antisemitismus verpflichtet, zu systematisieren und auf ihre Rechtmäßigkeit zu prüfen (3.). Sodann werfen wir einen kurzen Blick auf die Debatte um die Einführung verfassungsrechtlicher Zielbestimmungen gegen Antisemitismus (4.) und auf die institutionellen Implikationen solcher Maßnahmen (5.). Abschließend fassen wir unsere Überlegungen zusammen (6.).

4 Niklas Luhmann, *Grundrechte als Institution*, Berlin 1965, S. 98.

1. Vorüberlegung: Kunstfremde Kriterien in der Kunstförderung

Wenn eine staatliche Stelle – in welcher konkreten Ausgestaltung auch immer – die Förderung von Kunst unter den Vorbehalt der Bekämpfung von Antisemitismus und Rassismus stellt, dann wendet sie dabei ein nicht-kunstimmanentes Kriterium auf die Förderung von Kunst an. Die kunsttheoretische Frage, inwieweit es überzeugend ist, von der Möglichkeit solcher kunsteigenen Kriterien auszugehen, geht juristisch fehl: Die Kunstfreiheit setzt diese Unterscheidbarkeit voraus.[5] Inwieweit es dem Staat offensteht, kunstfremde Kriterien in kunstbezogene Förderentscheidungen zu integrieren, bedarf einer entlang der drei Akteure – demokratische Kulturpolitik, öffentliche Kunstinstitution und private Künstler – differenzierten Antwort.

Auf der *Ebene der demokratischen Kunst- und Kulturpolitik* kann der Staat die Förderung von Kunst und Kultur mit weiteren, nicht kunst- oder kulturimmanenten Zielen verbinden.[6] Dies dürfte sogar der Regelfall sein: Die Gründung eines Konzerthauses kann der wirtschaftlichen Standortförderung dienen, die Eröffnung eines Freilichtmuseums Nachhaltigkeitsziele befördern und das Kindertheater mag vom Gemeinderat auch als erzieherische Anstalt angelegt werden. Solche kulturpolitischen Nebenziele unterliegen in der Regel keiner verfassungsrechtlichen Rechtfertigungspflicht. Sie bilden den normalen kulturpolitischen Hintergrund, den man aus beiden Richtungen kritisieren kann: mit der Frage, ob künstlerische Institutionen zu weitgehend mit gesellschaftspolitischen Erwartungen überfrachtet werden, oder mit der Gegenfrage, inwieweit der Staat eine selbstgenügsame ästhetische Formensprache ohne sozialen Mehrwert fördern sollte. In vielen Fällen, etwa bei historischen Museen, werden sich ästhetische, wissenschaftliche und politische Kriterien von vornherein nicht trennen und kaum unterscheiden lassen. Eine Verrechtlichung solcher Debatten ist nicht geboten. Für die Bekämpfung des Antisemitismus als kulturpolitisches Ziel gilt

5 Oben, III. 3.

6 Dazu oben, III. 3.

nichts anderes, zumal dieses verfassungsrechtlich abgesichert ist.[7] Gleiches gilt für antirassistische Zielsetzungen.[8]

Auf der *Ebene der öffentlichen Kulturinstitutionen* ist zu differenzieren: *Einerseits* kann die staatliche Kulturadministration die ihr untergeordnete öffentliche Kulturinstitution auf nicht-kunstimmanente Ziele verpflichten. Die Kulturinstitution ist dann die *Adressatin* einer Maßnahme der Kulturverwaltung. Insoweit gilt freilich, dass einmal eingerichtete öffentliche Kulturinstitutionen, auch wenn sie in staatlicher Trägerschaft stehen, in ihrer künstlerischen Arbeit, sei es als Organisation, sei es durch die Grundrechtsfähigkeit der sie vertretenden Personen, grundsätzlich von der Kunstfreiheit geschützt sind.[9] Interventionen in den eigentlichen Bereich ihrer Arbeit, etwa in die Programmplanung, sind deswegen durch Art. 5 Abs. 3 GG ausgeschlossen.[10] Auch wenn diesen Institutionen durch politische Organe Vorgaben für die künstlerische Arbeit gemacht werden, die nicht unmittelbar die Programmebene betref-

7 BVerfGE 144, 20 (208, Rn. 541) – *NPD-Verbot* (2017); Susanne Baer, Nora Markard, in: Peter M. Huber, Andreas Voßkuhle (Hg.), *Grundgesetz*, Bd. 1, München [8]2024, Art. 3 Abs. 3 Rn. 470, 476. Spezifisch mit Blick auf die Leistungsverwaltung Kyrill-Alexander Schwarz, »Grundrechtliche Grenzen bei vergaberechtlichen Entscheidungen?«, in: *NVwZ* 2024, S. 1468-1472, hier S. 1470 f. Anders Ralf Poscher, »Stellungnahme zu dem Entwurf eines Gesetzes zur Änderung der Landeshaushaltsordnung Schleswig-Holstein (Drs. 20/2321)«, November 2024, S. 10-12. Der Fehler in Poschers Argument besteht darin, dass er von seiner Ausgangsfrage nach kollidierendem Verfassungsrecht, das heißt von der Frage, ob die Bekämpfung von Antisemitismus sich auf einen verfassungsrechtlich sanktionierten Wert berufen kann (S. 10), heimlich zur Frage wechselt, ob Art. 3 Abs. 3 Satz 1 GG den Staat zur Bekämpfung von privatem Antisemitismus verpflichtet. Das sind zwei unterschiedliche Fragen. Es stellt keinen Widerspruch dar, beides zu behaupten, dass nämlich erstens aus Art. 3 Abs. 3 Satz 1 GG keine konkrete Handlungspflicht des Staates folgt, gegen privaten Antisemitismus vorzugehen, und dass zweitens der Staat, wenn er sich dennoch für solch ein Vorgehen entscheidet, einen verfassungsrechtlich sanktionierten, nämlich in Art. 3 Abs. 3 Satz 1 GG niedergelegten Wert auf seiner Seite hat (was auch immer man von der Wertrhetorik halten mag).

8 BVerfGE 144, 20 (208, Rn. 541) – *NPD-Verbot* (2017); Baer, Markard, in: Huber, Voßkuhle (Hg.), *Grundgesetz*, Bd. 1, Art. 3 Abs. 3 Rn. 476; Cengiz Barskanmaz, »Rasse und ethnische Herkunft als Diskriminierungskategorien«, in: Anna Katharina Mangold, Mehrdad Payandeh (Hg.), *Handbuch Antidiskriminierungsrecht*, Tübingen 2022, § 7 Rn. 62.

9 Oben, I.

10 Oben, III. 1.

fen, liegt ein Eingriff in die Kunstfreiheit vor. Für die ausdrückliche Verpflichtung auf Ziele wie die Bekämpfung von Antisemitismus und Rassismus wird man aber – vorbehaltlich einer Prüfung der jeweils konkreten Umsetzung – von der Möglichkeit einer verfassungsrechtlichen Rechtfertigung ausgehen können.[11]

Die öffentliche Kulturinstitution kann nicht nur Adressatin, sondern – *andererseits* – auch *Autorin* solcher Vorgaben sein, also bei eigenständig zu treffenden künstlerischen Entscheidungen antirassistische und anti-antisemitische Kriterien anwenden. Dürfte das Museum selbst entscheiden, eine Kuratorin auf einen antirassistischen Gehalt ihrer kuratierten Ausstellung zu verpflichten, Künstlerinnen aufgrund ihrer antisemitischen Gesinnung nicht zu fördern oder ein als rassistisch bewertetes Gemälde nicht in die Sammlung aufzunehmen? Darf es in diesem Zusammenhang *Codes of Conduct* erlassen?[12]

Nicht alle diese Konstellationen liegen gleich: Die Förderung einer Künstlerin wegen ihrer antisemitischen Gesinnung abzulehnen, wendet ein personenbezogenes Kriterium an und ruft daher insbesondere das Antidiskriminierungsrecht auf. An dieser Stelle kommt es zunächst einmal nur darauf an, dass diese Entscheidung der öffentlichen Kunstinstitution selbst der Kunstfreiheit unterfällt. Zwar steht es einer öffentlichen Kulturinstitution nicht einfach frei, im Namen ihres künstlerischen Auftrags alles Mögliche zu tun und zu lassen. Doch gewinnt die Institution mit der Berechtigung, sich auf die Kunstfreiheit zu berufen, Spielräume, für sich zu bestimmen, was sie unter künstlerischer Arbeit versteht. Der Schutzbereich des Art. 5 Abs. 3 GG findet seine Grenze freilich zunächst im Auftrag der Institution. Der musikalische Leiter kann die Musiker nicht zur Produktion von Lyrik verpflichten. Zudem sind Missbrauchsgrenzen denkbar. Das ändert aber grundsätzlich nichts daran, dass öffentliche Kulturinstitutionen mit ihrer Programmfreiheit über Gestaltungsmöglichkeiten verfügen, die den Kunstbegriff selbst betreffen. Dazu kann es gehören, die Bekämpfung von Antisemitismus und Rassismus in die eigene Aufgabenwahrnehmung zu integrieren.

Entsteht hier ein Widerspruch zur oben eingeführten Unter-

11 Eingehend unten, V. 3. d).

12 Siehe dazu Deutscher Museumsbund, *Museen im politischen Raum: Was darf ich und was nicht?*, Berlin 2025, S. 4.

scheidung zwischen künstlerischen und nicht-künstlerischen Kriterien? Dies ist nicht der Fall, wenn man annimmt, dass die Auslegung der verfassungsrechtlichen Kunstfreiheit keine rechtlich festgeschriebene Definition von Kunst, sondern vielmehr eine Praxis schützt, deren Grenzen nicht darauf überprüft werden können, was Kunst »ist«, sondern nur darauf, wer sich legitimerweise darauf berufen kann, Kunst zu betreiben.[13] Anders formuliert: Dieselbe kulturpolitische Entscheidung kann verfassungsrechtlich einmal als Einfügung eines kunstexternen Kriteriums, einmal als kunstimmanentes Kriterium gedeutet werden. Sie ist kunstextern, wenn die staatliche Kulturverwaltung, die sich nicht auf die Kunstfreiheit berufen darf, das Kriterium vorgibt. Sie ist kunstimmanent, wenn die öffentliche Kulturinstitution, der die Kunstfreiheit zusteht, das Kriterium verwendet.

Im Ergebnis ist die Entscheidung einer öffentlichen Kulturinstitution, bei der Ausgestaltung von Programmen, bei der Auswahl von Künstlerinnen oder beim Umgang mit einer Sammlung mögliche antisemitische oder rassistische Inhalte zu einem negativen Kriterium zu machen – oder eben auch: *nicht* zu machen –, von der Kunstfreiheit geschützt.

Auf der *Ebene der privaten Künstlerinnen*, der Anwärterinnen auf eine staatliche Kunstförderung, von Preisgewinnern, Regisseurinnen, Gastdirigentinnen und Stadtschreibern, stellt sich die rechtliche Lage noch einmal anders dar. Denkbar ist zwar auch, dass sie Förderkriterien aufstellen – etwa wenn *ruangrupa* als privates Künstlerkollektiv weitere Künstler für die *documenta fifteen* beauftragt hat –, aber besondere rechtliche Probleme ergeben sich daraus nicht. Hier handeln Private untereinander, das Antidiskriminierungsrecht ist zurückgefahren. Insbesondere besteht kein Schutz vor der Benachteiligung wegen der politischen Anschauung.[14]

13 Fabian Wittreck, in: Horst Dreier (Hg.), *Grundgesetz*, Bd. I, Tübingen ^{3}2013, Art. 5 III (Kunst) Rn. 41, 43; Andreas v. Arnauld, »Freiheit der Kunst«, in: Josef Isensee, Paul Kirchhof (Hg.), *Handbuch des Staatsrechts*, Bd. VII, Heidelberg ^{3}2009, § 167 Rn. 26-29; siehe auch Hans-Jürgen Papier, »Überlegungen zur Kunstfreiheit nach Art. 5 Abs. 3 GG und ihren verfassungsimmanenten Grenzen«, in: *VerfBlog*, 2023/03/28, ⟨https://verfassungsblog.de/antisemitismus-auf-der-documenta-fifteen/⟩, letzter Zugriff 20. 10. 2025.

14 Siehe unten, V. 3. c).

2. Gesetzesvorbehalt

Die rechtliche Brisanz kunstfremder Förderkriterien ergibt sich aus Sicht der potenziellen Adressatinnen von Förderbescheiden. Wenn die Künstlerin nicht bereit ist, ein Bekenntnis gegen Antisemitismus und Rassismus abzugeben, wird ihr Antrag auf Förderung abgelehnt. Die zentrale Rechtsfrage lautet hier, ob solch ein kunstfremdes Förderkriterium einer gesetzlichen Grundlage bedarf. Dabei ist klar: Die privaten Künstlerinnen sind, einmal gefördert, durch die Kunstfreiheit geschützt. Zugleich hatten sie vor der Förderentscheidung in aller Regel weder aus der Kunstfreiheit noch aus dem Gesetz einen individuellen Anspruch auf Förderung ihrer künstlerischen Tätigkeit. Allenfalls besteht ein subjektives Recht auf ermessensfehlerfreie Entscheidung eines Förderantrags.[15] Den Haushaltsgesetzen, in denen entsprechende Fördergelder veranschlagt werden, kommt keine Außenwirkung zu. Regelmäßig werden die staatliche Kulturverwaltung und die öffentliche Kulturinstitution auch mit einer Förderausschreibung den Adressaten der Förderung kein subjektiv-öffentliches Recht zusprechen wollen. Entsprechende Förderrichtlinien binden als Verwaltungsvorschriften zunächst nur die Verwaltung selbst, zeitigen also nur vermittelt über Art. 3 Abs. 1 GG, über die Selbstbindung der Verwaltung, Außenwirkung.[16] Die einschlägigen Kulturgesetze wiederum adressieren nur die Verwaltung. So heißt es in § 16 Abs. 1 Satz 1 Kulturgesetzbuch NRW: »Das Land fördert Künstlerinnen und Künstler aller Sparten und Kunstformen mit dem Ziel, künstlerische Potentiale zu entwickeln.« Das Sächsische Kulturraumgesetz verneint einen Rechtsanspruch der potenziellen Fördermittelempfänger in seinem § 3 Abs. 5 Satz 2 explizit. Auf diesen gesetzgeberischen Willen ist nach der maßgeblichen Schutznormtheorie zur Bestimmung, ob ein subjektiv-öffentliches Recht vorliegt, abzustellen.[17]

15 Allgemein zum Anspruch auf ermessensfehlerfreie Entscheidung Hartmut Maurer, Christian Waldhoff, *Allgemeines Verwaltungsrecht*, München [21]2024, § 8 Rn. 15.

16 Vgl. Sebastian Kluckert, *Zuwendung und Gesetz*, Tübingen 2018, S. 20-25; Sebastian Unger, »Subventions- und Beihilferecht«, in: Reiner Schmidt, Ferdinand Wollenschläger (Hg.), *Kompendium Öffentliches Wirtschaftsrecht*, Berlin [6]2024, § 8 Rn. 85 f.

17 Vgl. Johannes Masing, »Der Rechtsstatus des Einzelnen im Verwaltungsrecht«, in: Andreas Voßkuhle u. a. (Hg.), *Grundlagen des Verwaltungsrechts*, Bd. I, Mün-

Darum entbehrt die Annahme, eine Hinzunahme zusätzlicher Kriterien für eine Auswahlentscheidung im Bereich von Kunst und Kultur stelle per se eine Verletzung der Kunstfreiheit dar,[18] der dogmatischen Grundlage. Die Grundrechte der potenziellen Adressaten einer Förderung sind im Normalfall nicht nur nicht verletzt, sondern noch nicht einmal in ihrem Schutzbereich berührt. Wenn durch die Kriterienverschiebung der allgemeine Umgang mit Kunst durch den Staat verschoben wird, so werden dadurch doch nicht per se Rechte berührt. Etwas anderes kann sich jedoch in zwei Fällen ergeben:

Ist *erstens* bereits ein Förderbescheid erlassen, erwächst aus diesem ein subjektives Recht des Geförderten.[19] Dieser kann daher Vertrauensschutz auf den Bestand des Förderbescheids (§§ 48, 49 VwVfG) geltend machen. Besondere rechtliche Probleme ergeben sich hier nicht.

Zweitens könnte sich ein den Gesetzesvorbehalt auslösender Grundrechtseingriff daraus ergeben, dass das Förderkriterium eine eigenständige Rechtsposition der Antragstellerin beeinträchtigt. Namentlich geht es darum, dass die Förderung davon abhängig gemacht wird, dass die Antragstellerin ihre nicht-antisemitische und nicht-rassistische Gesinnung durch ein Bekenntnis deutlich macht.

Die Klärung der Frage, ob die Erweiterung künstlerischer Förderkriterien hin zur Bekämpfung von Antisemitismus und Rassismus einer parlamentsgesetzlichen Grundlage bedarf, stößt auf

chen [3]2022, § 10 Rn. 132 f. Zu den engen Voraussetzungen, unter denen ein subjektives Recht im Fall staatlicher Subventionen aus einem Parlamentsgesetz angenommen wird: Hessischer VGH, Beschluss vom 3.3.2005, 6 TG 2352/04, in: *NJW* 2005, S. 1963-1965, hier S. 1964 f.

18 In diese Richtung aber wohl Kai Ambos u. a., »Die Implementation der IHRA-Arbeitsdefinition Antisemitismus ins deutsche Recht – eine rechtliche Beurteilung«, in: *VerfBlog*, 2023/12/18, ⟨https://verfassungsblog.de/die-implementation-der-ihra-arbeitsdefinition-antisemitismus-ins-deutsche-recht-eine-rechtliche-beurteilung/⟩, letzter Zugriff 20.10.2025.

19 Weil die geförderte Künstlerin das Geld in der Regel nicht zurückzahlen muss, handelt es sich um verlorene Zuschüsse. Diese richten sich allein nach dem öffentlichen Recht. Ein hinzukommender privatrechtlicher Vertrag zwischen Künstlerin und Staat nach der Zwei-Stufen-Theorie kommt nicht in Betracht. Siehe zur Unterscheidung zwischen ein- und zweistufigen Subventionen Stefan Korte, »Grundlagen des Subventionsrechts«, in: *JURA* 2017, S. 656-667, hier S. 659-665.

den ersten Blick auf zwei in verschiedene Richtungen weisende Dogmen (a): Auf der einen Seite steht das Dogma des fehlenden Gesetzesvorbehalts in der Leistungsverwaltung. Staatliche Fördermittel, auf die kein materieller Anspruch besteht, können in der Regel mit einer haushaltsrechtlichen Grundlage ohne materiell-gesetzliche Regelung verausgabt werden. Auf der anderen Seite steht die Grundrechtsnähe der Vorgänge: Die Antragstellerin, die sich gedrängt sieht, solch ein Bekenntnis abzugeben, um die Förderung zu erhalten, könnte in ihrer Meinungsfreiheit (Art. 5 Abs. 1 Satz 1 GG) beschränkt sein; diejenige, die solch ein Bekenntnis verweigert und deshalb keine Förderung erhält, könnte außerdem wegen ihrer politischen Anschauung unzulässig benachteiligt worden sein (Art. 3 Abs. 3 Satz 1 GG). Die Spannung zwischen beiden Dogmen ließe sich auf mindestens zweierlei Weise lösen: freiheitsrechtlich oder gleichheitsrechtlich (b). Die grundrechtsdogmatisch zu präferierende – nämlich die gleichheitsrechtliche – Lösung wird uns zur Unterscheidung zwischen projekt- und personenbezogenen Fördereinschränkungen führen (c).

a) Zwei widerstreitende Dogmen: Leistungsverwaltung und Grundrechtsrelevanz

Im Bereich der Kunstfreiheit besteht in der Regel kein Bedarf an gesetzlich begründeten staatlichen Eingriffen. Vielmehr organisieren staatliche Körperschaften auf allen hoheitlichen Ebenen im großen Stil die Förderung künstlerischer Projekte und Institutionen, ohne dafür eine gesetzliche Grundlage zu haben. Dies ist nicht per se problematisch. Denn die Leistungsverwaltung steht grundsätzlich nicht unter einem Gesetzesvorbehalt.[20] Dies gilt auch für die

20 Zum grundsätzlich fehlenden Parlamentsvorbehalt in der Leistungsverwaltung BVerfGE 8, 155 (167) – *Lastenausgleich* (1958); BVerwG, Beschluss vom 11.12.2003, 6 B 60/03, in: *NVwZ* 2004, S. 623-624. Spezifisch zur öffentlichen Förderung BVerwGE 90, 112 (126) – *Förderung eines Vereins zur Öffentlichkeitsaufklärung* (1992). Siehe außerdem Fritz Ossenbühl, »Vorrang und Vorbehalt des Gesetzes«, in: Josef Isensee, Paul Kirchhof (Hg.), *Handbuch des Staatsrechts*, Bd. V, Heidelberg [3]2007, § 101 Rn. 25, 31, 49; für die Wirtschaftsverwaltung Peter M. Huber, *Konkurrenzschutz im Verwaltungsrecht*, Tübingen 1991, S. 493 f. Zu den Besonderheiten für die kommunale Kunst- und Kulturförderung Bernhard Weck, *Verfassungsrechtliche Legitimationsprobleme öffentlicher Kunstförderung aus wirklichkeitswissenschaftlicher Perspektive*, Berlin 2001, S. 175-184.

Kulturpolitik.[21] Daran ändert sich nichts, wenn der Staat – wie es häufig der Fall ist – die Förderung gesellschaftlicher Organisationen und Projekte mit anderen politischen Zielen, etwa mit dem Kampf gegen Antisemitismus und Rassismus, verbindet. Dass er dies darf, haben wir bereits geklärt.[22] Tut er dies im Rahmen von Förderrichtlinien, also in der Kategorienwelt der Rechtsformenlehre durch eine Verwaltungsvorschrift, so verstößt er damit also auf den ersten Blick nicht gegen den Vorbehalt des Gesetzes. Es genügt, wenn die entsprechenden Mittel in haushaltsrechtlichen Vorschriften bereitgestellt werden. Zwar finden sich Ansätze, die staatliche Kulturpolitik gesetzlich zu regeln,[23] aber natürlich steht es dem Gesetzgeber frei, auch solche Politikbereiche auf eine gesetzliche Grundlage zu stellen, bei denen dies nicht verfassungsrechtlich geboten ist.

Kann der Staat ergänzende Kriterien per Verwaltungsvorschrift regeln, dann verpflichtet dies aber zunächst ausschließlich die nicht mit eigenen Rechten agierende Innenseite der Verwaltung. Mit der Regelung zeigt ein Ministerium an, nach welchen Kriterien es selbst oder ihm nachgeordnete weisungsunterworfene Stellen Fördermittel vergeben. Förderrichtlinien binden als Verwaltungsvorschriften also keine privaten Künstler – auch dann nicht, wenn sie Fördermittel wie im Fall der *documenta fifteen* an andere Künstlerinnen weiterreichen, die sie auswählen. Förderrichtlinien binden aber auch nicht – das mag überraschen – öffentliche Kunstinstitutionen, *soweit sie sich auf die Kunstfreiheit berufen können*. Weil diese Institutionen so ausgestaltet sind, dass sie von der Kunstfreiheit geschützt sind, und weil die Ausgestaltung dieses Auftrags in Hinsicht auf Nebenziele von dieser Gestaltungsfreiheit umfasst wird, entfalten diese Richtlinien ihnen gegenüber keinerlei Bindungswirkung.

Um den Punkt – und seine Grenzen – deutlich zu machen: Wenn ein Ministerium unter öffentlichen Kulturinstitutionen Fördermittel ausschreibt, so kann es diese nach den von ihm selbst gewählten

21 So unter besonderer Berücksichtigung europäischer Kulturpolitik Gabriele Britz, »Die Freiheit der Kunst in der europäischen Kulturpolitik«, in: *EuR* 2004, S. 1-26, hier S. 5 f.; ferner Klaus Stern, »Vorbemerkung: Kulturverfassung und Kulturstaatlichkeit als Rahmen für die kulturellen Grundrechte«, in: ders., *Das Staatsrecht der Bundesrepublik Deutschland*, Bd. IV 2, München 2011, S. 329-375, hier S. 347 f.

22 Oben, III. 3.

23 Vgl. Sächsisches Kulturraumgesetz (1994); Kulturgesetzbuch für das Land Nordrhein-Westfalen (2022).

Richtlinien vergeben. Hier herrscht politische Gestaltungsmöglichkeit, soweit die Kulturinstitutionen keinen Anspruch auf Vergabe dieser Mittel haben. Dagegen kann ein Ministerium mit der Richtlinie eben nicht den Anspruch verbinden, den eigenen Entscheidungsspielraum öffentlicher Kulturinstitutionen zu regulieren. Insoweit löst deren Grundrechtsposition den Gesetzesvorbehalt aus. Allgemeine, die Gesamtheit aller öffentlichen Kulturinstitutionen bindende Regeln bedürfen einer gesetzlichen Grundlage. Das gilt auch für bindende Verpflichtungen gegen Antisemitismus und Rassismus. Besteht eine solche, ist diese aber meist verfassungsrechtlich gerechtfertigt.[24]

Ausnahmsweise bedarf es entgegen diesem ersten Dogma der Vorbehaltsfreiheit doch einer gesetzlichen Grundlage, wenn das Förderkriterium einen eigenen Grundrechtseingriff schafft oder die Förderung – nach der Wesentlichkeitstheorie[25] – für die Verwirklichung von Grundrechten wesentlich ist. Diese Möglichkeit gilt, wie gesehen, im Normalfall als ausgeschlossen: Weil der Antragsteller kein subjektives Recht auf Förderung hat, kann ein Förderkriterium seine Grundrechte nicht beschränken. Die *Möglichkeit*, eine staatliche Kunstförderung zu erhalten, *wenn* der Künstler ein antirassistisches Bekenntnis ablegt, erweitert den Rechtskreis des potenziell Begünstigten erst einmal.[26]

Dieser recht schematische, in seiner Schlichtheit aber zunächst überzeugende Grundsatz begegnet im Bereich der staatlichen Kunstförderung indes Bedenken: Bund, Länder und Gemeinden

24 Unten, V. 3. d).

25 Dazu unten, V. 2. b). Teilweise wird die Kunstförderung per se als grundrechtswesentlich eingeordnet, weshalb sie einem Gesetzesvorbehalt unterliege, so zum Beispiel Karl-Peter Sommermann, in: Peter M. Huber, Andreas Voßkuhle (Hg.), *Grundgesetz*, Bd. 2, München [8]2024, Art. 20 Abs. 3 Rn. 281, tendenziell auch Justus Duhnkrack, *Öffentliche Kunstförderung*, Bielefeld 2024, S. 95. Differenziert Claas Friedrich Germelmann, *Kultur und staatliches Handeln*, Tübingen 2013, S. 386-388.

26 Fritz Ossenbühl, »Die Zulässigkeit von ›Demokratieerklärungen‹ im Rahmen eines Förderprogramms des Bundes. Rechtsgutachten«, Februar 2011, S. 33, ⟨https://www.ndk-wurzen.de/downloads/Gutachten_Ossenbhl.pdf⟩, letzter Zugriff 20. 10. 2025; kritisch Winfried Kluth, »›Demokratieerklärung‹ oder ›Extremismusklausel‹ – zum Streit um die Nebenbestimmung(en) im Bundesprogramm ›Toleranz fördern – Kompetenz stärken‹«, in: *RdJB* 2013, S. 84-95, hier S. 90; Ralf Poscher, »Wenn der Staat die Meinung vorgibt«, in: *FAZ Einspruch* vom 17. 4. 2025.

verfügen faktisch beinahe über ein Monopol der Kunstförderung. Der Konformitätsdruck staatlicher Maßnahmen ist in einer weitgehend etatisierten Kulturlandschaft besonders hoch. Daher wirkt sich ein Förderkriterium, das zu erfüllen die Künstlerin nicht bereit ist, zumeist de facto auf die Ausübung der Kunstfreiheit aus.

b) Zwei grundrechtsdogmatische Antworten: Freiheitsrechte oder Gleichheitsrechte

Diesem Widerstreit zwischen dem fehlenden Gesetzesvorbehalt in der Leistungsverwaltung einerseits und der Grundrechtsrelevanz staatlicher Kunstförderung andererseits werden grundrechtsdogmatische Lösungen nur gerecht, wenn sie zwei denkbare Extrempositionen vermeiden.[27] Die eine führt zu einer völligen Bindungslosigkeit der Kulturverwaltung. Weil aus der Kunstfreiheit kein Anspruch auf staatliche Förderung folgt, könne der Staat die Grundrechte der Künstler durch eine Förderversagung gar nicht tangieren. Die andere führt hingegen zu einer vollständigen Vergrundrechtlichung der Kunstförderung. Jedes Förderkriterium wirkt sich auch angesichts des staatlichen Quasi-Monopols im Bereich der Kunstförderung faktisch auf die Ausübung der Kunstfreiheit und anderer grundrechtlich geschützter Freiheiten aus. Dass die Kunstfreiheit keinen Anspruch auf staatliche Förderung gewährt, gerät zum Lippenbekenntnis. So ließen sich aus den Freiheitsgrundrechten weitgehende Vorgaben zur Zulässigkeit von Förderkriterien sowie ein faktischer Gesetzestotalvorbehalt herleiten.

Die beschriebene Spannungslage lässt sich, so meinen wir, auf mindestens zweierlei Weise grundrechtsdogmatisch adressieren: freiheitsrechtlich oder gleichheitsrechtlich. Wir wollen beide Lösungen anhand einer konkreten Maßnahme diskutieren, nämlich der förderbezogenen Bekenntnispflicht. Die Frage lautet also: Folgt aus den Freiheits- oder den Gleichheitsrechten, dass es einer gesetzlichen Grundlage bedarf, wenn der Staat die Kunstförderung unter die Bedingung stellt, dass der antragstellende Künstler sich gegen Antisemitismus und Rassismus zu bekennen habe?

27 So auch schon das Anliegen von Hans D. Jarass, »Der Vorbehalt des Gesetzes bei Subventionen«, in: *NVwZ* 1984, S. 473-480, hier S. 476; Gertrude Lübbe-Wolff, *Die Grundrechte als Eingriffsabwehrrechte*, Baden-Baden 1988, S. 231-233.

Aus *freiheitsrechtlicher* Sicht ist zunächst abermals daran zu erinnern, dass aus den Grundrechten kein Anspruch auf staatliche Förderung der eigenen Kunst folgt. Deshalb kann ein Förderkriterium, aufgrund dessen die Kunstförderung versagt wird, die Freiheitsrechte des Antragstellers nicht beeinträchtigen. An genau diesem Argument werden indes vermehrt Zweifel geäußert.[28] In der Folge bejahen viele einen Eingriff in die Meinungsfreiheit der antragstellenden Künstler, wenn der Staat die Kunstförderung von einer Bekenntnispflicht abhängig macht.[29] Dieser Eingriff löst dann den grundrechtlichen Gesetzesvorbehalt aus (Art. 5 Abs. 2 GG). Diese freiheitsrechtliche Lösung lässt sich auf fünf in der bundesverfassungs- und bundesverwaltungsgerichtlichen Rechtsprechung angelegte, aber letztlich allesamt nicht durchgreifende Argumente stützen:

Erstens schütze die Meinungsfreiheit nicht nur vor unmittelbaren rechtsförmigen Eingriffen.[30] In der Rechtsprechung des Bundesverfassungsgerichts sei anerkannt, dass die Meinungsfreiheit immer schon dann berührt ist, wenn an die Meinungsäußerung »nachteilige Rechtsfolgen [...] geknüpft werden«.[31] Im diesem Beschluss zugrundeliegenden Sachverhalt wurde ein Lehrling von seinem Ausbildungsbetrieb nicht übernommen, weil er sich in einer Schülerzeitung gegen den Bau des Kernkraftwerks Brokdorf positioniert hatte. Das Bundesarbeitsgericht wies die Klage des Schlossers ab, weil er keinen Anspruch auf Abschluss eines Arbeitsvertrags habe. Das Bundesverfassungsgericht gab der Verfassungsbeschwer-

28 Michael Wild, »Grundrechtseingriff durch Unterlassen staatlicher Leistungen?«, in: *DÖV* 2004, S. 366-373, hier S. 369 f.; Wissenschaftlicher Dienst des Deutschen Bundestages, »Bekenntnisklausel im Zuwendungsbereich«, WD 3 – 3000 – 505/10 (13. 1. 2011), S. 12; Albert Ingold, »›Extremismusklauseln‹ bei der Vergabe öffentlicher Fördermittel«, in: *DÖV* 2015, S. 13-21, hier S. 15.

29 Wolfgang Ewer, Tobias Thienel, »Rechtsgutachten zur Verfassungsmäßigkeit einer Antidiskriminierungsklausel im Bereich der Kulturförderung«, 20. 2. 2024, Schleswig-Holsteinischer Landtag, Umdruck 20/3463, S. 20-23; Poscher, »Stellungnahme zu dem Entwurf eines Gesetzes zur Änderung der Landeshaushaltsordnung Schleswig-Holstein«, S. 7-9; Schwarz, »Grundrechtliche Grenzen bei vergaberechtlichen Entscheidungen?«, S. 1471; tendenziell auch Christian Winterhoff u. a., »Gutachterliche Stellungnahme zur Rechtmäßigkeit der Einführung einer Antidiskriminierungsklausel für den Bereich der Kulturförderung im Land Berlin«, 16. 2. 2024, S. 50 f.

30 Ewer, Thienel, »Rechtsgutachten zur Verfassungsmäßigkeit einer Antidiskriminierungsklausel im Bereich der Kulturförderung«, S. 21.

31 BVerfGE 86, 122 (128) – *Berufsschüler* (1992).

de statt, weil das Bundesarbeitsgericht die Meinungsäußerung des Beschwerdeführers ohne weitere Anhaltspunkte als Bekenntnis zur Gewalt bewertete. Allerdings hat diese Entscheidung, soweit ersichtlich, keinen nachhaltigen Einfluss auf die Dogmatik der Meinungsfreiheit ausgeübt.[32] Sie wird zwar in einem Kammerbeschluss aus dem Jahr 2019 zustimmend zitiert.[33] Die dogmatische Aussage ist dort jedoch erheblich entschärft. Denn hier wurde einer politischen Partei eine Geldbuße auferlegt, weil diese keinen Jugendschutzbeauftragten bestellt hatte. Dass die Grundrechte beziehungsweise grundrechtsgleichen Rechte sowohl das Vermögen[34] als auch die innere Parteiorganisation[35] schützen, steht außer Frage. Ein Eingriff in die Meinungsfreiheit lässt sich dann leichter bejahen, weil die Nachteile, die an eine Meinungsäußerung geknüpft werden, selbst grundrechtliche Einbußen darstellen. Das ist aber anders im Fall des Berufsschülers und der staatlichen Kunstförderung: Die Grundrechte garantieren weder einen Anspruch, in ein bestimmtes Arbeitsverhältnis einzutreten, noch, staatliche Kunstförderung zu erhalten.

Zweitens würden die Grundrechte vor solchen Beschränkungen schützen, die funktional einem Eingriff gleichkommen.[36] Angesprochen ist damit die bundesverfassungsgerichtliche Judikatur zu staatlichen Äußerungen: von *Glykol* über *Osho* bis zum *Lebensmittelpranger*.[37] Diese Rechtsprechung geht an der hiesigen

32 Zahlreiche Konstellationen, die bisher nicht als Eingriffe in die Meinungsfreiheit bewertet werden, müssten, nimmt man die Doktrin aus dem *Berufsschüler*-Beschluss ernst, als Beschränkung von Art. 5 Abs. 1 Satz 1 GG verstanden werden, etwa die Weigerung, ein Hotelzimmer an einen NPD-Politiker zu vermieten (siehe BVerfG, Beschluss vom 27. 8. 2019, 1 BvR 879/12, in: *NJW* 2019, S. 3769-3770), oder die Entscheidung, einen Gast einer Podiumsdiskussion wegen unliebsamer Äußerungen auszuladen (Eingriff bejaht von VG Köln, Urteil vom 9. 11. 2022, 10 K 3912/19, Rn. 39).

33 BVerfG, Stattgebender Kammerbeschluss vom 27. 8. 2019, 1 BvR 811/17, in: *NJW* 2019, S. 3567-3569, hier S. 3568, Rn. 18.

34 Zu Steuern als Grundrechtseingriff Rainer Wernsmann, »Die Steuer als Eigentumsbeeinträchtigung?«, in: *NJW* 2006, S. 1169-1174, hier S. 1170-1173.

35 Siehe nur Martin Morlok, Heike Merten, *Parteienrecht*, Tübingen 2018, S. 84.

36 Ewer, Thienel, »Rechtsgutachten zur Verfassungsmäßigkeit einer Antidiskriminierungsklausel im Bereich der Kulturförderung«, S. 14 (zur Kunstfreiheit).

37 BVerfGE 105, 252 (270-273) – *Glykol* (2002); 105, 279 (294 f.) – *Osho-Bewegung* (2002); 148, 40 (50 f., Rn. 27 f.) – *Lebensmittelpranger* (2018).

Konstellation indes vorbei. In all diesen Fällen wertet der Staat *öffentlich* eine bestimmte grundrechtlich geschützte Tätigkeit ab. Ohne diese stigmatisierende Wirkung würde der Staat sein Ziel, vor bestimmten Sekten oder Lebensmitteln zu warnen, nicht erreichen. Anders im Fall der staatlichen Kunstförderung: Wenn sich die Künstlerin nicht gegen Antisemitismus und Rassismus bekennt, erhält sie zwar keine Förderung. Aber es ist nicht ersichtlich, dass der Staat das fehlende Bekenntnis publik macht, die Künstlerin also als (vermeintlich) antisemitisch oder rassistisch brandmarkt. Die Künstlerin kann schließlich – anders als die religiöse Sekte oder das Lebensmittelunternehmen – eine staatliche Bewertung schlicht dadurch verhindern, dass sie keinen Antrag auf Förderung ihrer Kunst stellt. Freilich lässt der Verweis auf eine alternative Handlungsoption den Eingriff in das Freiheitsrecht nicht entfallen. Das ist in der bundesverfassungsgerichtlichen Judikatur anerkannt.[38] In solchen dilemmatischen Situationen genießen aber beide Handlungen grundrechtlichen Schutz. Darin liegt der Unterschied zur Kunstförderung. Hier wird die Künstlerin darauf verwiesen, auf staatliche Fördermittel zu verzichten, auf die sie keinen grundrechtlich geschützten Anspruch hat.

Drittens hat das Bundesverfassungsgericht bereits 1989 entschieden, dass ungleiche Pressesubventionen die Pressefreiheit (Art. 5 Abs. 1 Satz 2 GG) beeinträchtigen, weil sie den publizistischen Wettbewerb beeinflussen.[39] Allerdings ist die in diesem Beschluss entwickelte Dogmatik von vornherein nicht nur freiheitsrechtlich: Die Pressefreiheit garantiert ihrem Träger nicht nur ein »subjektives Abwehrrecht gegen die mit staatlichen Förderungsmaßnahmen etwa verbundenen inhaltslenkenden Wirkungen«, sondern auch einen »Anspruch auf Gleichbehandlung im publizistischen Wettbewerb«.[40] Dass diese gleichheitsrechtliche Dimension nicht bloß ein Randstück ist, zeigt sich zum einen daran, dass das Gericht ausdrücklich offenließ, ob jede Pressesubvention einer gesetzlichen

38 BVerfGE 104, 337 (350) – *Schächterlaubnis* (2002); 121, 175 (196) – *Transgeschlechtlichkeit* (2008); 153, 1 (33, Rn. 77) – *Hijab III* (2020). Zur grundrechtstheoretischen Bedeutung des Verweises auf alternative Handlungsoptionen siehe Nils Weinberg, *Selbstbestimmte Identität*, Tübingen 2026, S. 227-238.

39 BVerfGE 80, 124 (133 f.) – *Pressesubventionen* (1989).

40 BVerfGE 80, 124 (134) – *Pressesubventionen* (1989).

Ermächtigungsgrundlage bedarf.[41] Das wäre aber bei einem Eingriff in ein Freiheitsgrundrecht wegen des grundrechtlichen Gesetzesvorbehalts zweifelsohne zu bejahen. Zum anderen zeigt sich dies daran, dass die an diesen Beschluss anschließende Kammerrechtsprechung Art. 5 Abs. 1 Satz 2 GG stets in Verbindung mit Art. 3 Abs. 1 GG zitiert.[42]

Viertens lässt sich die Annahme eines Eingriffs in die Meinungsfreiheit auf ein Urteil des Bundesverwaltungsgerichts aus dem Jahr 2022 stützen.[43] Die spätere Klägerin beantragte eine Förderung der Elektromobilität, die ihr die Stadt München verwehrte. Grund für die Versagung der Förderung war, dass die Klägerin sich weigerte, im Antragsformular eine sogenannte Schutzerklärung zu unterzeichnen, in der sie sich von den Inhalten und Methoden der *Scientology*-Kirche distanzierte. Das Bundesverwaltungsgericht bestätigte die Entscheidung des Bayerischen Verwaltungsgerichtshofs, der die beklagte Stadt zur Gewährung der Förderung verpflichtete. Zur Aufforderung, eine solche Schutzerklärung abzugeben, sei die Stadt kompetenziell nicht befugt. Sie verstoße außerdem gegen die Glaubensfreiheit und die Gleichheitsrechte.

Diese Rechtsprechung ist indes nicht ohne weiteres auf die Einfügung einer Klausel, der zufolge sich die geförderten Künstler gegen Antisemitismus bekennen, übertragbar. Zum einen verlangte die Stadt München die Distanzierung von einem quasi-religiösen Bekenntnis. Ein Eingriff in eine grundgesetzlich gewährte subjektive Rechtsposition liegt hier viel näher: Wer nicht dazu bereit ist, sich von einem Glauben zu distanzieren, offenbart damit seinen Glauben. Doch hält Art. 140 GG i.V.m. Art. 136 Abs. 3 Satz 1 WRV fest: »Niemand ist verpflichtet, seine religiöse Überzeugung zu offenbaren.« Zwar sieht Satz 2 vor, dass Behörden das Recht haben, nach der Zugehörigkeit zu einer Religionsgemeinschaft zu fragen, soweit davon Rechte und Pflichten abhängen. Doch ist damit der Grundrechtseingriff – und mit ihm: der Gesetzesvorbehalt – nicht

41 BVerfGE 80, 124 (131) – *Pressesubventionen* (1989).

42 Siehe BVerfG, Nichtannahmebeschluss vom 18.3.2008, 1 BvR 282/01, in: *NJW-RR* 2008, S. 1069-1071, hier S. 1071; BVerfG, Einstweilige Anordnung vom 12.4.2013 1 BvR 990/13, in: *NJW* 2013, S. 1293-1296, hier S. 1294; BVerfG, Einstweilige Anordnung vom 18.8.2020, 1 BvR 1918/20, in: *NJW* 2020, S. 3166-3168, hier S. 3167.

43 BVerwGE 175, 199 – *Umweltbezogene Förderung* (2022).

beseitigt.[44] Ein solch ausdrückliches Recht zur Nichtoffenbarung, wie es Art. 136 Abs. 3 Satz 1 WRV verleiht, findet sich für die politische Anschauung nicht. Zum anderen muss der Staat sich gegenüber der Religion neutral verhalten. Das Neutralitätsgebot verbietet ihm insbesondere, Religionen zu bewerten oder sich religiöse Inhalte zu eigen zu machen.[45] Für die Kunstfreiheit (wie auch für die Wissenschaftsfreiheit) besteht solch ein Neutralitätsgebot nicht.[46] Ständig fällt der Staat Qualitätsurteile oder lässt sie von qualifizierten Personen fällen, um daran eine Förderung anzuschließen. Ja, er muss dies sogar tun, weil er Förderungsentscheidungen (auch) nach kunstimmanenten Kriterien zu treffen hat.[47]

Fünftens wird ein Eingriff in Freiheitsrechte unter Verweis auf das bundesverfassungsgerichtliche Urteil zu Sanktionen im Sozialrecht bejaht.[48] Das Bundesverfassungsgericht hatte entschieden, dass Mitwirkungspflichten die Grundrechte der Sozialhilfeberechtigten rechtfertigungsbedürftig beschränken.[49] Doch beruht dieses Argument darauf, dass aus Art. 1 Abs. 1 GG ein Recht auf Sicherung des

44 Anders Michael Germann, in: Volker Epping, Christian Hillgruber (Hg.), *BeckOK Grundgesetz*, 2024 (60. Edition), Art. 4 Rn. 43.1. Wie hier – Art. 136 Abs. 3 Satz 2 WRV sei ein Gesetzesvorbehalt, keine Eingriffsschwelle – Martin Morlok, in: Horst Dreier (Hg.), *Grundgesetz*, Bd. I, Tübingen ³2013, Art. 4 Rn. 71, 125. Für die hier vertretene Auffassung spricht bereits der Wortlaut des Art. 136 Abs. 3 WRV, in dem einerseits von »Rechten und Pflichten«, also der gesetzlichen ausgestalteten Rechtsstellung des Einzelnen, sowie von »gesetzlich angeordneten« Statistiken die Rede ist (zu Letzteren siehe BVerfGE 65, 1 [39] – *Volkszählung* [1983]). Das BVerfG spricht im Fall der Eintragung der Religionszugehörigkeit auf der Lohnsteuerkarte ausdrücklich von einer gesetzlich bestehenden Pflicht: BVerfGE 49, 375 (375 f.) – *Lohnsteuerkarte* (1978). Anders in BVerfGE 45, 266 (267) – *Krankenhausaufnahme* (1977), wobei das BVerfG dort darauf abstellt, dass die Angabe freiwillig erfolgt und mit ihr keinerlei Nachteile verbunden sind – insofern ließe sich in der Tat bereits ein Eingriff verneinen.

45 BVerfGE 108, 282 (300) – *Hijab I* (2003); 137, 273 (304-306, Rn. 86-89) – *Chefarzt* (2014); 138, 296 (339, Rn. 110) – *Hijab II* (2015); 153, 1 (37, Rn. 88) – *Hijab III* (2020).

46 Grundlegend Stefan Huster, *Die ethische Neutralität des Staates*, Tübingen ²2017, S. 436-487, insb. Anm. 123 auf S. 463, im Anschluss an Ronald Dworkin, »Can a Liberal State Support Art?«, in: ders., *A Matter of Principle*, Cambridge, MA 1985, S. 221-233.

47 Dazu bereits oben, III. 3.

48 Poscher, »Stellungnahme zu dem Entwurf eines Gesetzes zur Änderung der Landeshaushaltsordnung Schleswig-Holstein«, S. 7.

49 BVerfGE 152, 68 (117, Rn. 128; 120, Rn. 135) – *Sanktionen im Sozialrecht* (2019).

menschenwürdigen Existenzminimums, ein »verfassungsrechtlich garantierte[r] Leistungsanspruch« folgt.[50] Nur wenn »das staatliche Verhalten von einer handlungsgebietenden Grundrechtswirkung wie der Schutzpflicht oder der Einrichtungspflicht« geleitet wird, kommt eine Grundrechts*ausgestaltung* in Betracht.[51] Genau an einer solchen subjektiv-rechtlich fundierten Pflicht fehlt es aber im Fall der staatlichen Kunstförderung. Wenn also Wallrabenstein in der Entscheidung »für das gesamte Leistungsverwaltungsrecht einen wichtigen Impuls« erkennt, dann kann man nicht – wie Poscher[52] – den Umstand ausblenden, dass das Bundesverfassungsgericht mit der »Vorenthaltung grundsätzlich bestehender Existenzsicherungsleistungsansprüche« konfrontiert war.[53] Die einfache Kontrollfrage lautet: Könnte der Staat die gewährten Leistungen gänzlich einstellen, ohne Grundrechte der Antragsteller zu verletzen? Im Fall der Sozialhilfe ist diese Frage zu verneinen, im Fall der Kunstförderung zu bejahen. Nur im Fall der Sozialhilfe kann daher auch die Versagung oder Verengung eines solchen verfassungsrechtlich gewährleisteten Anspruchs die Grundrechte der Betroffenen beschränken.

Die verbreitete Auffassung, eine Bekenntnisklausel im Förderantragsverfahren greife »unstreitig«[54] in die Meinungsfreiheit ein, beruht auf einem einfachen Schluss: Weil die negative Meinungsfreiheit davor schützt, sich zu einer bestimmten Position zu bekennen,[55] und weil die Künstlerin in ihrem Förderantrag ein solches Bekenntnis ablegen muss, liegt ein Eingriff in die Meinungsfreiheit vor. Bei genauerer Betrachtung steht diese Auffassung aber auf wackeligen Füßen. Sie vermag nicht zu erklären, warum die Versagung einer Förderung, auf die grundrechtlich kein Anspruch besteht, einen Eingriff in Freiheitsrechte darstellen kann.

50 BVerfGE 152, 68 (113, Rn. 119) – *Sanktionen im Sozialrecht* (2019).

51 Christian Bumke, *Ausgestaltung von Grundrechten*, Tübingen 2009, S. 46.

52 Poscher, »Stellungnahme zu dem Entwurf eines Gesetzes zur Änderung der Landeshaushaltsordnung Schleswig-Holstein«, S. 7.

53 Beide Zitate: Astrid Wallrabenstein, »Leistungsverwaltung«, in: Wolfgang Kahl, Markus Ludwigs (Hg.), *Handbuch des Verwaltungsrechts*, Bd. I, Heidelberg 2021, § 19 Rn. 28.

54 Schwarz, »Grundrechtliche Grenzen bei vergaberechtlichen Entscheidungen?«, S. 1471.

55 BVerfGE 95, 173 (182) – *Warnhinweis für Tabakerzeugnisse* (1997); Detlef Merten, »Negative Grundrechte«, in: ders., Hans-Jürgen Papier (Hg.), *Handbuch der Grundrechte in Deutschland und Europa*, Bd. II, Heidelberg 2006, § 42 Rn. 73, 90.

Die *gleichheitsrechtliche* Lösung tut sich auf, wenn wir einen genaueren Blick in das bereits angesprochene Urteil des Bundesverwaltungsgerichts werfen. Den Eingriff in die Religionsfreiheit begründet das Gericht wie folgt:

> Die Versagung der begehrten Förderung im Falle der Nichtabgabe beeinträchtigt die von Art. 4 Abs. 1 und 2 GG gewährleistete Freiheit, weil sie ihren Grund allein in den religiösen und weltanschaulichen Überzeugungen der Betroffenen hat [...]. Eine derartige beabsichtigte Schlechterstellung von Angehörigen einer Religions- oder Weltanschauungsgemeinschaft – bereits durch ihre Aufdeckung unter den Förderantragstellern und erst recht durch deren Ausschluss von der Förderung – stellt einen Grundrechtseingriff dar.[56]

Auf die eigentliche Krux geht das Bundesverwaltungsgericht damit nicht ein: Warum soll die *für eine staatliche Subvention* geforderte Distanzierung von einer Religion die Religionsfreiheit beeinträchtigen, wenn auf diese Subvention kein Anspruch besteht?[57] Auch hier gilt zunächst: Der Rechtskreis der Antragstellerin wird nur erweitert, nicht begrenzt.

Auffällig an der bundesverwaltungsgerichtlichen Argumentation ist indes, dass das Freiheitsrecht des Art. 4 Abs. 1 und 2 GG *wie ein klassisches Diskriminierungsverbot* behandelt wird.[58] Wenn eine staatliche Entscheidung »ihren Grund allein in den religiösen und weltanschaulichen Überzeugungen der Betroffenen hat«, so das Bundesverwaltungsgericht, dann benachteiligt sie wegen der religiösen Anschauungen (Art. 3 Abs. 3 Satz 1 GG).[59] So undurchsichtig die Dogmatik der Gleichheitssätze durch deren Materialisierung auch wird: Hier bedarf es nur des althergebrachten Verständnisses

56 BVerwGE 175, 199 (204, Rn. 20) – *Umweltbezogene Förderung* (2022).

57 Ähnliche Kritik bei Christoph Kühner, Johannes Unterreitmeier, »Kommunale Förderung für Extremisten?«, in: *DÖV* 2023, S. 26-33, hier S. 28 f.

58 Die gleiche Verkehrung eines Freiheitsrechts in ein Gleichheitsrecht findet sich in BVerfGE 80, 124 (133 f.) – *Pressesubventionen* (1989): »Wenn sich der Staat jedoch, ohne verfassungsrechtlich dazu verpflichtet zu sein, zu Förderungsmaßnahmen für die Presse entschließt, [...] verlangt Art. 5 Abs. 1 Satz 2 GG, daß jede Einflußnahme auf Inhalt und Gestaltung einzelner Presseerzeugnisse sowie Verzerrungen des publizistischen Wettbewerbs insgesamt vermieden werden. Staatliche Förderungen dürfen bestimmte Meinungen oder Tendenzen weder begünstigen noch benachteiligen.«

59 Siehe BVerfGE 138, 296 (347 f., Rn. 124-126) – *Hijab II* (2015).

des Diskriminierungsverbots als eines Anknüpfungs- oder Begründungsverbots.[60] Die »Schlechterstellung«, von der das Bundesverwaltungsgericht spricht, ist nur ein Synonym für die Benachteiligung, die Art. 3 Abs. 3 Satz 1 GG verbietet.

Das Bundesverwaltungsgericht bejaht auch eine Verletzung des Art. 3 Abs. 1 und 3 GG.[61] Es verkennt aber, dass es zuvor bereits das Freiheitsrecht zu einem Gleichheitssatz umgeformt hat. Systematisch ist es stimmig, die Förderkriterien anhand der Gleichheits- und nicht der Freiheitsrechte zu messen. Auch wenn das Verhältnis zwischen Gleichheits- und Freiheitsrechten[62] im Einzelnen nicht geklärt ist, dürfte es außer Frage stehen, dass Art. 3 GG jedenfalls bestimmte Kriterien als illegitim ausschließt. Dies gilt für jede staatliche Entscheidung – ganz gleich, ob ein (freiheitsrechtlich geschützter) Anspruch auf diese Entscheidung besteht. Anschaulich formuliert: Selbstverständlich verstößt es gegen Art. 3 Abs. 3 Satz 1 GG, wenn eine Gemeinde sich dazu entschließt, keine jüdischen oder Schwarzen Künstler zu fördern – und selbstverständlich können sich die betroffenen Künstler auf das Diskriminierungsverbot als subjektives Recht berufen.

Nimmt man die Gleichheits- und nicht die Freiheitsrechte zum Maßstab, ist die Frage zu klären, ob auch die Gleichheitsrechte des Art. 3 GG einen Gesetzesvorbehalt auslösen können. Uneingeschränkt kann dies jedenfalls nicht gelten: Jedes staatliche Handeln differenziert zwischen Personen – nur der Mörder wird mit lebenslanger Haft bestraft – und ließe sich schon deswegen an Art. 3 Abs. 1 GG messen.[63] Damit würde aber über den allgemeinen Gleichheitssatz ein totaler Gesetzesvorbehalt eingeführt, der zu Recht abgelehnt wird.[64]

Überzeugend dürfte es sein, aus Art. 3 Abs. 1 GG nur bei qua-

60 Dazu Adalbert Podlech, *Gehalt und Funktionen des allgemeinen verfassungsrechtlichen Gleichheitssatzes*, Berlin 1971, S. 94 f.; Michael Sachs, *Grenzen des Diskriminierungsverbotes*, München 1987, S. 428-450.

61 BVerwGE 175, 199 (204-206, Rn. 23-26) – *Umweltbezogene Förderung* (2022).

62 Siehe dazu Michael Kloepfer, *Gleichheit als Verfassungsfrage*, Berlin 1980, S. 45-53; Weinberg, *Selbstbestimmte Identität*, S. 292-295.

63 Ferdinand Wollenschläger, in: Peter M. Huber, Andreas Voßkuhle (Hg.), *Grundgesetz*, Bd. 1, München ^{8}2024, Art. 3 Abs. 1 Rn. 45.

64 Wenn auch die von Jesch vorgetragenen Gründe für einen allgemeinen Gesetzesvorbehalt weiterhin beachtlich sind (Dietrich Jesch, *Gesetz und Verwaltung*, Tübingen 1961, S. 171-205).

lifizierten Ungleichbehandlungen das Erfordernis eines Parlamentsgesetzes herzuleiten. Dafür spricht insbesondere eine selten bemerkte Kongruenz zwischen der neueren Dogmatik des allgemeinen Gleichheitssatzes und der Wesentlichkeitstheorie. Nach der Rechtsprechung des Bundesverfassungsgerichts gilt für Ungleichbehandlungen im Fall von Art. 3 Abs. 1 GG »ein stufenloser am Grundsatz der Verhältnismäßigkeit orientierter verfassungsrechtlicher Prüfungsmaßstab«.[65] Dieser Prüfungsmaßstab wird strenger, wenn sich die Ungleichbehandlung auf die Ausübung grundrechtlicher Freiheiten auswirkt, die Differenzierungsmerkmale dem Betroffenen unverfügbar sind oder denen des Art. 3 Abs. 3 GG ähneln.[66] Nach der Wesentlichkeitstheorie muss der Gesetzgeber alle wesentlichen Entscheidungen selbst treffen, wobei hierfür die Grundrechtsrelevanz maßgeblich ist.[67] Mit Hilfe dieser Formel erweitert das Bundesverfassungsgericht also den grundgesetzlichen Gesetzesvorbehalt auf solche staatlichen Maßnahmen, die, ohne in ein Freiheitsgrundrecht einzugreifen, die Grundrechtsausübung betreffen.[68] Genau hierin kongruieren die Bestimmung des Prüfungsmaßstabs des Art. 3 Abs. 1 GG und die Wesentlichkeitstheorie: In ihnen treten die Freiheitsrechte auf den Plan, obwohl in sie nicht eingegriffen wird. Diese Kongruenz ließe sich auf die Formel zuspitzen: Immer wenn ein strenger Prüfungsmaßstab im Rahmen

65 BVerfGE 158, 282 (327, Rn. 110) – *Vollverzinsung* (2021). Nahezu wortgleich BVerfGE 152, 274 (312, Rn. 96) – *Erstausbildungskosten* (2019); 160, 41 (64, Rn. 52) – *Privilegierung von Gewinneinkünften* (2021).

66 Diese drei Kriterien legt der Erste Senat zugrunde, vgl. etwa BVerfGE 145, 20 (87, Rn. 171) – *Spielhallenzulassung* (2017). Der Zweite Senat verzichtet meist auf das Kriterium der Nähe zu den in Art. 3 Abs. 3 GG genannten Kategorien, siehe beispielhaft BVerfGE 168, 1 (50, Rn. 142) – *Beteiligungsidentische Schwesterpersonengesellschaften* (2023). Zu dieser Uneinigkeit zwischen den Senaten: Weinberg, *Selbstbestimmte Identität*, S. 18-21.

67 Aus neuerer Zeit BVerfGE 150, 1 (96 f., Rn. 191-194) – *Zensus 2011* (2018); 153, 310 (340, Rn. 74) – *Knorpelfleisch* (2020). Dazu Philipp Lassahn, *Rechtsprechung und Parlamentsgesetz*, Tübingen 2017, S. 77-89. Zur Kritik Hartmut Bauer, Christoph Möllers, »Die Rechtschreibreform vor dem Bundesverfassungsgericht«, in: *JZ* 1999, S. 697-702, hier S. 700-702.

68 BVerfGE 40, 237 (249) – *Rechtsschutzverfahren im Strafvollzug* (1975); 49, 89 (126) – *Kalkar I* (1978). Speziell zur Wesentlichkeitstheorie im Bereich der Leistungsverwaltung: Bernd Grzeszick, in: Günter Dürig, Roman Herzog, Rupert Scholz, *Grundgesetz*, Bd. III, München 2022 (97. EL), Art. 20 Rn. 117-119.

des Art. 3 Abs. 1 GG anzulegen ist, bedarf die Ungleichbehandlung nach der Wesentlichkeitstheorie einer gesetzlichen Grundlage.

Legen wir diesen Maßstab zugrunde, kommen wir zum Ergebnis, dass die Aufnahme antirassistischer und anti-antisemitischer Förderkriterien dann einem Gesetzesvorbehalt unterliegt, wenn die Förderkriterien die Ausübung grundrechtlicher Freiheiten betreffen, an dem Einzelnen unverfügbare Merkmale anknüpfen oder den Kategorien des Art. 3 Abs. 3 GG ähneln. Dies legt nahe, ein Gesetz dann zu verlangen, wenn die *Förderkriterien personen- statt projektbezogen* sind. So liegt der Fall hier: Werden Personen wegen ihrer antisemitischen oder rassistischen Gesinnung von der staatlichen Kunstförderung ausgeschlossen, knüpft der Staat sogar an ein in Art. 3 Abs. 3 Satz 1 GG genanntes Kriterium an: die politische Anschauung.[69] Die Gerichte bemühen diese ausdrücklich genannte Diskriminierungskategorie jedoch praktisch nie.[70] Auf sie kommt es hier aber auch nicht an: Denn das geforderte Bekenntnis bewegt sich zum einen sehr nah an der Meinungsfreiheit (auch wenn man wegen des fehlenden Anspruchs auf Förderung einen Eingriff in diese ablehnt). Zum anderen nimmt der Staat in Deutschland im Bereich der Kunstförderung eine monopolartige Stellung ein.[71] Daher wirkt sich eine an ein (vermeintlich) persönliches Merkmal anknüpfende Versagung staatlicher Kunstförderung faktisch auf die Ausübung der Kunstfreiheit aus.

Fassen wir die gleichheitsrechtliche Lösung noch einmal zusammen: Weil die Freiheitsrechte keinen Anspruch auf staatliche För-

69 Siehe Ewer, Thienel, »Rechtsgutachten zur Verfassungsmäßigkeit einer Antidiskriminierungsklausel im Bereich der Kulturförderung«, S. 32; Poscher, »Stellungnahme zu dem Entwurf eines Gesetzes zur Änderung der Landeshaushaltsordnung Schleswig-Holstein«, S. 22 f.

70 Siehe Julian Krüper, »Politische Anschauung im Antidiskriminierungsrecht«, in: Anna Katharina Mangold, Mehrdad Payandeh (Hg.), *Handbuch Antidiskriminierungsrecht*, Tübingen 2022, § 12 Rn. 20 ff., insb. Rn. 52-54. Auch die hiesige Studie vermag eine Dogmatik, die die politischen Anschauungen als Diskriminierungskategorie in Art. 3 Abs. 3 Satz 1 GG ernst nimmt, nicht zu entwickeln.

71 Zu diesem Kriterium BVerfGE 33, 303 (331 f.) – *Numerus clausus* (1972); 35, 79 (115) – *Hochschulurteil* (1973); Michael Mihatsch, *Öffentliche Kunstsubventionierung*, Berlin 1989, S. 43; Huber, *Konkurrenzschutz im Verwaltungsrecht*, S. 445 f. (zu Art. 12 Abs. 1 GG); Ingold, »›Extremismusklauseln‹ bei der Vergabe öffentlicher Fördermittel«, S. 15; Poscher, »Stellungnahme zu dem Entwurf eines Gesetzes zur Änderung der Landeshaushaltsordnung Schleswig-Holstein«, S. 18-21.

derung vermitteln, kann die Versagung einer solchen Förderung in sie nicht eingreifen. Deshalb bedarf die Aufstellung von Förderkriterien grundsätzlich keines Gesetzes. Der Staat kann sie in einer Förderrichtlinie, also einer bloßen Verwaltungsvorschrift bestimmen. Anders ist dies, wenn das gewählte Förderkriterium zu einer qualifizierten Ungleichbehandlung führt. Dies bemisst sich an Art. 3 Abs. 1 und Abs. 3 GG. Die Freiheitsgrundrechte sind daher mittelbar doch zu beachten: Sie führen zu einem strengen Prüfungsmaßstab im Rahmen des Art. 3 Abs. 1 GG und begründen einen Gesetzesvorbehalt nach der Wesentlichkeitstheorie. Damit bedürfen solche Förderkriterien einer gesetzlichen Grundlage, die entweder an in Art. 3 Abs. 3 GG genannte beziehungsweise ihnen ähnliche Kategorien anknüpfen oder freiheitsrechtlich geschützte Belange betreffen.

Diese Lösung ist grundrechtsdogmatisch stimmig, wird aber, soweit ersichtlich, selten vertreten.[72] Ein Grund dafür mag sein, dass die gleichheitsrechtliche Formel, die zu einem strengen Prüfungsmaßstab führt, schwer handhabbar ist: Wie unterscheidet sich eine strenge von einer weniger strengen Verhältnismäßigkeitsprüfung, wenn zwischen ihnen ein stufenloser Übergang besteht? Viel mehr, als dass es auf den konkreten Fall ankommt,[73] lässt sich hier nicht sagen. Diese Vagheit mag der Preis sein, zwischen beiden Extrem-

72 Andeutungsweise bei Joachim Würkner, *Das Bundesverfassungsgericht und die Freiheit der Kunst*, München 1994, S. 138 f.; Christian Waldhoff, »Grundrechte und Kommunalrecht: Überörtliche (Neben-)Ziele bei Selbstverwaltungsaufgaben«, in: *JuS* 2022, S. 983-985, hier S. 984 f.; Kühner, Unterreitmeier, »Kommunale Förderung für Extremisten?«, S. 28 f.; Duhnkrack, *Öffentliche Kunstförderung*, S. 125-127. Ebenso zunächst Schwarz, »Grundrechtliche Grenzen bei vergaberechtlichen Entscheidungen?«, S. 1470: »zuvörderst ein Gleichheitsproblem«, der dann aber meint, bei einer förderbezogenen Bekenntnispflicht handle es sich »unstreitig um einen Eingriff« (S. 1471). Siehe auch Ulrich K. Preuß, *Zum staatsrechtlichen Begriff des Öffentlichen untersucht am verfassungsrechtlichen Status kultureller Organisationen*, Stuttgart 1969, S. 191 f., dem zufolge es bei kulturellen Leistungen um Teilhabe-, nicht um individuelle Freiheitsrechte gehe. Die Teilhabedogmatik passt hier jedoch nur begrenzt. Sie dient nämlich – etwa bei der Wissenschaftsfreiheit – dazu, bereichsbezogene Kriterien grundrechtlich zu untermauern. Bei einer Bekenntnispflicht geht es aber gerade nicht um kunstimmanente Kriterien.

73 Der Prüfungsmaßstab lässt »sich nicht abstrakt, sondern nur nach den jeweils betroffenen unterschiedlichen Sach- und Regelungsbereichen bestimmen«, so BVerfGE 158, 282 (327, Rn. 110) – *Vollverzinsung* (2021) m. w. N.

positionen – derjenigen einer völligen Bindungslosigkeit der Kulturverwaltung und derjenigen ihrer umfassenden Vergrundrechtlichung – zu vermitteln. Wenn wie hier die Gleichheits- statt der Freiheitsrechte angerufen werden, ermöglicht dies, den Gesetzesvorbehalt auf solche Fälle zu beschränken, in denen die Förderkriterien zu einer qualifizierten Ungleichbehandlung führen. Dies bemisst sich dann mittelbar an den Freiheitsrechten. Damit sind die folgenden Ausführungen auch brauchbar, wenn – entgegen der hier vertretenen Auffassung – ein Eingriff in die Freiheitsrechte bejaht wird.[74] Grundrechtstheoretisch verweist die hier ansatzweise entwickelte Dogmatik auf den Umstand, dass jedem Freiheitsrecht eine gleichheitsrechtliche Dimension zukommt.[75]

c) Zwischenergebnis: Projekt- und personenbezogene Fördereinschränkungen

Die Frage nach dem Gesetzesvorbehalt bei der Aufnahme eines kunstfremden Förderkriteriums führte über die Gleichheitsrechte zur Unterscheidung zwischen personen- und projektbezogenen Förderkriterien. Will die staatliche Kulturverwaltung oder eine öffentliche Kunstinstitution sicherstellen, dass sie keine antisemitische oder rassistische Kunst fördert, kann sie dieses Anliegen *projektbezogen* umsetzen, indem sie als Förderkriterium beispielsweise angibt, dass das zu fördernde Kunstwerk keinen antisemitischen oder rassistischen Gehalt aufweisen darf. Gleichsam unter einem projektbezogenen Kriterium stünde eine Ausschreibung einer Fördersumme für ein dezidiert gegen Antisemitismus gerichtetes Kunstwerk. Um ein *personenbezogenes* Kriterium handelt es sich hingegen, wenn der staatliche Entscheidungsträger die Förderung

74 Unterschiede ergeben sich vor allem mit Blick auf die einschlägige Schranke. Im Fall eines Eingriffs in die Meinungsfreiheit ist Art. 5 Abs. 2 GG einschlägig. Hier stellt sich die diffizile Frage, ob eine Klausel gegen Antisemitismus und Rassismus den Anforderungen eines allgemeinen Gesetzes genügt (verneint von Poscher, »Stellungnahme zu dem Entwurf eines Gesetzes zur Änderung der Landeshaushaltsordnung Schleswig-Holstein«, S. 9), und daran anschließend, ob auch ein nicht allgemeines Gesetz die Meinungsfreiheit aufgrund kollidierenden Verfassungsrechts beschränken darf (bejaht von Ewer, Thienel, »Rechtsgutachten zur Verfassungsmäßigkeit einer Antidiskriminierungsklausel im Bereich der Kulturförderung«, S. 26-28).

75 Dazu Tim Wihl, *Aufhebungsrechte*, Weilerswist 2019, S. 205.

von einer nicht-antisemitischen und nicht-rassistischen Gesinnung der Antragstellerin abhängig macht. Der Staat kann beispielsweise ein Bekenntnis gegen Antisemitismus, womöglich gar zu einer bestimmten Antisemitismusdefinition verlangen.[76]

Die Unterscheidung zwischen projekt- und personenbezogenen Kriterien mag im schlechten Sinne künstlich wirken und den Kunstbetrieb verfehlen. Die Künstlerin ist mit spezifischen Werken, Arbeitstechniken und Botschaften untrennbar verknüpft. Zugleich kennt der Kunstförderbetrieb diese Unterscheidung, etwa in der Differenz zwischen Stipendium und Projektförderung.[77] Rechtlich führt an dieser Unterscheidung ohnehin kein Weg vorbei: Art. 3 Abs. 3 Satz 1 GG untersagt die Benachteiligung wegen der politischen Anschauung, also wegen einer inneren Eigenschaft.[78] Das Antidiskriminierungsrecht greift (nicht nur) dann, wenn (vermeintliche) Merkmale einer Person zum Ausgangspunkt einer rechtlichen Ungleichbehandlung gemacht werden.[79] Das Verfassungsrecht schützt damit tendenziell stärker vor personen- als vor projektbezogenen Förderkriterien.[80]

3. Instrumente zur Anpassung der Kunstförderung

Jenseits der Frage einer gesetzlichen Grundlage lassen sich einzelne Ausgestaltungsmöglichkeiten nur im Rahmen einer abwägenden konkreten Prüfung rechtlich beurteilen. Dabei ist auf die bisher gewonnenen Unterscheidungen – zwischen den beteiligten Akteuren sowie zwischen projekt- und personenbezogenen Förderkriterien – zurückzugreifen. Der Staat kann sich selbst auf den Kampf gegen Antisemitismus verpflichten (a), der Förderbescheid kann projekt-

76 Dazu unten, V. 3. c).

77 Siehe beispielsweise die Förderungsgrundsätze der Berliner Senatsverwaltung für Kultur und Europa vom 31. 7. 2021, S. 3, ⟨https://www.berlin.de/sen/kultur/foerderung/foerderprogramme/downloads/⟩, letzter Zugriff 20. 10. 2025. Noch heute hilfreich ist die Systematisierung bei Horst Locher, *Das Recht der bildenden Kunst*, München 1970, S. 29-33.

78 BVerfGE 39, 334 (368) – *Radikalenerlass* (1975).

79 Für die unmittelbare Diskriminierung Anna Katharina Mangold, Mehrdad Payandeh, »Antidiskriminierungsrecht – Konturen eines Rechtsgebiets«, in: dies. (Hg.), *Handbuch Antidiskriminierungsrecht*, Tübingen 2022, § 1 Rn. 103.

80 So im Ergebnis auch Duhnkrack, *Öffentliche Kunstförderung*, S. 126, 180.

bezogen auf nicht- oder auch anti-antisemitische Kunst begrenzt sein (b), er kann personenbezogen von der Künstlerin eine Offenbarung ihrer inneren Einstellung verlangen (c) oder ihr Handlungs- und Unterlassungspflichten auferlegen (d).

a) Staatliche Selbstverpflichtung auf den Kampf gegen Antisemitismus

Wie bereits gesehen, steht es dem Staat programmatisch frei, seine Förderung von Kunst und Kultur mit den Zielen der Bekämpfung von Antisemitismus und Rassismus zu verbinden.[81] Als Instrument der Selbstbindung staatlicher Fördermaßnahmen kann er dies zulässigerweise auch in Form der Verwaltungsvorschrift, also ohne Gesetz, tun.[82] Diese Ausgestaltung bindet öffentliche Kulturinstitutionen, die einen grundrechtlich geschützten Handlungsspielraum haben, nicht. Aus der Freiheit der öffentlichen Kulturinstitutionen folgt umgekehrt auch, dass diese sich eigenständig dazu entschließen können, ihr künstlerisches Programm auf diese Ziele auszurichten.

b) Begrenzung des Förderbescheids auf nicht-antisemitische Kunst

Der Staat, sei es die Kulturadministration oder die öffentliche Kunstinstitution, kann die Förderung im Bescheid inhaltlich begrenzen, also beispielsweise die Geldsumme für ein dezidiert antirassistisches Kunstwerk bereitstellen oder antisemitische Kunst von der Förderung ausschließen. Dann stellt sich die Frage, ob es sich hierbei um eine inhaltliche Bestimmung des Verwaltungsakts oder um eine Nebenbestimmung, namentlich um eine Auflage im Sinne des § 36 Abs. 1 Nr. 4 VwVfG, handelt.[83] Von der Antwort hängt

81 Oben, III. 3.

82 Oben, V. 2. a).

83 Zur Unterscheidung: BVerwGE 69, 37 (39) – *Altanlage* (1984); 90, 42 (48) – *Abfallrechtliche Planfeststellung* (1992); Christian Heitsch, »Neben- und Inhaltsbestimmungen bei begünstigenden Verwaltungsakten: Kriterien für die Auswahl des passenden Regelungsinstruments«, in: *DÖV* 2003, S. 367-375, hier S. 368 f. Nach wie vor aktuell ist die Kritik Elsters daran, die Inhaltsbestimmung nicht als eigene Nebenbestimmung (»Einschränkung«) einzuordnen (Theodor Elsters, *Begünstigende Verwaltungsakte mit Bedingungen, Einschränkungen und Auflagen*, Göttingen 1979, S. 152-159).

die Rechtsschutzmöglichkeit ab: Eine Auflage kann die Künstlerin isoliert anfechten, ihren Förderbescheid also von der lästigen Begrenzung befreien. Handelt es sich um eine Inhaltsbestimmung, muss die Künstlerin hingegen eine Verpflichtungsklage auf einen unbeschränkten Förderbescheid erheben. Erweist sich die Fördervoraussetzung als rechtswidrig, wird die Sache gleichwohl häufig nicht spruchreif sein, weil die Verwaltung (oder ein beauftragtes Gremium) noch ein ästhetisches Urteil zur Förderungswürdigkeit treffen muss, das das Gericht selbst zu fällen kaum bereit sein dürfte. Es ergeht dann nur ein Bescheidungsurteil (§ 113 Abs. 5 Satz 2 VwGO), die Künstlerin erhält noch nicht die begehrte Förderung. Die Behörde muss noch einmal über ihren Förderantrag entscheiden – und wird ihn häufig ermessensfehlerfrei ablehnen können.

Die Abgrenzung zwischen Auflage und Inhaltsbestimmung ist notorisch schwierig, weil ein Verwaltungsakt eine Regelung treffen muss (§ 35 Satz 1 VwVfG), solch eine Regelung sich aber zumeist aufspalten lässt in verschiedene Regelungsgehalte, von denen dann einer als gesonderte Auflage behandelt werden könnte.[84] Zur Abgrenzung bemüht die Rechtsprechung das Kriterium des primären Regelungsgehalts.[85] Wenn die in Frage stehende Regelung zu einer als primär einzustufenden Regelung selbstständig hinzutritt, handelt es sich um eine Auflage, wenn sie Bestandteil der Hauptregelung ist, um eine Inhaltsbestimmung. Die Abgrenzung verdichtet sich also zur – nur scheinbar einfacheren – Frage, welcher Regelungsgehalt eines Verwaltungsakts primär und welcher sekundär ist. Im Fall des Zuwendungsrechts hilft der Bundesgesetzgeber: § 23 BHO definiert Zuwendungen als »Ausgaben und Verpflichtungsermächtigungen für Leistungen an Stellen außerhalb der Bundesverwaltung zur Erfüllung bestimmter Zwecke«. Ein Zuwendungsbescheid ist also nur ein *Zuwendungs*bescheid, wenn er die mit den Fördermitteln verfolgten Zwecke bestimmt. Deshalb sind Zusätze, die den Zweck der Förderung konkretisieren, Bestandteil der Hauptregelung, also als Inhaltsbestimmung und nicht als Auflage

84 Illustrativ anhand des Gaststättengesetzes Christian Bumke, »Verwaltungsakte«, in: Andreas Voßkuhle u. a. (Hg.), *Grundlagen des Verwaltungsrechts*, Bd. II, München ³2022, § 34 Rn. 129.

85 Vgl. BVerwGE 41, 178 (180 f.) – *Schutzanlagen im Planfeststellungsbeschluss* (1972); 85, 24 (27) – *Kautionsfestsetzung* (1990).

einzuordnen.[86] Projektbezogene Fördereinschränkungen gestalten den Zuwendungszweck näher aus. Dabei kann es keinen Unterschied machen, ob der Zweck positiv oder (ergänzend) negativ bestimmt wird.[87] Denn Bestimmtheit entsteht immer durch Negation, mit Spinoza: *omnis determinatio est negatio*. Es ist daher für die Einordnung als Inhaltsbestimmung oder Auflage einerlei, ob die Fördermittel für ein dezidiert antirassistisches Kunstwerk einzusetzen sind oder nicht für ein rassistisches Kunstwerk verwendet werden dürfen.

Schafft die geförderte Künstlerin nun mit dem staatlicherseits bereitgestellten Geld ein rassistisches Kunstwerk, dann hat sie »die Leistung nicht […] für den in dem Verwaltungsakt bestimmten Zweck verwendet«, sodass gemäß § 49 Abs. 3 Nr. 1 VwVfG der Förderbescheid auch mit Wirkung für die Vergangenheit widerrufen werden kann. Sodann kann der Staat das Geld zurückverlangen, auf Entreicherung wird sich die Künstlerin nicht berufen können (§ 49a VwVfG).

In einem solchen Fall müssen die Verwaltung und bei Anrufung die Gerichte darüber entscheiden, ob das Kunstwerk tatsächlich rassistisch ist. Dies setzt, wie gezeigt, eine kunstspezifische und kontextsensitive Betrachtung voraus.[88] Letztlich liegt der Fall rechtlich kaum anders als derjenige des Künstlers, der eine Skulptur für einen Kinderspielplatz entwerfen soll und eine explizit pornographische Szene aus dem Stein meißelt.

c) Bekennntnispflichten

Der Staat kann nicht nur projekt-, sondern auch personenbezogen die Kunstförderung mit dem Kampf gegen Antisemitismus verbinden. Namentlich kann er öffentliche Kulturinstitutionen und Begünstigungsempfänger dazu verpflichten, sich in der Wahrnehmung ihrer Aufgaben gegen Antisemitismus und Rassismus zu

86 In diese Richtung BVerwG, Urteil vom 27.2.1992, 2 C 28/91, in: *NVwZ* 1993, S. 372-375, hier S. 373 f. Das Bundesverwaltungsgericht ordnet die »Auflagen«, die gemäß § 59 Abs. 2 BBesG Beamten auf Widerruf auferlegt werden können, als Zweckbestimmungen und nicht als Auflagen im Sinne des § 36 Abs. 2 Nr. 4 VwVfG ein (dort freilich auch, weil schon ein Hauptverwaltungsakt fehlt).

87 Maurer, Waldhoff, *Allgemeines Verwaltungsrecht*, § 12 Rn. 4.

88 Dazu oben, III. 2.

wenden. Auch wenn die in der Diskussion stehenden Klauseln hier nicht immer deutlich unterscheiden,[89] ist es für die Prüfung wichtig, zwischen zwei Arten von Regelungen zu differenzieren: Zum Ersten sind Regeln denkbar, die eine *innere Einstellung* betreffen und dazu verpflichten, diese in Form eines »Bekenntnisses« offenzulegen. Zum Zweiten kann der Staat Handlungspflichten auferlegen, etwa die Pflicht, sich nicht antisemitisch zu äußern oder rassistische Bestrebungen nicht zu unterstützen. Im Folgenden wird es um Bekenntnispflichten gehen, im anschließenden Abschnitt (d) um Handlungsgebote.

Wer ein ausdrückliches Bekenntnis gegen Rassismus und Antisemitismus abzugeben verpflichtet ist, um die staatliche Kunstförderung zu erhalten, muss seine innere Einstellung preisgeben. Der Staat zielt darauf, solche Künstler nicht zu fördern, die eine antisemitische oder rassistische Einstellung haben. Dies stellt er sicher, indem er die Förderung unter die Bedingung stellt, sich gegen Antisemitismus und Rassismus zu bekennen. Der Begriff der Bedingung ist dabei tendenziell irreführend. Es handelt sich nicht um eine Bedingung im Sinne einer Nebenbestimmung (§ 36 Abs. 2 Nr. 2 VwVfG), sondern um die Voraussetzung eines erfolgreichen Förderantrags.[90] »Bedingung« und »Voraussetzung« sind juristisch nicht dasselbe. Würde die Bekenntnispflicht den Förderbescheid aufschiebend bedingen, dann würde dieser wirksam, sobald die Künstlerin das Bekenntnis abgibt. Die Verwaltung könnte den Antrag nicht mehr ablehnen, sondern den Förderbescheid nur noch unter den erhöhten Anforderungen der §§ 48, 49 VwVfG aufheben.[91] Zwar ist es denkbar, dass eine Antragsvoraussetzung als Bedingung im Sinne des § 36 Abs. 2 Nr. 2 VwVfG ausgestaltet wird. In der Praxis dürfte dies jedoch selten vorkommen, weil die Behörde eine bedingte Pflicht zur Auszahlung treffen würde, die nur noch vom Verhalten der potenziell geförderten Künstlerin abhängt.

89 Siehe Anhang.

90 Sehr zweifelhaft ist die Einordnung der »Demokratieerklärungen« als Bedingung im Sinne des § 36 Abs. 2 Nr. 2 VwVfG bei Kristiane Saro, *Die staatliche Förderung gesellschaftlicher Organisationen*, Heidelberg 2025, S. 166.

91 Ungenau daher die erste Instanz im Fall der Elektromobilitätsförderung (*Scientology*-Fall, siehe oben, V. 2. b)): »Die Beklagte übermittelte der Klägerin [...] eine Förderzusage *unter der Bedingung der angeforderten Schutzerklärung*. Andernfalls werde der Förderantrag angelehnt [sic].« VG München, Urteil vom 28. 8. 2019, M 31 K 19.203, Rn. 5, Hervorhebung hinzugefügt.

Solch eine Bindung wird die Behörde regelmäßig nicht eingehen wollen. Im Übrigen könnte die Künstlerin die Bedingung – wie die Auflage – isoliert anfechten. Hätte ihre Klage Erfolg, bestünde ein unbedingter Förderbescheid. Anders im Fall einer bloßen Fördervoraussetzung: Hier wäre die Künstlerin auf eine Verpflichtungsklage verwiesen, die allenfalls in einem Bescheidungsurteil enden wird.

Ausnahmsweise kann auch die Bekenntnispflicht eine Nebenbestimmung im Sinne des § 36 VwVfG darstellen – nämlich dann, wenn der Förderbescheid mit einem diese Pflicht beinhaltenden Zusatz erlassen wurde.[92] In diesem Fall handelt es sich regelmäßig um eine Auflage (§ 36 Abs. 2 Nr. 4 VwVfG).[93]

Eine solche Bekenntnispflicht enthält – wegen Art. 3 Abs. 1 und 3 GG und der Nähe zur negativen Bekenntnis- und Meinungsfreiheit in Art. 4 Abs. 1, 5 Abs. 1 Satz 1 GG – eine qualifizierte Ungleichbehandlung und bedarf daher einer gesetzlichen Grundlage.[94] Eine solche gesetzliche Ermächtigung, den potenziellen Zuwendungsempfänger zu einem Bekenntnis zu verpflichten, muss sich freilich als *unions- und verfassungsrechtskonform* erweisen.

Zielt der Gesetzgeber durch eine Ermächtigung zur Einfügung einer Bekenntnisklausel darauf ab, Personen von der Förderung auszuschließen, die antisemitische oder anderweitig rassistische Einstellungen hegen, können sich Grenzen aus dem *europäischen Antidiskriminierungsrecht* ergeben. Die sogenannte Rahmenrichtlinie[95] untersagt Diskriminierungen unter anderem wegen der Weltanschauung. Sie regelt das Diskriminierungsverbot im Arbeitsleben. Es ist daher zunächst einmal wenig eingängig, dass sie die – ja in aller Regel nicht im Anstellungsverhältnis erfolgende – Kunstförderung umfassen könnte. Mehr noch: Von ihrem Anwendungsbereich ausdrücklich ausgenommen sind »Leistungen jeder Art seitens der

92 Siehe Kühner, Unterreitmeier, »Kommunale Förderung für Extremisten?«, S. 28; Winterhoff u. a., »Gutachterliche Stellungnahme zur Rechtmäßigkeit der Einführung einer Antidiskriminierungsklausel für den Bereich der Kulturförderung im Land Berlin«, S. 51; allgemein Elsters, *Begünstigende Verwaltungsakte*, S. 120.

93 Dazu unten, V. 3. d).

94 Oben, V. 2. b).

95 Richtlinie 2000/78/EG des Rates vom 27. November 2000 zur Festlegung eines allgemeinen Rahmens für die Verwirklichung der Gleichbehandlung in Beschäftigung und Beruf.

staatlichen Systeme« (Art. 3 Abs. 3).[96] Auf den ersten Blick mag dies den Fall der staatlichen Kunstförderung erfassen. Indes ist zu beachten, dass sich das Diskriminierungsverbot gemäß Art. 3 Abs. 1 lit. a der Rahmenrichtlinie auf »die Bedingungen – einschließlich Auswahlkriterien und Einstellungsbedingungen – für den Zugang zu unselbständiger und selbständiger Erwerbstätigkeit« erstreckt.

Für die öffentliche Kunstförderung ist dies entscheidend. Denn häufig werden Künstlerinnen projektbezogen engagiert – sie sollen eine Ausstellung kuratieren, eine Skulptur entwerfen oder in einem Gastspiel Regie führen. Zwischen Staat und Künstler besteht dann kein Arbeitsverhältnis im Sinne des § 611a Abs. 1 BGB, es handelt sich vielmehr um einen sonstigen Dienst- oder Werkvertrag. Damit ist indes nicht ausgeschlossen, dass sie im Rahmen einer selbstständigen Erwerbstätigkeit handeln. Der EuGH versteht diesen Begriff weit.[97] Notwendig ist allein, dass es sich um Tätigkeiten handelt, »die im Rahmen einer durch eine gewisse Stabilität gekennzeichneten Rechtsbeziehung ausgeübt werden«.[98] Es ist unionsgerichtlich nicht geklärt, ob eine stabile Rechtsbeziehung zwischen einem Auftraggeber und einer selbstständig tätigen Person nur anzunehmen ist, wenn diese mehrere aufeinanderfolgende Verträge geschlossen haben.[99] Bedenkt man, dass der EuGH die Begriffe weit versteht, liegt es nicht fern, auch eine einmalige Rechtsbeziehung für hinrei-

96 Das Allgemeine Gleichbehandlungsgesetz, das unter anderem die Rahmenrichtlinie umsetzt, hat einen größeren Anwendungsbereich, siehe seinen § 2. Der deutsche Gesetzgeber geht über die unionsrechtlichen Vorgaben hinaus, indem er die sozialen Sicherungssysteme einbezieht, für die unionsrechtlich nur ein Verbot rassistischer und (bei der Bereitstellung von Gütern und Dienstleistungen) geschlechtsbezogener Diskriminierung gilt (Art. 3 Abs. 1 lit. e-h RL 2000/43/EG [Antirassismusrichtlinie], Art. 3 Abs. 1 RL 2004/113/EG [Richtlinie zur Gleichstellung der Geschlechter auch außerhalb der Arbeitswelt]).

97 EuGH, Urteil vom 2.6.2022, C-587/20, Rn. 27 – *Ligebehandlingsnævnet gegen HK/Danmark*; EuGH, Urteil vom 12.1.2023, C-356/21, Rn. 36 – *J.K. gegen TP S.A.*

98 EuGH, Urteil vom 12.1.2023, C-356/21, Rn. 45 – *J. K. gegen TP S.A.*

99 Die bisher entschiedenen Fälle zu selbstständiger Erwerbstätigkeit betreffen neben einem mehrfach beauftragten Kameramann (EuGH, Urteil vom 12.1.2023, C-356/21, Rn. 46 f. – *J. K. gegen TP S.A.*) die über mehrere Jahre wieder gewählte Vorsitzende einer Arbeitnehmerorganisation (EuGH, Urteil vom 2.6.2022, C-587/20, Rn. 9, 28 – *Ligebehandlingsnævnet gegen HK/Danmark*) sowie eine Notarin (EuGH, Urteil vom 17.10.2024, C-408/23, Rn. 22 – *Rechtsanwältin und Notarin gegen Präsidentin des Oberlandesgerichts Hamm*).

chend stabil zu halten. Dafür spricht insbesondere der Schutzzweck der Richtlinie. Denn viele Künstler nehmen die für ihren Lebensunterhalt erforderlichen Mittel jeweils projektbezogen ein, unterhalten also keine ständigen Rechtsbeziehungen zu Förderinstitutionen. Dieser projektförmige »Kunstarbeitsmarkt« stellt gleichwohl einen Bereich dar, der »für die Gewährleistung gleicher Chancen für alle und für eine volle Teilhabe am wirtschaftlichen, kulturellen und sozialen Leben sowie für die individuelle Entfaltung von entscheidender Bedeutung« ist (so der neunte Erwägungsgrund der Rahmenrichtlinie).

Damit ist es nicht ausgeschlossen, dass freischaffende Künstler, wenn sie sich um staatliche Förderung bemühen, in den persönlichen Anwendungsbereich der Rahmenrichtlinie fallen. Allerdings schützt die Rahmenrichtlinie – wie auch das Allgemeine Gleichbehandlungsgesetz[100] – nicht bloße politische Einstellungen, solange diese nicht zu einer innerlich geschlossenen, systematischen Überzeugung vom Weltganzen verdichtet sind. Dies hat der EuGH ausdrücklich festgehalten.[101] Er behandelt die in Art. 1 der Rahmenrichtlinie genannten Kategorien »Religion« und »Weltanschauung« als »zwei Seiten ein und desselben Diskriminierungsgrundes«.[102] Für diese Interpretation spricht ein gewichtiger Grund: Der Europäischen Union steht keine Kompetenz zu, Diskriminierung aus Gründen der politischen Anschauung zu verbieten, denn Art. 19 Abs. 1 AEUV nennt diese Diskriminierungskategorie – anders als Art. 21 der Charta der Grundrechte der Europäischen Union –

100 BT-Drucks. 16/2022, S. 13 (28. 6. 2006). Wie hier auch Dagmar Schiek, in: dies. (Hg.), *Allgemeines Gleichbehandlungsgesetz*, München 2007, § 1 AGG Rn. 23; Klaus Adomeit, Jochen Mohr, *Allgemeines Gleichbehandlungsgesetz (AGG)*, Stuttgart ²2011, § 1 Rn. 104-107; Jobst-Hubertus Bauer u. a., *Gleichbehandlungsgesetz und Entgelttransparenzgesetz*, München ⁵2018, § 1 AGG Rn. 54; Aino Schleusener, in: ders. u. a., *AGG*, Hürth ⁶2022, § 1 Rn. 58 f.; Thomas Hey, in: ders., Gerrit Forst (Hg.), *Kommentar AGG*, Frankfurt/M. ²2015, § 1 Rn. 49. Anders Wolfgang Däubler, in: ders., Thorsten Beck (Hg.), *Allgemeines Gleichbehandlungsgesetz. Handkommentar*, Baden-Baden ⁵2022, § 1 AGG Rn. 73. Offengelassen von BAG, Urteil vom 6. 9. 2012, 2 AZR 372/11, in: *NZA-RR* 2013, S. 441-445, hier S. 444, Rn. 34; LArbG Berlin-Brandenburg, Urteil vom 23. 3. 2017, 5 Sa 1843/16 und 5 Sa 1921/16, Rn. 85.

101 EuGH, Urteil vom 15. 7. 2021, C-804/18 und C-341/19, Rn. 47 – *IX gegen WABE e. V.*; EuGH, Urteil vom 13. 10. 2022, C-344/20, Rn. 28 – *L. F. gegen S.C.R.L.*

102 EuGH, Urteil vom 15. 7. 2021, C-804/18 und C-341/19, Rn. 47 – *IX gegen WABE e. V.*; EuGH, Urteil vom 13. 10. 2022, C-344/20, Rn. 26 – *L. F. gegen S.C.R.L.*

nicht.[103] Insofern ist die Rahmenrichtlinie primärrechtskonform eng auszulegen.

Schließt eine Behörde auf gesetzlicher Grundlage antisemitisch gesinnte Künstler von der staatlichen Förderung aus, setzt ihr das unionale Antidiskriminierungsrecht also allenfalls Grenzen, sofern hinter dieser politischen Einstellung eine geschlossene, zum Beispiel neonazistische oder islamistische Weltanschauung steht.[104] Damit knüpft die Förderentscheidung aber nicht mehr unmittelbar an eine von der Rahmenrichtlinie geschützte Kategorie an. In Betracht kommt nur eine mittelbare Benachteiligung. An einer solchen fehlt es jedoch, wenn die Förderentscheidung durch ein rechtmäßiges Ziel sachlich gerechtfertigt und erforderlich sowie angemessen ist (Art. 2 Abs. 2 lit. b der Rahmenrichtlinie). Das Unionsrecht dürfte also insoweit jedenfalls keine strengeren Vorgaben machen als die Grundrechte des Grundgesetzes.

Damit bleibt zu klären, inwieweit das *Grundgesetz* einer Bekenntnispflicht als Voraussetzung eines erfolgreichen Förderantrags entgegensteht. Wie gesehen, bemisst sich dies unmittelbar an den Gleichheitsrechten, namentlich an Art. 3 Abs. 1 und 3 GG. Wir haben auch gezeigt, dass sich die Qualität der mit der Förderversagung einhergehenden Ungleichbehandlung nicht unabhängig von den Freiheitsrechten bestimmen lässt. Mit der Pflicht zum Bekenntnis wird den Betroffenen eine Meinungsäußerung aufgedrängt, die nur deshalb keinen Eingriff unmittelbar in Art. 5 Abs. 1 Satz 1 GG darstellt, weil der Rechtskreis des Betroffenen durch die Fördermöglichkeit erweitert und nicht begrenzt wird. Ebenfalls ist klar, dass die Bekenntnispflicht keine inhaltsneutrale Regelung darstellt, sondern eine bestimmte, inhaltlich definierte Haltung erwartet. Auch dies steigert die Intensität der Grundrechtsbeschränkung.[105]

103 EuGH, Urteil vom 15.7.2021, C-804/18 und C-341/19, Rn. 47 – *IX gegen WABE e.V.*

104 Allerdings ist umstritten, ob solche Weltanschauungen, die gegen die freiheitliche demokratische Grundordnung gerichtet sind, vom Schutz der Rahmenrichtlinie und des *AGG* erfasst sind. Dagegen Adomeit, Mohr, *Allgemeines Gleichbehandlungsgesetz (AGG)*, § 1 Rn. 96; Bauer u.a., *Gleichbehandlungsgesetz und Entgelttransparenzgesetz*, § 1 AGG Rn. 31; Schleusener, in: ders. u.a., *AGG*, § 1 Rn. 71.

105 Zur Inhaltsneutralität als Teil des Vorbehalts des Art. 5 Abs. 2 GG: BVerfGE 113, 63 (79) – *Junge Freiheit* (2005); 117, 244 (260) – *Cicero* (2007); 124, 300 (321f.) – *Wunsiedel* (2009) mit Hinweisen auf die st. Rspr. Siehe auch knapp zur un-

Auf der anderen Seite stellt eine mit einer staatlichen Leistung verbundene Pflicht gegenüber einer solchen, der der Betroffene nicht entgehen kann, ein Minus dar. Die Meinungs- und Bekenntnisfreiheit ist eben nur vermittelt über Art. 3 Abs. 1 GG betroffen. Dies mindert die Intensität der Beeinträchtigung grundrechtlich geschützter Belange. Schließlich ist zu beachten, dass auch hier die geforderten Inhalte des Bekenntnisses dem Grundgesetz entnommen wurden, also Verfassungsrang haben. Hier trifft ein formales auf ein materiales Gleichheitsverständnis: Der Benachteiligung wegen der politischen Anschauung des Künstlers lässt sich der an den Staat gerichtete, gleichfalls aus Art. 3 Abs. 3 Satz 1 GG herzuleitende Auftrag, Antisemitismus zumindest nicht zu fördern, entgegenhalten.

Betrachtet man vergleichbare Fälle, in denen das Bekenntnis zu verfassungsimmanenten Prinzipien als Bedingung einer Leistung im weiteren Sinne verlangt wird, so kommen drei Konstellationen in Betracht: die Einbürgerung,[106] die Aufnahme in den öffentlichen Dienst[107] sowie die Begünstigung durch Demokratieförderprogramme.[108] Die ersten beiden Fälle betreffen eine spezielle Konstellation des Eintritts in die politische Gemeinschaft der Staatsangehörigen oder in den Staatsapparat, mit denen die Rechtsordnung besondere Loyalitätserwartungen verbindet und die nicht nur eine einzelne Leistung gewähren, sondern einen ausgebauten Rechtsstatus, als Staatsbürgerin oder Staatsdiener, verleihen. Der dritte Fall der Gewährung von Leistungen aus Demokratieförderprogrammen ist der vorliegend zu prüfenden Konstellation am ähnlichsten. Eine staatliche Leistung, auf die kein Anspruch besteht, wird an eine Loyalitätserklärung gebunden. Zugleich liegen in der dritten Konstellation Förderzweck und Bekenntnisinhalt eng beieinander. Dass

umstrittenen Ansicht Hans D. Jarass, in: ders., Bodo Pieroth, *Grundgesetz für die Bundesrepublik Deutschland*, München [18]2024, Art. 5 Rn. 67.

106 Dazu grundsätzlich und skeptisch Pascal Langer, *Von der Treue der Bürger zur Verfassung*, Berlin 2023, S. 215-284 (zur Kritik insbesondere S. 281-284).

107 Dazu Vera Schürmann, *Verfassungstreue*, Tübingen 2025, S. 92-99; Langer, *Von der Treue der Bürger zur Verfassung*, S. 18 in Anm. 6.

108 Zu Letzteren liegt eine kleine Debatte vor, die solche Bekenntnisse im Ergebnis allenfalls aus Bestimmtheitsgrundsätzen beanstandet: Ingold, »›Extremismusklauseln‹ bei der Vergabe öffentlicher Fördermittel«, S. 13. Guter Überblick in: Wissenschaftlicher Dienst des Deutschen Bundestages, »Rechtlicher Rahmen für Bekenntnisklauseln bei der Vergabe öffentlicher Fördermittel«, WD 3 – 3000 – 245/17 (7. 12. 2017).

ein Demokratieförderprogramm nur durch bekennende Demokraten verwirklicht werden kann, ist plausibel. Gleiches gilt für die Kunstförderung nicht, in der die künstlerische Leistung nicht von der Überzeugung des Geförderten abhängt.

So gesehen ist die Gesinnung des Künstlers ein funktionsfremdes Kriterium. Will der Staat antisemitische Kunst nicht fördern, dann kann er eben regelmäßig projektbezogen auf diese Kunst und nicht personenbezogen auf die Haltung des Künstlers abstellen.

Vor diesem Hintergrund begründet die Abwägung deutliche Zweifel an der Verfassungsmäßigkeit solcher Bekenntnisklauseln: Schon der Zweck, keine rassistisch oder antisemitisch voreingenommenen Künstler zu fördern, begegnet angesichts von Art. 3 Abs. 3 Satz 1 GG Bedenken. Hingegen ist der Zweck, keine rassistischen oder antisemitischen Kunstprojekte zu fördern, unzweifelhaft legitim. Das Mittel der Selbsterklärung ist zur Erreichung auch dieses Zwecks im verfassungsrechtlichen Sinne geeignet. Gegen die Geeignetheit spricht auch nicht, dass auf die Frage nicht wahrheitsgemäß geantwortet werden kann. Die Möglichkeit ihrer Nichtbefolgung steht der Eignung einer Regelung nicht im Wege.[109] Auch die Erforderlichkeit wird man noch bejahen. Denn die Verpflichtung zur Selbsterklärung ist ein relativ (nicht absolut, aber doch im Vergleich zu anderen Mitteln wie der Erhebung von Informationen) mildes Mittel zu Sicherstellung des Regelungszwecks. Freilich könnte die Verwaltung die Zuwendung auch projektbezogen beschränken. Aber zum einen verfehlt diese Beschränkung manche Förderformen, zum Beispiel das personenbezogene Kunststipendium, zum anderen ist sie nicht gleichermaßen effektiv. Denn die gewährten Gelder können dann zweckwidrig – für ein rassistisches oder antisemitisches Kunstprojekt – verwendet werden und erst im Anschluss kann sich der Staat um die Erstattung bemühen.

Dennoch bleiben bei der Abwägung in der Angemessenheitsprüfung schwere Bedenken. Die bekannte Feststellung des Bundesverfassungsgerichts, »[d]as Grundgesetz baut zwar auf der Erwartung auf, dass die Bürger die allgemeinen Werte der Verfassung akzeptieren und verwirklichen, erzwingt die Werteloyalität aber nicht«,[110] deutet an, dass mit einer solchen Bekenntnispflicht eine

109 Zu Kontroll- und Vollzugsproblemen als rechtspolitischem Problem aber unten, V. 5.

110 BVerfGE 124, 300 (320) – *Wunsiedel* (2009).

Grenze erreicht ist. Für die Meinungsfreiheit hat das Bundesverfassungsgericht mehrfach ausdrücklich festgehalten:

Art. 5 Abs. 1 und 2 GG erlaubt nicht den staatlichen Zugriff auf die Gesinnung, sondern ermächtigt erst dann zum Eingriff, wenn Meinungsäußerungen die rein geistige Sphäre des Für-richtig-Haltens verlassen und in Rechtsgutverletzungen oder erkennbar in Gefährdungslagen umschlagen.[111]

Nun geht es hier, wie stets betont, nicht um Eingriffe, die an Meinungsäußerungen anknüpfen, also um die abwehrrechtliche Dimension des Art. 5 Abs. 1 Satz 1 GG, sondern um die Versagung einer kunstbezogenen Förderung, auf die kein verfassungsrechtlicher Anspruch besteht.

Sucht man nach einer vergleichbaren Konstellation – also nach einer Versagung staatlicher Gelder, auf die kein verfassungsrechtlicher Anspruch besteht –, dann wird man in der Rechtsprechung zum Ausschluss verfassungsfeindlicher Parteien von der staatlichen Parteienteilfinanzierung fündig.[112] In diesem Zusammenhang – wie auch sonst im Recht der wehrhaften Demokratie – legt das Gericht Wert auf die Feststellung, dass ein Finanzierungsentzug mehr als eine falsche Gesinnung verlangt:

Demgemäß erfordert auch Art. 21 Abs. 3 Satz 1 GG ein aktives, planmäßiges Handeln zur Beseitigung oder Beeinträchtigung der freiheitlichen demokratischen Grundordnung. Art. 21 Abs. 3 Satz 1 GG ist – ebenso wie Art. 21 Abs. 2 – nicht auf die Sanktionierung von Ideen oder Überzeugungen gerichtet. Das Grundgesetz erzwingt als freiheitliche Grundordnung keine gedankliche Werteloyalität seiner Bürgerinnen und Bürger oder Parteien. Die Regelung des Art. 21 Abs. 3 Satz 1 GG beinhaltet ebenso wenig wie Art. 21 Abs. 2 GG ein Gesinnungs- oder Weltanschauungsverbot. Die Norm soll nicht den »bösen Gedanken« an sich ahnden. Vielmehr soll der freiheitliche demokratische Rechtsstaat denjenigen, die aktiv auf seine Be-

111 Ebd. Siehe auch BVerfG, Nichtannahmebeschluss vom 22.6.2018, 1 BvR 673/18, in: *NJW* 2018, S. 2858-2860, hier S. 2859, Rn. 24; BVerfG, Stattgebender Kammerbeschluss vom 22.6.2018, 1 BvR 2083/15, in: *NJW* 2018, S. 2861-2863, hier S. 2861, Rn. 17; BVerfG, Nichtannahmebeschluss vom 7.7.2020, 1 BvR 479/20, in: *NJW* 2021, S. 297-298, hier S. 297 f., Rn. 14.

112 Auf die staatliche Parteienfinanzierung besteht kein verfassungsrechtlicher Anspruch, siehe BVerfGE 104, 287 (300) – *Ehrenamtliche Parteileistungen* (2001); 111, 54 (98 f.) – *Rechenschaftsbericht* (2004).

einträchtigung oder Beseitigung hinwirken, nicht auch noch die (finanziellen) Mittel hierfür an die Hand geben.[113]

Dies ist ein voraussetzungsreicher Vergleich, aber sicherlich ein Indiz für die strengen verfassungsrechtlichen Grenzen, denen Pflichten zum Bekenntnis einer Gesinnung unterliegen. Dieses Indiz wirkt im Fall der Kunstförderung umso stärker, weil hier – anders als bei Parteien, die eben als Intermediäre an der politischen Willensbildung teilnehmen (Art. 21 Abs. 1 GG)[114] – mit dem Bekenntnis zu Verfassungswerten eine innere Unterstützung bestimmter verfassungsrechtlicher Prinzipien eingefordert wird, die in keinem spezifischen Zusammenhang zu der in Frage stehenden Förderleistung stehen.[115]

Will man diese verfassungsrechtlichen Bedenken mangels einer ausgebauten wissenschaftlichen Diskussion und passender Rechtsprechung auch nicht mit dem klaren Verdikt der Verfassungswidrigkeit versehen, so dürften die rechtlichen Risiken einer solchen Regelung doch überwiegen.

Die verfassungsrechtlichen Zweifel verstärken sich abermals, wenn die geförderten Künstler auf eine *bestimmte Definition von Antisemitismus* festgelegt werden. Von ihnen wird nicht nur ein Bekenntnis gegen Antisemitismus, sondern ein Bekenntnis gegen »jede Form von Antisemitismus gemäß der Antisemitismus-Definition der International Holocaust Remembrance (IHRA)« abverlangt.[116] Bekanntlich konkurrieren in der öffentlichen und der wissenschaftlichen Debatte zwei Definitionen von Antisemitismus miteinander. Im Kern kreist diese Debatte um die Frage, inwieweit Israelfeindlichkeit von einer Definition des Antisemitismus erfasst sein kann, darf oder soll.[117] Holzschnittartig formuliert: Während

113 BVerfGE 168, 193 (296 f., Rn. 291) – *Finanzierungsausschluss »Die Heimat«* (2024), Verweise ausgelassen.

114 Siehe dazu früh BVerfGE 1, 208 (225 f.) – *7,5%-Sperrklausel* (1952).

115 Deutliche verfassungsrechtliche Zweifel auch bei Winterhoff u. a., »Gutachterliche Stellungnahme zur Rechtmäßigkeit der Einführung einer Antidiskriminierungsklausel für den Bereich der Kulturförderung im Land Berlin«, S. 50-55.

116 So die in Schleswig-Holstein zwischenzeitlich verwendete Klausel für den Antrag auf Förderung von Kulturprojekten, siehe Anhang.

117 Ein Überblick über die (nicht bloß juristische) Diskussion zur IHRA-Definition findet sich bei Robert Sigel, »Die Arbeitsdefinition ›Antisemitismus‹ der International Holocaust Remembrance Alliance (IHRA) – Entstehung, Kritik, Vorzüge«, in: *ZRGP* 2022, S. 125-137. Verschiedene Antisemitismusbegriffe in

die eine Seite eine Definition für unvollständig hält, die den israelbezogenen Antisemitismus nicht hinreichend einbezieht, betont die andere Seite die Gefahr einer Vermischung von Kritik an der Politik der israelischen Regierung mit dem Vorwurf des Antisemitismus.

Unsere Überlegungen haben zu dieser Diskussion nichts beizutragen. Sie sind insoweit nur auf die Beobachtung angewiesen, dass es sich um eine relativ hart geführte, politisierte, nichtsdestotrotz maßgeblich auch wissenschaftliche Auseinandersetzung handelt. Jedenfalls die wissenschaftlichen Teilnehmer an der Debatte werfen sich, soweit ersichtlich, Irrtum, aber ihrerseits keinen Antisemitismus vor. Mit Blick auf eine solche verbindliche Definition des Antisemitismus ist nun abermals danach zu differenzieren, wer auf sie verpflichtet werden soll.

Erstens kann der Staat für seine Zwecke Antisemitismus definieren. Wenn verschiedene staatliche Stellen den Begriff des Antisemitismus verwenden, können sie diesen auch für ihren eigenen Gebrauch bestimmen, um ihn zu vereinheitlichen. Eine solche Praxis gibt es nicht allein in Deutschland, sondern auch in anderen Staaten.[118] Legt die Exekutive eine Definition fest, so kann sie die anderen Gewalten damit nicht binden – und erfahrungsgemäß werden sich Gerichte bei der Anwendung von Begriffen selbst durch gesetzliche, schon gar nicht durch administrative Definitionen kaum steuern lassen. Zu anders sieht eine begriffliche Welt aus, wenn sie auf Fälle angewendet wird.[119]

Eine solche vereinheitlichende Definitionspraxis staatlicher Behörden ist verfassungsrechtlich auch dann nicht zu beanstanden, wenn sie nicht das Ergebnis einer wissenschaftlichen Auseinandersetzung, sondern politisch angeleitet ist. Dass die Entscheidung der

der Debatte um die *documenta fifteen* beleuchten Christoph Gollasch u. a., »Eindeutig uneindeutig: Antisemitismusverständnisse im Rahmen der Debatte über die documenta fifteen«, in: Heinz Bude, Meron Mendel (Hg.), *Kunst im Streit. Antisemitismus und postkoloniale Debatte auf der documenta fifteen*, Frankfurt/M., New York 2025, S. 195-220, hier S. 196-212.

118 Vgl. das skeptische, aber informative Gutachten für die Fachstelle für Rassismusbekämpfung des Eidgenössischen Departements des Innern der Schweiz von Maya Hertig Randall, Catherine Imbeck, »Juristische Analyse der von der IHRA angenommenen Arbeitsdefinition von Antisemitismus«, 6. 11. 2020, S. 15-27.

119 So auch Marietta Auer, »Definiere Antisemitismus«, in: *MERKUR* 79 (2025), S. 61-70, hier S. 66.

Bundesregierung aus dem Jahr 2017 für die IHRA-Definition[120] im Zusammenhang mit bundesdeutscher Vergangenheitspolitik und ihren außenpolitischen Implikationen, namentlich einer besonderen Beziehung zu Israel steht, begründet keinen verfassungsrechtlichen Einwand, sondern ist Teil ihres demokratisch gebotenen staatlichen Handlungsspielraums.

Wenn hingegen – *zweitens* – die Zuwendungsempfänger auf ein Bekenntnis zu einer bestimmten Definition des Antisemitismus verpflichtet werden sollen, wie es in den zurückgezogenen Berliner und schleswig-holsteinischen Regelungen geplant war, erscheint eine solche Vorgabe aus den folgenden Gründen verfassungswidrig.

Dass bei einer solchen Verpflichtung die Meinungs- und die Bekenntnisfreiheit – wegen der wissenschaftlichen Umstrittenheit auch die Wissenschaftsfreiheit, jedenfalls wenn die betroffene Person wissenschaftlich tätig ist –, vermittelt über die Gleichheitsrechte, auf den Plan treten, ergibt sich aus dem oben Gesagten. Dies impliziert auch, dass eine solche Verpflichtung einer gesetzlichen Grundlage bedarf.

Bei diesem Instrument geht es nicht mehr darum, staatlichen Institutionen im Kampf gegen den Antisemitismus eine einheitliche Definition zur Anwendung an die Hand zu geben. Es geht auch nicht darum, dass Zuwendungsempfänger bloß darüber informiert werden, welchen Begriff von Antisemitismus der staatliche Mittelgeber anwendet. Vielmehr hält der Staat nunmehr die adressierten Privaten dazu an, sich die vom Staat für richtig gehaltene Überzeugung zu eigen zu machen. Würde der Staat dies direkt und nicht vermittelt über eine Förderentscheidung tun, läge unzweifelhaft ein Eingriff in die Meinungsfreiheit vor. So bleibt es dabei, dass es sich um eine – allerdings qualifizierte – Ungleichbehandlung im Sinne des Art. 3 Abs. 1 GG handelt. Diese Ungleichbehandlung ist auch intensiv, weil sie nicht nur eine Verpflichtung zu einem normativen Bekenntnis gegen Antisemitismus enthält – das ist, wie soeben gesehen, schon für sich nicht trivial –, sondern auch zu umstrittenen Annahmen der richtigen begrifflichen Beschreibung des Phänomens, also zu einem inhaltlich näher bestimmten Bekennt-

120 Kabinettsbeschluss der Bundesregierung vom 20. September 2017, Datenblatt 18/05/077, zitiert nach Wissenschaftlicher Dienst des Deutschen Bundestages, »Kurzinformation. Implementierung der Definition von Antisemitismus in Deutschland«, WD 1 – 3000 – 003/19 (4.3.2019).

nis verpflichtet. Der freiheitsrechtlich umhegte Bereich ist noch intensiver betroffen. Um die Art des Eingriffs an einem Beispiel zu veranschaulichen: Es ist eine – wie gesehen nicht immer verfassungsrechtlich zulässige – Sache, Personen auf die freiheitliche demokratische Grundordnung des Art. 21 Abs. 2 GG und damit auch auf einen Kernbestand des Demokratieprinzips zu verpflichten. Es ist eine andere Sache, Personen auf eine bestimmte, sei es voluntaristische, deliberative oder pluralistische, Theorie der Demokratie zu verpflichten.[121]

Die sich hier ergebende Verpflichtung auf umstrittene Tatsachenannahmen – und der Antisemitismusbegriff hat eben auch eine deskriptive Komponente – ist in der deutschen Rechtsordnung sehr selten, soweit es nicht um die Rechte anderer Personen geht. Man kann in der in § 130 Abs. 3, 5 StGB vorgenommenen Pönalisierung der »Leugnung« von Völkerstraftaten, namentlich der Shoah, eine solche Regelung erkennen.[122] Aber zum einen ist diese Norm mehrfach qualifiziert, zum anderen bezieht sie sich auf eine freiwillige Äußerung, darüber hinaus auf ein seriöserweise nicht zu bestreitendes historisches Faktum – nicht wie vorliegend um eine wissenschaftlich umstrittene Meinung.

Legt man das Schema der Verhältnismäßigkeit an diese Grundrechtsbeschränkung an, so ergeben sich verfassungsrechtliche Einwände: Hinsichtlich der Geeignetheit scheint eine Definition, die den israelbezogenen Antisemitismus ausdrücklich umfasst, auf den ersten Blick den Zweck zu erreichen, eben einen israelbezogenen Antisemitismus zu bekämpfen. Doch verfährt diese Argumentation zirkelschlüssig, setzt sie doch gerade eine Stellungnahme in der wissenschaftlichen Debatte um den Begriff des Antisemitismus voraus. Selbstverständlich darf der Staat in einer wissenschaftlichen Debatte Stellung beziehen und muss dies manchmal auch. Doch

121 Nur der Veranschaulichung halber einerseits Uwe Volkmann, *Demokratie und Vernunft*, Tübingen 2024; andererseits Christoph Möllers, »Demokratie«, in: Matthias Herdegen u. a. (Hg.), *Handbuch des Verfassungsrechts*, München 2021, § 5.

122 Zur Zulässigkeit von § 130 Abs. 3, 5 StGB vgl. BVerfG, Nichtannahmebeschluss vom 22. 6. 2018, 1 BvR 673/18, in: *NJW* 2018, S. 2858-2860, hier S. 2858 f., Rn. 18-26; BVerfG, Stattgebender Kammerbeschluss vom 22. 6. 2018, 1 BvR 2083/15, in: *NJW* 2018, S. 2861-2863, hier S. 2862, Rn. 21. Beide Beschlüsse basieren in der Argumentation auf BVerfGE 124, 300 – *Wunsiedel* (2009).

hier verpflichtet er Privatpersonen, sich eine wissenschaftlich umstrittene Meinung zu eigen zu machen. Eine solche Maßnahme wird eben nicht dadurch geeignet, dass man das Schutzgut, für das sie eintritt, besonders weit definiert. Zwar wird das Schutzgut immer schon mit Blick auf die Geeignetheit konturiert, es muss aber bestimmt sein, bevor die Geeignetheit schließlich geprüft werden kann. Unklar ist zudem, was mit Personen geschieht, die sich ohne weiteres gegen Antisemitismus bekennen, aber diese Definition für unrichtig halten.

Schließlich erscheint das Aufzwingen einer wissenschaftlichen Lehrmeinung auch für sich unverhältnismäßig. Wenn der Staat in eine offene wissenschaftliche Diskussion so interveniert, dass sich Private eine Lehrmeinung aneignen müssen, greift er damit nicht nur in den offenen wissenschaftlichen Prozess, sondern auch in die Freiheit der inneren wissenschaftlichen Meinungsbildung der Betroffenen ein. Die Adressaten werden genötigt zu behaupten, für wahr zu halten, was sie wissenschaftlich für falsch halten, und dies auch noch, obwohl die Behauptung wissenschaftlich umstritten ist. Solch eine Pflicht ist verfassungswidrig. In den Worten der alt-liberalen Staatslehre: »Die wissenschaftlichen Wahrheiten sind keine Gegenstände der Gesetzgebung.«[123]

d) Handlungspflichten

Der Staat kann ferner die geförderten Künstler verpflichten, sich nicht antisemitisch zu äußern oder rassistische Bestrebungen nicht zu unterstützen, also Handeln regulieren. Noch vor der Grundrechtskonformität stellt sich die Frage, welche solcher Pflichten hinreichend bestimmt sind. Sowohl der die Pflichten ausgestaltende Gesetzgeber (aus dem Rechtsstaatsprinzip[124]) als auch die einen Bescheid erlassende Behörde (aus § 37 Abs. 1 VwVfG beziehungsweise den entsprechenden Landesvorschriften) sind auf den *Bestimmtheitsgrundsatz* verpflichtet. Wenn der Staat Pflichten for-

123 Friedrich Christoph Dahlmann, *Die Politik, auf den Grund und das Maß der gegebenen Zustände zurückgeführt*, Leipzig [3]1847, S. 321 (mit Dank an Klaus F. Gärditz).

124 BVerfGE 31, 255 (264) – *Tonbandvervielfältigung* (1971); 84, 133 (149) – *Warteschleifenregelung* (1991); 113, 348 (375 f.) – *Vorbeugende Telekommunikationsüberwachung* (2005); 134, 141 (184 f., Rn. 126 f.) – *Beobachtung von Abgeordneten* (2013).

muliert, müssen die Adressaten wissen können, welche Handlungen die Rechtsordnung von ihnen erwartet. Dieses Erfordernis gilt nicht für Verwaltungsvorschriften, weil innerhalb der staatlichen Verwaltung keine selbstständigen Ansprüche auf Rechtssicherheit gelten und weil keine rechtsstaatlichen Bedenken bestehen, staatsorganisationsinterne Unklarheiten informell aufzulösen.

Namentlich gegen die für Berlin vorgeschlagenen Klauseln wurden Bedenken hinsichtlich ihrer Bestimmtheit formuliert.[125] Diese betreffen sowohl den sachlichen Gehalt der erwarteten Pflichten, also letztlich die Bestimmtheit von »Antisemitismus«, »Rassismus« und »vielfältige Gesellschaft«, als auch deren Form, also die Frage, was mit Verhalten zugunsten oder zulasten gemeint sein soll.[126] Die Bestimmtheit einer Maßnahme erfordert es, dass deren Adressatin die Fragen, was sie tun darf und tun soll, aus der formalisierten Verpflichtung in Gesetz und Verwaltungsakt selbst beantworten kann.[127] Versucht man die Klauseln in diesem Sinne verfassungskonform zu lesen, so lassen sie sich am ehesten als konkrete Unterlassenspflicht verstehen. Sie besagen, dass der Förderungsempfänger dazu verpflichtet ist, sich nicht antisemitisch oder rassistisch zu äußern und solche Äußerungen nicht zu unterstützen, etwa sie zu verbreiten.

Hinsichtlich der sachlichen Bedeutung erscheint der Hinweis auf die fehlende Bestimmtheit von Begriffen wie »Antisemitismus« oder »Rassismus« nicht überzeugend. Auch wenn die Frage, ob eine Äußerung in diesem Sinne zu bewerten ist, in vielen Fällen streitig ist, dürfte das allein die Bestimmtheit der Kategorien nicht ausschließen. Wertungsoffene und umstrittene Begriffe sind nicht per se unbestimmt. Es kommt vielmehr darauf an, ob sich an die Begriffe Praktiken anschließen lassen, die jedenfalls eine konsolidierte Kernbedeutung hervorbringen. Im vorliegenden Fall zeigt die Praxis des Antidiskriminierungsrechts, dass solche Begriffe in der Praxis der Gesetzesauslegung als handhabbar bewertet werden.

125 Siehe Anhang.

126 Winterhoff u. a., »Gutachterliche Stellungnahme zur Rechtmäßigkeit der Einführung einer Antidiskriminierungsklausel für den Bereich der Kulturförderung im Land Berlin«, S. 16-21. Vgl. auch die Bedenken in der nicht rechtskräftig gewordenen Entscheidung des VG Dresden vom 25. 4. 2012, 1 K 1755/11, Rn. 35-42.

127 Vgl. zuletzt für die Bestimmtheit der Bedingungen staatlicher Leistungen BVerfGE 166, 93 (162 f., Rn. 185 f.) – *Finanzierung parteinaher Stiftungen* (2023).

So wie es viele umstrittene Fälle gibt, gibt es auch einen gesicherten Bestand an Formulierungen, die als klar antisemitisch oder rassistisch gelten.

Zu unbestimmt ist dagegen die in Klauselentwürfen genannte Verpflichtung auf eine »vielfältige Gesellschaft«.[128] Geht es in den beiden ersten Fällen um eine konkrete Diskriminierung, letztlich um die Negation einer bestimmten Identität, so wird im dritten Fall auf ein ungewisses allgemeines Ideal verwiesen, das in dieser Form keinen Anhaltspunkt im Grundgesetz findet. Diversität ist eine mögliche Folge grundrechtlich geschützter Freiheit, aber nicht selbst ein grundgesetzlicher Wert, schon weil dies mit Art. 3 Abs. 3 GG schwerlich zu vereinbaren wäre: Wenn sich morgen alle entscheiden, der katholischen Kirche beizutreten, wäre die Gesellschaft religiös nicht mehr vielfältig; ein Verfassungsproblem ergäbe sich daraus aber nicht. In der Verpflichtung auf eine »vielfältige Gesellschaft« bleibt das daraus folgende Verhaltensgebot deswegen undefiniert, weil sich mit der positiven Formulierung keine auch nur einigermaßen gesicherte Handlungspraxis verbinden lässt. Daher ist sie mit rechtsstaatlichen Bestimmtheitsanforderungen nicht zu vereinbaren.

Erweist sich die Verpflichtung, antisemitische und rassistische Äußerungen zu unterlassen sowie ihre Verbreitung nicht zu fördern, als hinreichend bestimmt, stellt sich die Frage nach ihrer *Grundrechtskonformität.* Hier ist abermals danach zu differenzieren, wer Adressat dieser Pflichten ist: öffentliche Kulturinstitutionen oder private Künstlerinnen.

Der Staat kann die *öffentlichen Kulturinstitutionen* und ihre Repräsentanten verpflichten, in ihrem Handeln künftig das Ziel, Antisemitismus und Rassismus zu bekämpfen, zu berücksichtigen. Sowohl die Kulturinstitution selbst auch die in ihr beschäftigten Kulturschaffenden können sich auf eine funktionale Kunstfreiheit berufen. Aus ihrem Auftrag entsteht ein selbstständiges Recht auf künstlerische Arbeit. Die Institutionen und die in ihnen arbeitenden Personen genießen aber in der Unterstützung dieser Arbeit durch den Staat keine volle Grundrechtsfähigkeit, sondern sind nur in der Erfüllung ihres Auftrags geschützt. Sie können sich damit nicht auf die Garantien des allgemeinen Persönlichkeitsrechts oder

128 So auch Poscher, »Stellungnahme zu dem Entwurf eines Gesetzes zur Änderung der Landeshaushaltsordnung Schleswig-Holstein«, S. 15.

der Meinungsfreiheit berufen.[129] Doch gehört, wie oben gesehen,[130] die Option der gesellschaftspolitischen Erweiterung ihres Auftrags hin zur Bekämpfung von Rassismus und Antisemitismus oder zu vergleichbaren Anliegen zum durch die Kunstfreiheit geschützten Aufgabenkreis. Sie können sich dafür entscheiden, müssen es aber nicht, wenn es nicht von vornherein in ihrem Aufgabenkreis festgeschrieben wurde. Die Institutionen von außen staatlicherseits darauf zu verpflichten, würde den Eingriffsgesetzesvorbehalt auslösen.

Dieses Ergebnis mag zunächst überraschen. Immerhin wird durch Innenrecht die öffentliche Kulturinstitution zunächst gegründet und ihr Aufgabenkreis bestimmt. Soll Letzterer dann verändert werden, bedarf es wiederum eines Gesetzes.[131] Letztlich ist dies aber Folge der Anerkennung der Grundrechtsfähigkeit einmal eingerichteter öffentlicher Kunstinstitutionen.

Damit stellt sich die Frage, ob die Kulturinstitutionen in diesem Auftrag durch eine gesetzliche Verpflichtung auf Ziele wie die Bekämpfung von Antisemitismus und Rassismus beschränkt werden dürfen. Diese Frage ist aus zwei Gründen im Ergebnis zu bejahen:

Auch wenn eine solche Regelung in den Schutzbereich eingreift, erscheint der Eingriff, *zum Ersten*, als relativ leicht. Dabei ist zu unterstellen, dass ihr grundrechtlicher Status öffentliche Kulturinstitutionen vor einem politischen Durchgriff auf ihre Programmentscheidungen schützt.[132] In der gesetzlichen Verpflichtung auf Ziele wie die Bekämpfung von Rassismus und Antisemitismus liegt aber kein solch unmittelbarer Durchgriff vor. Der Gesetzgeber trifft mit einer solchen Entscheidung keine spezifische Programmentscheidung über einen Spielplan oder ein Ausstellungsprogramm, sondern er erweitert den allgemeinen Kulturauftrag um die Ziele des Kampfes gegen Antisemitismus und Rassismus.

Ein solcher Eingriff ist, *zum Zweiten*, jedenfalls dann gerecht-

129 Oben, I.

130 Oben, V. 1.

131 Wie so häufig besteht auch hier eine Umgehungsgefahr. Durch Innenrecht kann eine Kulturinstitution auch abgeschafft (siehe Christian von Coelln, »Die Kunstfreiheit«, in: *JURA* 2024, S. 940-949, hier S. 944) und sodann mit einem modifizierten Aufgabenkreis neu gegründet werden. Solche Maßnahmen wird man jedenfalls dann als Eingriff werten müssen, wenn die neu gegründete Institution zweifelsfrei an die Stelle der alten treten soll. Dazu Elise Grauer, *Die Berliner Akademie der Künste*, Berlin 2010, S. 244 f.

132 Nochmals oben, I. 1. und III. 1.

fertigt, wenn diese Pflichten verfassungsrechtlich unmittelbar gedeckte Zwecke wie den Kampf gegen den Antisemitismus betreffen.[133] In diesem Fall stipuliert der Gesetzgeber eben keine allein aus seinen demokratischen Spielräumen formulierte Präferenz für eine bestimmte Form der Kunstförderung, sondern er konkretisiert eine dem Grunde nach bestehende verfassungsrechtliche Pflicht und operiert damit mit einem spezifischen Maß an Rechtfertigung.

Mit dieser Rekonstruktion soll die mögliche *faktische* Intensität eines solchen Eingriffs nicht kleingeredet werden. Je nach Handhabung ist mit diesem ein beträchtliches Kontrollprogramm verbunden, und je nach sachlicher und personaler Konstellation wird ein solches Programm im Ergebnis Folgen nicht nur für einzelne Entscheidungen, sondern für den gesamten kulturpolitischen Kontext haben. Es ist auch nicht zu bestreiten, dass diese Grenzziehung vage und missbrauchsanfällig ist. Sie lädt zu politischer Einflussnahme ein, sie gibt dem politischen Prozess die Gelegenheit, Grenzen auszutesten und eine Praxis der Freiheit und des Vertrauens durch eine der Kontrolle und des politischen Misstrauens zu ersetzen. Das ändert rechtlich aber nichts daran, dass die Spielräume, die der demokratische Prozess bei der Verbindung von Zwecken der Kulturförderung mit anderen Zwecken hat, durch den funktional geschützten Grundrechtsstatus der öffentlichen Kulturinstitutionen nicht aufgehoben werden. Wenn der Gesetzgeber die Möglichkeit hat, andere als reine Kunstinstitutionen zu errichten,[134] dann hat er auch die Möglichkeit, die Arbeit von Kunstinstitutionen auf andere Zwecke festzulegen.

Im Ergebnis ist die öffentliche Kunstinstitution durch ihren Status vor einem direkten politischen Zugriff auf ihre Programmarbeit geschützt, nicht aber vor der Erweiterung des allgemeinen politischen Programmauftrags auf Ziele, an die sich der staatliche Träger und die öffentliche Kunstinstitution als auch Grundrechtsverpflichtete verfassungsrechtlich ohnehin halten müssen. Rechtspolitisch bleibt zu bedenken, dass eine Entscheidung des Gesetzgebers, die solche Pflichten zentral in Geltung setzt, zu einer deutlichen Veränderung der Förderpraxis führen könnte. Eine solche Erweiterung des öffentlichen Auftrags legt die Errichtung einer Kontrollstruktur nahe, die ihrerseits missbrauchsanfällig ist und die

133 Oben, IV. 2. b).

134 Oben, III. 3.

die faktischen Spielräume öffentlicher Kunstinstitutionen auf eine problematische Art und Weise zugunsten politischer Einflussnahme einengen könnte.

Wird hingegen nicht den öffentlichen Kulturinstitutionen, sondern dem *geförderten Künstler* im Zuwendungsbescheid untersagt, sich antisemitisch oder rassistisch zu äußern, stellt sich die Frage der Zulässigkeit solcher Verbote sowohl einfach- als auch verfassungsrechtlich.

Einfachrechtlich handelt es sich um eine Nebenbestimmung zum Förderbescheid, namentlich um eine Auflage im Sinne des § 36 Abs. 2 Nr. 4 VwVfG. Für diese gilt das Koppelungsverbot. Über den Wortlaut des § 36 Abs. 3 VwVfG hinaus muss die Nebenbestimmung in einem sachlichen Zusammenhang mit dem Hauptverwaltungsakt stehen.[135]

Sicherlich lässt sich ein solch sachlicher Zusammenhang in manchen Fällen staatlicher Kunstförderung bejahen. Demjenigen, der eine Ausstellung zur nationalsozialistischen Verfolgung und Ermordung von Juden kuratiert, darf auch eine entsprechende Pflicht, antisemitische Äußerungen zu unterlassen, auferlegt werden. Aber ein allgemeiner Sachzusammenhang zwischen Kunst(förderung) und der Bekämpfung von Antisemitismus oder Rassismus besteht nicht – und wird auch nicht schon durch eine breite politische Diskussion um antisemitische Kunst etabliert. Hierfür bedarf es vielmehr eines Gesetzes: Wo der Gesetzgeber einen Zusammenhang herstellt, kommt ein Verstoß gegen das Koppelungsverbot nicht mehr in Betracht.[136] Fehlt es an einer gesetzlichen Grundlage, die Kunstförderung und die Bekämpfung von Antisemitismus und Rassismus miteinander verknüpft, scheitert eine Auflage, sich nicht antisemitisch zu äußern, dagegen in vielen Fällen an § 36 Abs. 3 VwVfG. Dieses Ergebnis mag befremdlich wirken, weil die mo-

135 BVerwG, Urteil vom 13.7.1979, 4 C 67/76, in: *NJW* 1980, S. 1294-1296, hier S. 1294, zu Verwaltungsverträgen; Bumke, »Verwaltungsakte«, § 34 Rn. 147 (mit Herleitung aus dem akzessorischen Charakter der Nebenbestimmung). In diese Richtung ließe sich auch deuten BVerfGE 38, 348 (369) – *Zweckentfremdung von Wohnraum* (1975). Kritisch zur weiten Auslegung des Koppelungsverbots im Subventionsrecht Kühner, Unterreitmeier, »Kommunale Förderung für Extremisten?«, S. 28 f.

136 Willy Spannowsky, *Grenzen des Verwaltungshandelns durch Verträge und Absprachen*, Berlin 1994, S. 340.

ralische Verurteilungswürdigkeit solcher Äußerungen außer Frage steht. Man muss sich aber vor Augen halten, dass eine Verpflichtung, sich nicht so zu äußern, gerade *nicht strafbare* Handlungen betrifft. Andernfalls wäre die Verpflichtung rein deklaratorisch, sie wäre dann mangels Regelungsgehalts schon keine Auflage.

Entscheidet sich der zuständige Gesetzgeber, einen Zusammenhang zwischen Kunstförderung und der Bekämpfung von Antisemitismus zu stiften, ist er nicht an das einfachrechtlich aufgehängte Koppelungsverbot, sondern allein an das *Verfassungsrecht* gebunden. Es stellt sich also in erster Linie die Frage nach der Grundrechtskonformität eines solchen Gesetzes. Auch hier würde die Rechtsprechung wohl einen Eingriff in die Meinungsfreiheit bejahen.[137] Weil aber kein Anspruch auf Förderung besteht, halten wir es für überzeugender, auf die Gleichheitsrechte und nicht unmittelbar auf die Freiheitsrechte abzustellen. Damit ist die Meinungsfreiheit aber nicht unbeachtlich. Innerhalb der Prüfung eines Verstoßes gegen Art. 3 Abs. 1 GG führt die Nähe zur Meinungsfreiheit zu einer strengen Verhältnismäßigkeitskontrolle.[138]

Im (fiktiven) Gesetz werden die Behörden ermächtigt, den Förderbescheid mit der Pflicht zu verknüpfen, sich nicht antisemitisch oder rassistisch zu äußern oder anders in diesem Sinne aktiv zu werden. Der Gesetzgeber verfolgt damit das legitime Ziel, antisemitische und rassistische Aussagen auch nicht indirekt staatlich zu fördern. An der Geeignetheit sowie an der Erforderlichkeit bestehen keine Zweifel. Damit stellt sich die Frage nach der Verhältnismäßigkeit im engeren Sinne, also dem Vergleich des Gewichts der staatlicherseits verfolgten Ziele mit der Intensität der Ungleichbehandlung. Die Bestimmung der Intensität muss dabei gerade auch auf den freiheitsrechtlich adressierten Belang, also auf die Meinungsfreiheit, Rücksicht nehmen. Drei Gesichtspunkte dürften zusammen genommen dafür sprechen, eine solche Auflagenermächtigung für noch grundrechtskonform zu erachten.

Zum Ersten ergeht die Auflage eben nur im Zusammenhang mit einer staatlichen Vergünstigung. Auch angesichts der faktisch starken Stellung staatlicher Förderung im deutschen Kunstsystem

137 Wie beim oben, IV. 2. b), diskutierten BDS-Beschluss, siehe BVerwGE 174, 367 (371 f., Rn. 17-19) – *BDS-bezogene Beschränkung einer kommunalen öffentlichen Einrichtung* (2022).

138 Oben, V. 2. b).

bleibt es dabei, dass auf die Förderung seitens der Künstler kein Anspruch besteht und sie auf diese auch verzichten können. *Zum Zweiten* beschränken sich die Sanktionen, die an einen Verstoß gegen die auferlegte Pflicht geknüpft sind, auf den Förderbescheid. Äußert sich der geförderte Künstler antisemitisch, kann die Verwaltung den Förderbescheid mit Wirkung für die Vergangenheit widerrufen (§ 49 Abs. 3 Nr. 2 VwVfG) und die Erstattung des ausgezahlten Betrags verlangen (unter den Voraussetzungen des § 49a VwVfG). Weitere Sanktionen werden an den Verstoß gegen die Auflage nicht geknüpft. Insbesondere kann sie im Fall einer bloßen Unterlassungspflicht auch kaum zwangsweise durchgesetzt werden. *Zum Dritten* ist auf Seiten des Gesetzgebers in Rechnung zu stellen, dass die Verpflichtung der geförderten Künstlerin inhaltlich allein auf ihrerseits verfassungsrechtlich unmittelbar aus Art. 3 Abs. 3 GG gerechtfertigte Zwecke gerichtet ist.

Den verbleibenden verfassungsrechtlichen Bedenken kann man am ehesten begegnen, wenn man die Handlungspflicht enger an den Fördertatbestand rückbindet. Beispielsweise kann sich die Pflicht der geförderten Künstlerin, antisemitische Äußerungen zu unterlassen, gerade auf ihr künstlerisches Wirken beschränken. Die Künstlerin dürfte sich weiterhin privat antisemitisch – wohlgemerkt: in nicht strafbarer Weise – äußern. Sobald sie jedoch als staatlicherseits geförderte Künstlerin auftritt, muss sie Zurückhaltung wahren. Solch eine Unterscheidung zwischen Künstlerin und Privatperson mag nicht immer gelingen, aber eben doch häufig: Viele Künstler unterhalten auf einer *Social-Media*-Plattform mehrere Profile und nutzen das eine zur Ausstellung der eigenen Kunst, das andere privat.

4. Verfassungsrechtliche Zielbestimmungen gegen Antisemitismus

Ein weiteres Instrument namentlich im Kampf gegen Antisemitismus ist die Einführung von Klauseln in die Verfassung. Verschiedene Landesverfassungen sind diesen Weg bereits gegangen.[139] Andere

139 Art. 37a Verfassung des Landes Sachsen-Anhalt, Art. 7a Abs. 1 Verfassung des Landes Brandenburg, Art. 65 Abs. 1a Landesverfassung der Freien Hansestadt Bremen, Präambel Abs. 6 Verfassung der Freien und Hansestadt Hamburg.

planen, dem zu folgen. Auch für das Grundgesetz hat eine solche Diskussion begonnen.

Für einen solchen Schritt spricht, dass das historisch belastete Verhältnis der deutschen Staatsgewalt zum jüdischen Volk eine konstitutionelle Anerkennung verdient. Damit entsteht eine Verpflichtung des Staats, sich um das jüdische Leben zu kümmern, die sich im Einzelfall zu durchsetzbaren Ansprüchen verdichten lässt. Weniger deutlich sind die juristischen Implikationen einer solchen Garantie für die hier zu untersuchenden Fragen der öffentlichen Kunstförderung.[140] Das liegt namentlich an drei Gründen:

Zum Ersten hat die Bekämpfung von Antisemitismus bereits jetzt auch ohne ausdrückliche Erwähnung im Grundgesetz Verfassungsrang. Die Garantien des Art. 3 Abs. 3 GG umfassen auch den Schutz vor antisemitischer Diskriminierung.[141] *Zum Zweiten* führt die Niederlegung eines verfassungsrechtlichen Grundsatzes nicht dazu, dass die Ebenen parlamentsgesetzlicher und administrativer Normgebung übersprungen werden können. Die Notwendigkeit einer gesetzlichen Grundlage für Eingriffe und das unvermeidliche Klein-Klein der Prüfung im Einzelfall werden und sollen sich auch mit Hilfe verfassungsrechtlicher Vorgaben nicht verhindern lassen. Das gilt auch dann, wenn mit den Klauseln Bürgerinnen und Bürger in die Pflicht genommen werden. Auch solche Grundpflichten bedürfen einer gesetzlichen Umsetzung, die unter dem Vorbehalt der Verhältnismäßigkeit steht.[142] *Zum Dritten* können landesverfassungsrechtliche Garantien die grundrechtlichen Vorgaben des Grundgesetzes nicht überspielen (Art. 31, 142 GG). Auch wenn die Landesverfassungen bestimmte Versprechen machen, bleiben die Länder auch in ihrem eigenen Handeln an die grundrechtlichen Garantien der Verfassung des Bundes gebunden.

All das spricht nicht gegen solche verfassungsrechtlichen Klauseln. Es spricht aber gegen die Erwartung, dass die hier erörter-

140 Siehe auch wohlwollend skeptisch: Ulrike Lembke, Christoph Schuch, »Antisemitismus qua Verfassung«, in: *VerfBlog*, 2023/04/20, ⟨https://verfassungsblog.de/anti-antisemitismus-qua-verfassung/⟩, letzter Zugriff 20.10.2025.

141 Oben, IV. 2. b). Zu Elementen der verfassungsrechtlichen Rechtfertigung des Kampfs gegen Antisemitismus jenseits von Art. 3 Abs. 3 GG Sergey Lagodinsky, *Kontexte des Antisemitismus*, Berlin 2013, S. 188-193, 226-269.

142 Dazu grundlegend Hasso Hofmann, »Grundpflichten als verfassungsrechtliche Dimension«, in: *VVDStRL* 41 (1983), S. 42-86, hier S. 78f.

ten Rechtsprobleme durch sie fundamental anders gelöst werden könnten.

5. Das Problem fehlender Vollziehbarkeit

In der Debatte um die vorgelagerte Kontrolle der Förderung von Kunst ist die Forderung nach einer *rechtlichen* Lösung selbstverständlich – und das Spezifische der Rechtsform daher unterreflektiert. Recht ist eine Form politischer Gestaltung, die auf Durchsetzbarkeit ausgerichtet ist.[143] Wenn sich der Staat dazu entscheidet, Rechtspflichten zu stipulieren, dann sollte er diese auch vollziehen wollen. Wer kontrolliert aber, ob Angaben stimmen, wer entscheidet über die Rücknahme mit welchem Ermessen? Wer formuliert die Begründung, wenn ein staatliches Unwerturteil einen neuen Eingriff schafft? Die geltenden Regeln des allgemeinen Verwaltungsrechts geben hier einerseits große Spielräume, andererseits dürften Grundrechte weitere verfahrensrechtliche Grenzen ziehen. Dass hier pozentiell Raum für eine beträchtliche nachgelagerte Kontrolle des gesamten öffentlichen Kunstbetriebs besteht, begründet ein nachvollziehbares Unbehagen. Dass man dieses Unbehagen dadurch vertreibt, dass die Vollzugsprobleme unerwähnt bleiben, ist nur aus einer politischen Logik zu erklären. Wenn man umgekehrt nicht bereit ist, eine Regel durchzusetzen, sollte man sich Rechenschaft darüber ablegen können, warum man sie verrechtlichen will. Von durchdachten Regelungen kann man soweit auch bei Sympathie für das Anliegen in der Sache nicht sprechen.

6. Zwischenergebnis: Entgrenzung der Förderkriterien

Sowohl der staatlichen Kulturverwaltung als auch in noch größerem Umfang dem parlamentarischen Gesetzgeber – so das zentrale

143 Johannes Buchheim, *Actio, Anspruch, subjektives Recht*, Tübingen 2017, S. 24 f.; Cornelia Vismann, »Versäumnisurteile und andere Unverständlichkeiten«, in: dies., *Das Recht und seine Mittel*, hg. von Markus Krajewski, Fabian Steinhauer, Frankfurt/M. 2012, S. 253-261, hier S. 258: Die Rechtsordnung »ist die einzige Ordnung, welche die Bedingungen der Wirkung, auf die sie abzielt, selbst mitregelt«.

Ergebnis – ist es verfassungsrechtlich grundsätzlich möglich, die Vergabe staatlicher Mittel sowohl an öffentliche Kulturinstitutionen als auch an private Künstlerinnen und Künstler durch eine Verpflichtung gegen Antisemitismus und Rassismus zu ergänzen. Projektbezogene Kriterien sind hierbei leichter zu rechtfertigen als personenbezogene. Zumal wenn Letztere auf die politische Anschauung der Künstlerin zielen, liegt das Verdikt der Verfassungswidrigkeit nahe.

Der damit vollzogene Schritt ist – das wird selten gesehen – rechtspolitisch Teil eines allgemeinen Trends, staatliche Fördermaßnahmen an weitere politische Ziele zu binden. Die Entscheidung, ob ein solches Instrument gewählt wird, sollte sich bei allem verständlichen politischen und moralischen Gram über die dramatische Zunahme eines offenen Antisemitismus im Kulturbetrieb aber nicht auf die Feststellung beschränken, dass dessen Bekämpfung ein richtiges Ziel ist. Auch in der Rechtspolitik ist »gut gemeint« das Gegenteil von Kunst. Vielmehr müssen Erfahrungen aus anderen Bereichen herangezogen werden, um zu sichten, welche Konsequenzen solche Verbindungen unterschiedlicher politischer Zweckbestimmungen haben können. Denn es ist generell eine Überlegung wert, ob eine benevolente Erweiterung spezifischer öffentlicher Förderzwecke eine hilfreiche Entwicklung oder nicht doch eine Überfrachtung ursprünglich ausdifferenzierter Regelungskonzepte darstellt, die letztlich auf eine Politisierung der Entscheidungspraxis hinausläuft.

Ein System staatlicher Förderung von Kunst und Kultur, das auf Vorabsicherungen verzichtet, ist verfassungsrechtlich nicht geboten. Es ist vielmehr Produkt eines Vertrauens der staatlichen Stellen, damit letztlich der demokratischen Mehrheit, in die geförderten Institutionen und Personen. Ein so stark auf staatliches Handeln bezogener Kultursektor wie der deutsche scheint auf ein solches Vertrauen besonders angewiesen zu sein, weil alle staatlichen Körperschaften zusammen, Bund, Länder und Gemeinden, in vielen künstlerischen Bereichen wie Monopolisten der Kunstförderung agieren können. Sich von diesem System zu verabschieden, würde deswegen einen Paradigmenwechsel darstellen.

Nun mag man argumentieren, dieses Vertrauen sei grundsätzlich erschüttert worden – und Beispiele dafür gibt es zu viele. Aber natürlich stellen sich Fragen: zum einen die Frage, ob solche Enttäuschungserfahrungen so repräsentativ oder allgemein waren, dass sie einen Paradigmenwechsel rechtfertigen. Zum Zweiten, ob man auf Enttäuschung überhaupt negativ reagieren muss. Zum Dritten, ob es eine sinnvolle Verteilung institutioneller Verantwortung darstellt, wenn Kulturpolitik und öffentliche Kulturinstitutionen im Fall eines Skandals exkulpierend auf eine gesetzliche Pflicht oder eine Selbsterklärung verweisen, anstatt sich selbst verantworten zu müssen. Die Beantwortung solcher Fragen liegt nicht mehr im Bereich dieses Buchs. Sicher ist aber, dass eine sinnvolle Regelung nur dort entstehen kann, wo man sich mit ihnen auseinandergesetzt hat.

VI. Ergebnisse

In einer so weitgehend etatisierten Kulturlandschaft wie der deutschen sollte es nicht überraschen, wenn der Staat Kunst fördert, die seinen politischen Idealen widerspricht. Diese Spannung zwischen staatlicher Förderung und künstlerischer Freiheit spitzte sich im Streit um die *documenta fifteen*, in der antisemitische Exponate gezeigt wurden, zu. In diesem Konflikt bildeten sich schnell zwei unversöhnliche Lager: Kunstfreiheit *oder* Kampf gegen Antisemitismus. Das Verfassungsrecht, so ein Ergebnis dieses Buchs, verweigert beiden Positionen in ihrer Absolutheit die Zustimmung. Umgekehrt stößt das Recht, zumal das Verfassungsrecht, auch im Kunstbetrieb schnell an seine Grenzen. Konflikte um antisemitische oder rassistische Kunst sind selten geeigneter Gegenstand von Rechtsstreitigkeiten, sondern in erster Linie politisch und ästhetisch zu verantworten.[1]

Diese Verantwortung teilen sich drei Akteure, die die deutsche Kulturlandschaft maßgeblich prägen: Zwischen private Künstler und die staatliche Kulturverwaltung treten öffentliche Kunstinstitutionen als Intermediäre. Während sich die private Künstlerin auf die Kunstfreiheit berufen darf, genießt die staatliche Kulturverwaltung, die sich nicht selbst künstlerisch betätigt, keinen Grundrechtsschutz. Sie ist durch ihr demokratisches Mandat aber darin frei, kulturpolitische Entscheidungen zu treffen und diese auch mit anderen politischen Zielen zu verbinden. Anderes gilt für die öffentlichen Kunstinstitutionen, die Philharmonien, Museen und Theater, die der Staat unterhält und die, einmal eingerichtet, eigenständig über ihr künstlerisches Programm entscheiden können. Sowohl die Institution selbst als auch die in ihr beschäftigten Künstler können das Grundrecht der Kunstfreiheit aufgabenbezogen geltend machen.[2] Damit gewinnt die Kunstfreiheit die Ähnlichkeit mit der institutionellen Wissenschaftsfreiheit zurück, die vom Parlamentarischen Rat und früh vom Bundesverfassungsgericht hervorgehoben wurde. Dieser institutionelle Grundrechtsschutz schlummert freilich noch als Potenzial in der Dogmatik. Ob er sich entfaltet,

1 Oben, Einführung und IV. 1.

2 Oben, I.

hängt auch vom Selbstbewusstsein von Kulturinstitutionen ab, die, politisch unter Druck gesetzt, bereit sein müssen, sich auch mit rechtlichen Mitteln zur Wehr zu setzen.

Die Kunstfreiheit gibt ihren Trägern hierbei in erster Linie einen Anspruch darauf, Eingriffe unmittelbar in ihr künstlerisches Handeln abzuwehren. Eingriffe in die Kunstfreiheit bedürfen einer gesetzlichen Grundlage, bei deren Anwendung auf die hermeneutischen Eigenheiten ästhetischer Formen einzugehen ist.[3] Im Fall öffentlicher Kunstinstitutionen wird der Staat selten offen in deren Programm intervenieren, sondern über die Anwendung allgemeiner Regeln, etwa zum Haushalt, versuchen, Einfluss zu nehmen. Aus der Kunstfreiheit folgt hier in erster Linie ein Gebot, organisatorisch zwischen der administrativen und der künstlerischen Ebene zu unterscheiden – schon um Eingriffe als solche kenntlich zu machen.[4] Vor der Einhaltung des Haushaltsrechts schützt die Kunstfreiheit nicht.

Aus der Kunstfreiheit kann die Künstlerin keinen Anspruch auf staatliche Förderung ableiten. Für das Förderverfahren bleibt sie gleichwohl nicht folgenlos. Sie gebietet es, dass der Staat seiner konkreten Förderentscheidung im Einzelfall kunstimmanente Kriterien zugrunde legt und dazu Auswahlverfahren einrichtet, die solches sicherstellen. Dies schließt es allerdings nicht aus, dass der Staat im Ausgangspunkt seiner Förderentscheidung Kunstprojekte auflegt, mit denen er auch kunstexterne Ziele verfolgt. [5]

Das institutionelle Verständnis der Kunstfreiheit hilft, die politisch breit diskutierten Maßnahmen gegen eine staatliche Förderung antisemitischer Kunst einer rechtlichen Bewertung zu unterziehen. Dabei ist der als Eingriffsverwaltung handelnde Staat zu einem Einschreiten regelmäßig verpflichtet, wenn die Kunst strafbar ist, weil sie etwa Rechte Dritter verletzt.[6] Am seinerseits zu rechtfertigenden und meinungsfreiheitsfreundlich auszulegenden Strafgesetz endet der Grundrechtsschutz. Nicht jede antisemitische Äußerung, sei sie Meinung oder Kunst, ist jedoch strafrechtlich relevant.[7] Aus Art. 3 Abs. 3 Satz 1 GG folgt in diesem Fall keine kon-

3 Oben, III. 2.
4 Oben, III. 4.
5 Oben, III. 3.
6 Oben, IV. 3. a).
7 Oben, IV. 2. a).

krete Handlungspflicht, weil der Staat nicht verpflichtet ist, gegen private antisemitische Äußerungen vorzugehen. Indes hat der Staat, wenn er das antisemitische Kunstprojekt gefördert hat, ein verfassungsrechtlich abgesichertes legitimes Interesse daran, dieser Kunst zu begegnen.[8] Dies wird im Regelfall informell durch die Suche nach einer Einigung mit der Künstlerin oder dem Kurator geschehen. Eine solche informelle Absprache kann verfassungsrechtlich geboten sein. Gelingt sie nicht, kann die staatliche Kulturverwaltung sich öffentlich vom Kunstwerk distanzieren, freilich nur in schwerwiegenden Fällen durch eine entsprechende Markierung im künstlerischen Raum selbst.[9]

Ist dem Staat daran gelegen, antisemitische oder rassistische Kunst gar nicht erst zu fördern, kann er seine Zuwendungspraxis ändern. Der Staat oder die öffentliche Kunstinstitution können die Förderbedingungen um ein Kriterium, das antisemitische und rassistische Kunst oder Künstler ausschließt, ergänzen. In diesem Fall wendet die staatliche Kulturverwaltung ein kunstexternes, die öffentliche Kunstinstitution hingegen, weil sie sich auf die Kunstfreiheit berufen darf, ein kunstimmanentes Kriterium an.[10] Dabei ist umstritten, ob solch ein Kriterium einer gesetzlichen Grundlage bedarf. Grundsätzlich genügt im Fall der staatlichen Leistungsverwaltung, wenn kein grundrechtlicher Anspruch besteht, das Haushaltsgesetz als Rechtsgrundlage. Die Verwaltung darf ihre Förderbedingungen in einer internen Verwaltungsvorschrift festlegen, die nur über den Gleichheitssatz Außenwirkung entfaltet.[11] Insbesondere für den Fall, dass der Staat vom antragstellenden Künstler ein Bekenntnis gegen Antisemitismus und Rassismus verlangt, nehmen große Teile der Literatur jedoch einen Eingriff in die Meinungsfreiheit an und verlangen daher eine gesetzliche Grundlage. Dies überzeugt in der Begründung nicht, weil diese Ansicht nicht erklären kann, warum die Versagung der Förderung – und zu nichts anderem führt die Verweigerung des geforderten Bekenntnisses – ein Grundrecht verletzen kann, wenn grundrechtlich kein Anspruch auf Förderung besteht. Eine solche Begründung ergibt sich aber aus den Gleichheitsrechten der antragstellenden Künstler, für die

8 Oben, IV. 2. b).
9 Oben, IV. 3.
10 Oben, V. 1.
11 Oben, V. 2. a).

die Freiheitsrechte mittelbare Relevanz gewinnen: Je intensiver sich die Förderbedingungen und die Versagung auf freiheitsrechtlich grundsätzlich geschützte Belange auswirken, desto strenger wird der Prüfungsmaßstab des Art. 3 Abs. 1 GG. Grundrechtsnähe löst den Wesentlichkeitsvorbehalt auf. Damit bedarf es in Konstellationen, in denen das Förderkriterium an eine von Art. 3 Abs. 3 GG geschützte Kategorie anknüpft oder freiheitsrechtlich geschützte Belange betrifft, einer gesetzlichen Grundlage. Dies ist insbesondere der Fall, wenn der Staat – wie im Fall einer Bekenntnispflicht – ein personen- statt projektbezogenes Kriterium verwendet.[12]

Diesen Maßstab zugrunde gelegt, stellt sich die *projektbezogene* Fördereinschränkung als verfassungsrechtlich unproblematisch dar. Der Staat kann entscheiden, keine antisemitischen Projekte zu fördern.[13] *Personenbezogene* Förderkriterien bedürfen einer gesetzlichen Grundlage und sind schwieriger zu rechtfertigen. Gegen Bekenntnisklauseln, die an eine *innere Einstellung* der antragstellenden Künstlerin anknüpfen, bestehen erhebliche verfassungsrechtliche Bedenken. Verfassungsrechtlich unzulässig ist es, die Künstler per Bekenntnis auf eine bestimmte Definition von Antisemitismus festzulegen.[14]

Leichter zu rechtfertigen sind *Handlungspflichten*.[15] Ist das zu fördernde Kunstprojekt dezidiert antirassistisch, darf die Kulturverwaltung der geförderten Künstlerin auferlegen, sich nicht antisemitisch oder rassistisch zu äußern. Fehlt es an einem solchen inneren Zusammenhang, braucht die Kulturverwaltung hierfür eine gesetzliche Regelung, weil sie andernfalls gegen das Koppelungsverbot des § 36 Abs. 3 VwVfG verstößt. Solche Pflichten lassen sich verfassungsrechtlich rechtfertigen – insbesondere wenn sich die Unterlassungspflicht auf die Künstlerin als Künstlerin und nicht als privat handelnde Person bezieht. Rechtsstaatlich zu unbestimmt ist dagegen die Verpflichtung auf eine »vielfältige Gesellschaft«.

Als weitere präventive Maßnahme werden verfassungsrechtliche Zielbestimmungen gegen Antisemitismus und Rassismus angeführt. Solche in den Landesverfassungen teilweise vorgesehenen Normen werden an dem grundgesetzlich vorgesehenen Ausgleich

12 Oben, V. 2. b).
13 Oben, V. 3. b).
14 Oben, V. 3. c).
15 Oben, V. 3. d).

zwischen den grundrechtlich geschützten Belangen der Künstlerin einerseits und dem verfassungsrechtlich bereits legitimierten Kampf gegen Antisemitismus andererseits jedoch nichts ändern.[16]

Nicht alles, was verfassungsrechtlich möglich ist, ist verfassungspolitisch klug. Bekenntnispflichten und andere inhaltliche Einschränkungen der staatlichen Kunstförderung werfen die Frage nach den Bedingungen von Kontrolle und Vollzug auf, zu denen in der politischen Diskussion wenig gesagt wurde. Die Frage, ob solche Kontrollstrukturen angemessen sind, verdient in jedem Fall eine gesonderte Betrachtung. Solche Instrumente nur auf die Förderung von Kunst zu beschränken und das staatliche Förderwesen ansonsten unangetastet zu lassen, wirft zudem die Frage auf, ob dieses selektive Vorgehen gerechtfertigt ist. Vielleicht beruht das Interesse am Kunstbetrieb weniger an seinen – oftmals durchaus seltsamen – politischen Überzeugungen als vielmehr an deren herausgehobener Sichtbarkeit. Dann ginge es um symbolische Maßnahmen, die juristisch möglich sind, es politisch aber kaum rechtfertigen, mit einer grundrechtlichen Praxis zu spielen.[17]

16 Oben, V. 4.
17 Oben, V. 5.

Epilog: Wozu Kunstfreiheit?

Zum Schluss erscheint es angezeigt, noch einen weiteren Schritt zurückzutreten und darüber nachzudenken, ob es überhaupt eines spezifischen verfassungsrechtlichen Schutzes der Kunstfreiheit bedarf. Unsere Überlegungen deuten darauf hin, dass die hier entwickelte institutionelle Lesart der Kunstfreiheit, die den öffentlichen Status der Kunstintermediäre ernst nimmt, vielleicht eine bessere funktionale Rechtfertigung für einen solchen Schutz liefern könnte als die herkömmliche Deutung des Grundrechts.

Aus Sicht der Rechtswissenschaft kann man sich natürlich einfach auf den Standpunkt stellen, dass Art. 5 Abs. 3 Satz 1 GG die Kunstfreiheit ausdrücklich schütze und deswegen die Frage nach ihrem Sinn oder ihrer Funktion gar nicht aufkomme. So wird es in der Literatur in der Regel zumindest implizit gehalten. Doch verfehlt diese Sicht nicht nur die Aufgabe der Rechtswissenschaft, den Normbestand auf Stimmigkeit zu durchdringen, sie verfehlt bereits den Umstand, dass wir die Frage nach der Funktion eines grundrechtlichen Schutzbereichs gerade in den Kommunikationsfreiheiten regelmäßig stellen, um aus der Antwort dogmatische Konsequenzen zu ziehen. Solche Folgen schaffen dann rechtlich bedeutsame Verschiebungen zwischen den verschiedenen Garantien, am deutlichsten zwischen Pressefreiheit und Rundfunkfreiheit. Genau diese Funktionalisierung fehlt der Kunstfreiheit. Sie ist ein Recht auf Freiheit um ihrer selbst willen – *l'art pour l'art*. So würdevoll diese Beschreibung anmutet: Als Freiheit um ihrer selbst willen steht die Kunstfreiheit in der Rechtsprechung der funktional aufgewerteten Rundfunkfreiheit nach.[1] Aus dieser folgt eine Pflicht zur unabhängigen Finanzierung der Rundfunkanstalten,[2] aus jener aber keine der öffentlichen Kunstinstitutionen.[3]

1 Eingehender dazu und zu den Ursachen Christoph Möllers, *Unverbindlicher Eigensinn. Über Freiheiten und Unfreiheiten der Kunst*, München 2025, S. 15-24.

2 BVerfGE 119, 181 (220-224) – *Rundfunkgebühren* (2007); 158, 389 (422 f., Rn. 85-89) – *Staatsvertrag Rundfunkfinanzierung* (2021).

3 Man sollte aus dieser Festellung nicht allzu viel machen. Weder wird Kunst abgewertet oder missachtet, wenn die Rechtsordnung ihr keine weitergehenden Funk-

Im Ergebnis wird die Kunstfreiheit so zu einer speziellen Meinungsfreiheit ohne funktionalen Unterbau, ohne eigenen – von der Meinungsfreiheit verschiedenen – demokratischen Bezug. Denn auf der einen Seite wurde die eigentlich vorbehaltlos gewährte Kunstfreiheit in die allgemeine Vorbehaltslehre eingeordnet[4] und damit der Meinungsfreiheit angenähert. Auf der anderen Seite gewann die Meinungsfreiheit mit *Lüth* – konkret also mit der Feststellung, die Meinungsfreiheit erfülle mit Blick auf die Demokratie eine zentrale Funktion[5] – jene objektive Dimension, die bei der Kunstfreiheit schon im Wortlaut angelegt ist, aber nie recht entfaltet wurde. Warum bedarf es unter diesen Bedingungen noch eines eigenen Schutzes der Kunstfreiheit? Handelt es sich bei unserem Grundrecht vielleicht doch um ein bürgerliches Relikt, in dem die kultivierten und besitzenden Klassen es sich vorbehalten haben, ihr ästhetisches Vergnügen verfassungsrechtlich abzusichern?[6] In der älteren Rechtsprechung findet ein solcher Vorbehalt des Bürgerlichen jedenfalls manchen Anhalt.[7]

Gegen diese Deutung spricht jedenfalls nicht, dass spätestens nach der demokratiefunktionalen Aufwertung der Meinungsfreiheit in *Lüth* noch nicht einmal klar ist, ob die Kunstfreiheit tatsächlich mehr Schutz verleiht als die Meinungsfreiheit. Auf der Ebene des Schutzbereichs wäre das der Fall, wenn es Praktiken gäbe, die von der Kunst-, aber nicht von der Meinungsfreiheit geschützt wä-

tionen für die Rechtsordnung zuweist. Noch ist diese fehlende Funktionalisierung notwendig Ausdruck eines besonderen Autonomiestatus, wenn Funktionalität nicht im Widerspruch zu Ausdifferenzierung steht, sondern diese jene voraussetzt. Vgl. auch die Bemerkung bei Niklas Luhmann, *Die Kunst der Gesellschaft*, Frankfurt/M. 1995, S. 195, zur gesamtgesellschaftlichen Folgenarmut der Ausdifferenzierung von Kunst.

4 BVerfGE 83, 130 (139) – *Josefine Mutzenbacher* (1990).

5 BVerfGE 7, 198 (218 f.) – *Lüth* (1958).

6 So die historische Diagnose bei Peter Jelavich, *Kunstfreiheit: Eine deutsche Ideologie*, Frankfurt/M. 2025, auch unter Rückgriff auf frühere Kritik an der Kunstideologie bei Herbert Marcuse (S. 13 f.), vorweggenommen von Alfred Döblin (S. 73 f.).

7 Vgl. etwa das Urteil des Preußischen Oberverwaltungsgerichts vom 2. 10. 1893, Nr. III 893, betreffend das Stück »Die Weber« von Gerhart Hauptmann (zitiert nach Andreas Hamann, »Zur rechtsgeschichtlichen Entwicklung des Verhältnisses von staatlicher Zensur und Kunstfreiheit«, in: *VerwArch* 75 [1984], S. 15-37, hier S. 20), sowie das Baselitz-Urteil des Bundesgerichtshofs (BGHSt 20, 192 [1965]); dazu jeweils Jelavich, *Kunstfreiheit: Eine deutsche Ideologie*, S. 27-30, 119-121.

ren. Gilt dies etwa für eine stumme Performance[8] oder würde man nicht auch diese unter eine Meinungsfreiheit fassen, die immer mehr geschützt hat als strikt verstandene Werturteile?[9] Dass solche Fälle eines eigenen Grundrechts bedürfen, erscheint jedenfalls fraglich. Vielleicht liegt der Kern des Schutzes der Kunstfreiheit aber auch in der vom Bundesverfassungsgericht postulierten »kunstspezifischen Betrachtung«?[10] Diese erwies sich in unserer Darstellung freilich genau genommen als ein Spezialfall der vom Gericht entwickelten meinungsfreiheitsfreundlichen Auslegung – nicht zuletzt ein Vehikel, um als Verfassungsgericht auch den Sachverhalt kontrollieren zu können. Dass ein Kunstwerk in seinem Kontext gelesen werden muss, also etwa die Äußerung einer Romanfigur nicht als solche des Autors verstanden werden kann, ist eine Einsicht, die überall dort gilt, wo Anführungsstriche benutzt werden, also nicht nur in der künstlerischen Sprache, die entgegen einem hartnäckigen Vorurteil kunstliebender Juristen nicht immer »vieldeutiger« ist als andere Sprachen. Auch hier wirft der Eigenwert der Kunstfreiheit wenig ab.

Schaut man aus dieser Perspektive auf das Fallmaterial, bestätigt sich der Eindruck. Wären die mit Strafverfolgung belegten Satiren,[11] denen die Kunstfreiheit zur Hilfe kam, tatsächlich nicht effektiv geschützt gewesen, wenn sie der Meinungsfreiheit zugerechnet worden wären? Mit der demokratiekonstitutiven Funktion dieses Grundrechts ist dies schwer zu vereinbaren. Gilt etwas anderes für die Reichweite des Jugendschutzes?[12] Und wären die Rechte von Gründgens und Maxim Billers Angehörigen noch mehr (oder weniger) schutzwürdig gewesen, wenn die inkriminierte Darstellung nicht den Anspruch erhoben hätte, künstlerisch zu sein?[13] Dass in diesen beiden bekanntesten Entscheidungen zur Kunstfreiheit die

8 So der Vorschlag von Bodo Pieroth in einer Diskussion.

9 Zu Gesten, Flashmobs und QR-Codes als Meinungsäußerung Andreas L. Paulus, in: Peter M. Huber, Andreas Voßkuhle (Hg.), *Grundgesetz*, Bd. 1, München [8]2024, Art. 5 Abs. 1 Rn. 90. Ein weites Verständnis von »Meinung« im Sinne des Art. 5 Abs. 1 Satz 1 GG fordert BVerfGE 61, 1 (9) – *Wahlkampf* (1982).

10 Dies als Kern der Kunstfreiheit bei Jannis Lennartz, »Adorno in Karlsruhe«, in: *AöR* 151 (2026), S. 1-54.

11 BVerfGE 67, 213 (214 f.) – *Anachronistischer Zug* (1984); 81, 278 (280) – *Bundesflagge* (1990).

12 BVerfGE 83, 130 – *Josefine Mutzenbacher* (1990).

13 BVerfGE 30, 173 – *Mephisto* (1971).

Kunstfreiheit verliert, ist vielleicht kein Zufall. Man mag dies mit dem fehlenden Schutz falscher Tatsachenbehauptungen[14] erklären, aber fiktionale Rede ist eben keine Tatsachenbehauptung, und zwar unabhängig von den Fragen, ob diese immer ästhetisch codiert ist, ob es einen gesonderten Schutz der Kunstfreiheit gibt und welchen Schutz Persönlichkeitsrechte in der Öffentlichkeit genießen sollen.

Etwas anderes würde, dies zeigt die ältere Rechtsprechung, dann gelten, wenn man zwischen hoher Kunst und »Schund« einfach unterscheiden könnte.[15] Denn dann gäbe es mit zwei Klassen von Äußerungen auch unterschiedliche Schutzstandards. Die Kunstfreiheit wäre damit freilich auch eine spezifische Ausnahme vom Dogma der Inhaltsneutralität der Meinungsfreiheit. Und in der Tat lassen manche Aussagen in der Rechtsprechung vermuten, dass der Schutz in Zeiten, in denen das so gehalten wurde, größer war als heute: namentlich in der trockenen Feststellung des Bundesverwaltungsgerichts, dass die Kunstfreiheit dem Jugendschutz vorgehe,[16] die man heute so nicht mehr lesen würde. In dieses Kunstverständnis werden sich die Zeiten aber kaum zurückdrehen lassen, schon weil sich der »Schund« von heute nicht selten als die hohe Kunst von morgen erweist. Noch im Jahre 1965 wurden in Düsseldorf unter Duldung der Behörden Comics verbrannt.[17] Das passiert, wenn das ästhetische Qualitätsurteil sich seiner selbst zu sicher ist.

Man kann damit festhalten, dass nicht allein die objektivrechtliche Aufwertung der Meinungsfreiheit und die Unterstellung der Kunstfreiheit unter den Gesetzesvorbehalt, sondern, zum Dritten, auch die Trennung von Kunstbegriff und ästhetischem Urteil zur Annäherung von Kunstfreiheit und Meinungsfreiheit beigetragen hat. Hinzu kommt die vom Kunstbetrieb gepflegte »Entgrenzung«, der tapfere und oft recht unpolitisch anmutende Glaube, das eigene Stückchen Kunst sei natürlich auch »politisch relevant«. Dort schließlich, wo die Kunstfreiheit für die Drittwirkung vielleicht noch am ehesten einen eigenständigen Wert hat, im Urheber-

14 BVerfGE 54, 208 (219 f.) – *Böll* (1980); 61, 1 (8 f.) – *Wahlkampf* (1982); 90, 241 (247 f.) – *Auschwitz-Lüge* (1994).

15 So der Versuch bei Lennartz, »Adorno in Karlsruhe«, S. 44-47.

16 BVerwGE 23, 104 (109 f.) – *Indizierung von Kunstwerken* (1966). Wenig später dann eingeschränkt durch BVerwGE 39, 197 (207 f.) – *Gesetz über die Verbreitung jugendgefährdender Schriften* (1971).

17 Jelavich, *Kunstfreiheit: Eine deutsche Ideologie*, S. 113 f.

recht,[18] hat sich denn mit der Figur der Schöpfungshöhe in der Tat eine erratische ästhetische Wertungskategorie in der Dogmatik erhalten.[19] Das Zivilrecht braucht immer etwas länger.

Vor diesem Hintergrund gibt die – neben dem Schutz vor staatlichem Zugriff und der das Zivilrecht überwölbenden Drittwirkung – hier weiterentwickelte dritte Bedeutungsebene, der Schutz der Eigenständigkeit öffentlicher Kunstorganisation, vielleicht die plausibelste Rechtfertigung für einen Selbststand der Kunstfreiheit. Damit gerät auch die Formulierung des Grundgesetzes, die den Schutz der »Kunst« verlangt, also nicht individuell, sondern institutionell ansetzt und diesen Schutz neben den der Wissenschaft stellt, wieder in den Vordergrund. Dass sich beide Grundrechte unterschiedlich entwickelt haben, wurde im Exkurs beschrieben und zu erklären versucht.[20] Zugleich zeigt die Entwicklung der staatlichen Kunstakademien, deren Bedeutung für die ästhetische Entwicklung in den letzten beiden Jahrhunderten nicht nur in Deutschland schwerlich zu hoch veranschlagt werden kann,[21] dass Kunst und Wissenschaft auf ganz ähnliche öffentliche Organisationsformen zurückgreifen.

In dieser Dimension eröffnet die Kunstfreiheit zwei Arten von Schutz: den Schutz von kunstspezifischen öffentlichen Organisationen und den Schutz von kunsteigenen Kriterien. Dieser Ansatz ist nicht neu, er folgt einer alten Spur, die, wie gesehen, in Smends Bemerkungen zu den Grundrechten und – in ihrer theoretisch anspruchsvollsten Form – in Luhmanns frühem Entwurf der Grundrechte als Instrumente des Schutzes sozialer Ausdifferenzierung Eingang in die Grundrechtsdogmatik gefunden haben.[22] Seine

18 Zur Bedeutung der Kunstfreiheit für das Urheberrecht siehe Jannis Lennartz, »Werkbegriff und Kunstfreiheit«, in: *JZ* 2023, S. 521-529, hier S. 528 f.; ders., »Werk und Kunstwerk«, in: Sarah Legner, Michael Goldhammer (Hg.), *Freiheitskonflikte im Immaterialgüterrecht*, Tübingen 2024, S. 113-127, hier S. 123 f.; ders., Viktoria Kraetzig, »Forbidden Fruits? Artistic Creation in the AI Copyright War«, in: *IIC* 56 (2025), S. 241-245, hier S. 242 f.

19 Dazu Matthias Leistner, »Der europäische Werkbegriff«, in: *ZGE* 5 (2013), S. 4-45, hier S. 33-35; Jannis Lennartz, Viktoria Kraetzig, »Urheberrechtsschutz digitaler Alltagsspuren«, in: *RuZ* 2022, S. 205-224, hier S. 209-211; Lennartz, »Werkbegriff und Kunstfreiheit«, S. 527.

20 Oben, II. 5.

21 Wir danken Dörte Schmidt für die beharrliche Erinnerung an diesen Punkt.

22 Niklas Luhmann, *Grundrechte als Institution*, Berlin 1965.

spätidealistischen Wurzeln ist er selbst in der technokratischen Semantik der soziologischen Systemtheorie nie ganz losgeworden – und auch dieser Ansatz produziert Nachfragen: von der bereits erwähnten Entdifferenzierung des ästhetischen Diskurses hin zu ökonomischen und politischen[23] über die zu selten gestellte Frage, wie viel öffentliche Förderung der Kunst guttut,[24] bis zu praktisch ungelösten Problemen der gerichtlichen Durchsetzbarkeit der Kunstfreiheit öffentlicher Institutionen.

All das ändert nichts daran, dass sich diese Lesart der Kunstfreiheit nicht nur in die ursprünglich entwickelte Tatbestandlichkeit des Grundrechtsschutzes öffentlicher Körperschaften glatt einfügt,[25] sondern eben auch in eine politische Bedrohungslandschaft, in der Kunst und Wissenschaft als Gegner wahrgenommen werden und sich in ihrer Eigenständigkeit in Organisation und Diskurs behaupten müssen.

23 Diagnose etwa bei Wolfgang Ullrich, *Die Kunst nach dem Ende ihrer Autonomie*, Berlin 2022, S. 35-42. Vorsichtiger: Michael Lüthy, *Antinomien im gegenwärtigen Autonomiediskurs. Ein Einwurf aus kunstsoziologischer Perspektive*, Ms. 2024, S. 1-4, 19.

24 Hellmut Becker, Alexander Kluge, *Kulturpolitik und Ausgabenkontrolle. Zur Theorie und Praxis der Rechnungsprüfung*, S. 188 f.; Rainer Rochlitz, *Subversion et subvention. Art contemporain et argumentation esthétique*, Paris 1994; Bernhard Weck, *Verfassungsrechtliche Legitimationsprobleme öffentlicher Kunstförderung aus wirklichkeitswissenschaftlicher Perspektive*, Berlin 2001, S. 72-87.

25 Noch einmal BVerfGE 15, 256 (262) – *Universitäre Selbstverwaltung* (1963): »In der Regel können zwar weder der Staat noch seine Einrichtungen Grundrechte als subjektive öffentliche Rechte in Anspruch nehmen, insofern sie nicht gleichzeitig Träger und Adressat von Grundrechten sein können. Dieser Grundsatz gilt jedoch dann nicht, wenn Einrichtungen des Staates Grundrechte in einem Bereich verteidigen, in dem sie vom Staat unabhängig sind.«

Anhang:
Klauseln und Gesetzesentwürfe

Die Beauftragte der Bundesregierung für Kultur und Medien (BKM)

Formulierungsvorschlag in BKM-interner Abstimmung:

Die Zuwendung ist mit der Nebenbestimmung verbunden, aufbauend auf den Grundsätzen des Allgemeinen Gleichbehandlungsgesetzes (AGG) Vorkehrungen zur Verhinderung von Diskriminierung im Sinne einer allgemeinen Benachteiligung oder Herabwürdigung von Gruppen oder einzelnen Personen zu treffen. Dies schließt ausdrücklich Antisemitismus, Rassismus und andere Formen der Gruppendiskriminierung ein, die sich nicht in den Vorgaben des Strafrechts erschöpfen. Entsprechend gilt dies auch bei der Weitergabe öffentlicher Mittel an Dritte.

Schleswig-Holstein

Richtlinie für die Gewährung von Zuwendungen zur Förderung von Kulturprojekten Schleswig-Holstein

4 Zuwendungsvoraussetzungen
4.1 Es werden Projekte gefördert, […]
die sich zu einer vielfältigen Gesellschaft bekennen und sich gegen jedwede Diskriminierung und Ausgrenzung stellen und jede Form von Antisemitismus ablehnen.[1]

Antrag auf Förderung von Kulturprojekten

Der Antragsteller/die Antragstellerin bekennt sich zu einer vielfältigen Gesellschaft und stellt sich gegen jedwede Ausgrenzung und Diskriminierung sowie gegen jede Form von Antisemitismus gemäß der Antisemitismus-Definition der International Holocaust

1 Amtsbl. SH 2023, 1568.

Remembrance (IHRA) und ihre Erweiterung durch die Bundesregierung von 2017.[2]

Artikel 1 des Entwurfs eines Gesetzes zur Änderung der Landeshaushaltsordnung Schleswig-Holstein

§ 44 Absatz 1 wird wie folgt geändert:
Nach Satz 4 werden folgende Sätze 5 und 6 eingefügt:
»Die Gewährung von Zuwendungen kann unter die Voraussetzung gestellt werden, dass die zuständige Stelle nur Zuwendungsempfängerinnen oder Zuwendungsempfänger fördert, von denen bekannt ist oder bei denen offensichtlich ist, dass sie sich zu einer vielfältigen Gesellschaft bekennen und gegen jedwede Diskriminierung und Ausgrenzung stellen und jede Form von Antisemitismus ablehnen. Die Gewährung von Zuwendungen kann weiter unter die Voraussetzung gestellt werden, dass Zuwendungsempfängerinnen oder Zuwendungsempfänger oder Antragstellerinnen oder Antragsteller eine Erklärung über diese Haltungen abgeben.«[3]

Stadt Leipzig

Fachförderrichtlinie der Stadt Leipzig über die Förderung freier kultureller Projekte und Einrichtungen (Fachförderrichtlinie Kultur) und Förderstrategie Freie Kunst und Kultur

Beschlussvorschlag
Wer eine Förderung im Rahmen der Fachförderrichtlinie Kultur beantragt, muss nachweisen, dass er auf dem Boden der Freiheitlich-Demokratischen Grundordnung steht und sich klar gegen Rechts- und Linksextremismus, religiösen Extremismus, Antisemitismus, Rassismus und Fremdenfeindlichkeit positioniert.[4]

2 Siehe ⟨https://www.schleswig-holstein.de/DE/fachinhalte/K/kulturfoerderung/foerderung_kulturprojekte.html⟩, letzter Zugriff 10. 10. 2025. Unterdessen wurde die Klausel entfernt.

3 LT-Drucks. 20/2321 (4. 7. 2024), ⟨https://www.landtag.ltsh.de/infothek/wahl20/drucks/02300/drucksache-20-02321.pdf⟩, letzter Zugriff 20. 10. 2025.

4 Zitiert nach Ralf Julke, »Der Stadtrat tagte: Wie ein CDU-Antrag Leipzigs Freie Szene einfach mal unter Extremismusverdacht stellte«, in: *Leipziger Zeitung*, 15. Juli 2023, ⟨https://www.l-iz.de/politik/leipzig/2023/07/stadtrat-tagte-cdu-antrag-stellt-freie-szene-unter-extremismusverdacht-544881⟩, letzter Zugriff 9. 10. 2025.

Berlin

Klausel im Zuwendungsbescheid
Die Zuwendungsempfängerin / der Zuwendungsempfänger ist verpflichtet, sich zu einer vielfältigen Gesellschaft zu bekennen und sich gegen jedwede Diskriminierung und Ausgrenzung sowie gegen jede Form von Antisemitismus gemäß der Antisemitismus-Definition der International Holocaust Remembrance (IHRA) und ihrer Erweiterung durch die Bundesregierung zu stellen.
Zuwendungsempfängerinnen und Zuwendungsempfänger sind verpflichtet, alles Notwendige zu veranlassen, damit die zum Zuwendungszweck ausgereichten Fördergelder in keinem Fall der Finanzierung von terroristischen oder extremistischen Vereinigungen dienen. Zuwendungen werden im Rahmen dieses Zuwendungszwecks nur an Zuwendungsempfängerinnen und Zuwendungsempfänger vergeben, die sich zweifelsfrei vom Terror distanzieren und die Existenz Israels anerkennen.

Selbsterklärung des Antragstellers
Hiermit erkläre ich/erklären wir ausdrücklich, dass ich/wir die dem Förderzweck zugrundeliegende Förderrichtlinie zur Kenntnis genommen habe/haben. Ich/Wir bekennen uns zu einer vielfältigen Gesellschaft und stellen uns gegen jedwede Diskriminierung und Ausgrenzung sowie gegen jede Form von Antisemitismus.[5]

5 Zurückgenommen, beide zitiert nach Christian Winterhoff u. a., »Gutachterliche Stellungnahme zur Rechtmäßigkeit der Einführung einer Antidiskriminierungsklausel für den Bereich der Kulturförderung im Land Berlin«, 16. 2. 2024, S. 7 f.

Literaturverzeichnis

Achterberg, Norbert, *Parlamentsrecht*, Tübingen 1984

Adomeit, Klaus, Jochen Mohr, *Allgemeines Gleichbehandlungsgesetz (AGG)*, Stuttgart ²2011

Alexy, Robert, *Theorie der Grundrechte*, Frankfurt/M. 1986

Ambos, Kai u. a., »Die Implementation der IHRA-Arbeitsdefinition Antisemitismus ins deutsche Recht – eine rechtliche Beurteilung«, in: *VerfBlog*, 2023/12/18, ⟨https://verfassungsblog.de/die-implementation-der-ihra-arbeitsdefinition-antisemitismus-ins-deutsche-recht-eine-rechtliche-beurteilung/⟩, letzter Zugriff 20.10.2025

Arnauld, Andreas von, »Art. 5 Abs. 3«, in: Wolfgang Kahl u. a. (Hg.), *Bonner Kommentar zum Grundgesetz*, Heidelberg 2017 (184. EL)

Auer, Marietta, »Definiere Antisemitismus«, in: *MERKUR* 79 (2025), S. 61-70

Baer, Susanne, »›Ende der Privatautonomie‹ oder grundrechtlich fundierte Rechtsetzung? Die deutsche Debatte um das Antidiskriminierungsrecht«, in: *ZRP* 2002, S. 290-294

Baer, Susanne, Nora Markard, »Art. 3 Abs. 3«, in: Peter M. Huber, Andreas Voßkuhle (Hg.), *Grundgesetz*, Bd. 1, München ⁸2024

Bahners, Patrick, »Der letzte Skandal«, in: *FAZ* 23.1.2023, ⟨https://www.faz.net/aktuell/feuilleton/debatten/gutachten-zur-kunstfreiheit-nach-dem-documenta-skandal-18621542.html⟩, letzter Zugriff 20.10.2025

Bahners, Patrick, »Wozu soll das gut sein?«, in: *FAZ* 22.3.2024, ⟨https://www.faz.net/aktuell/feuilleton/debatten/staat-darf-kunst-auf-politische-zwecke-verpflichten-aber-waere-das-klug-19603086.html⟩, letzter Zugriff 20.10.2025

Barskanmaz, Cengiz, »Rasse und ethnische Herkunft als Diskriminierungskategorien«, in: Anna Katharina Mangold, Mehrdad Payandeh (Hg.), *Handbuch Antidiskriminierungsrecht*, Tübingen 2022, § 7

Battis, Ulrich, *Demokratie als Bauherrin*, Baden-Baden 2024

Bauer, Hartmut, Christoph Möllers, »Die Rechtschreibreform vor dem Bundesverfassungsgericht«, in: *JZ* 1999, S. 697-702

Bauer, Jobst-Hubertus u. a, *Gleichbehandlungsgesetz und Entgelttransparenzgesetz*, München ⁵2018

Beaud, Olivier, *Les libertés universitaires à l'abandon? Pour une reconnaissance pleine et entière de la liberté académique*, Paris 2010

Becker, Florian, *»Öffentliches und Privates Recht«*, in: *NVwZ* 2019, S. 1385-1392

Becker, Hellmut, Alexander Kluge, *Kulturpolitik und Ausgabenkontrolle. Zur Theorie und Praxis der Rechnungsprüfung*, Frankfurt am Main 1961

Bernstein, Julia, Florian Diddens, *Antisemitische Kontinuitäten in Bildern*, Frankfurt/M. 2023

Bethge, Herbert, »Meinungsfreiheit«, in: Hanno Kube u. a. (Hg.), *Leitgedanken des Rechts. Paul Kirchhof zum 70. Geburtstag, Bd. 1: Staat und Verfassung*, Heidelberg 2013, § 49

Bethge, Herbert, »Art. 5«, in: Michael Sachs, *Grundgesetz*, München [10]2024

Bier, Wolfgang, Christine Steinbeiß-Winkelmann, »§ 61 VwGO«, in: Friedrich Schoch, Jens-Peter Schneider (Hg.), *Verwaltungsrecht. VwGO*, Bd. I, München 2017 (33. EL)

Biskamp, Floris, »Ein perfekter Sturm: Rassismuskritik und Antisemitismuskritik im Streit um die documenta fifteen«, in: Heinz Bude, Meron Mendel (Hg.), *Kunst im Streit. Antisemitismus und postkoloniale Debatte auf der documenta fifteen*, Frankfurt/M., New York 2025, S. 35-58

Bleckmann, Albert, Franziska Helm, »Die Grundrechtsfähigkeit juristischer Personen«, in: *DVBl* 1992, S. 9-15

Böckenförde, Ernst-Wolfgang, »›Kopftuchstreit‹ auf dem richtigen Weg?«, in: *NJW* 2001, S. 723-728

Böckenförde, Ernst-Wolfgang, »Demokratie als Verfassungsprinzip«, in: Josef Isensee, Paul Kirchhof (Hg.), *Handbuch des Staatsrechts*, Bd. II, Heidelberg [3]2004, § 24

Bormann, Jens, Leif Böttcher, »Notare und Beliehene zwischen Grundrechtsträgerschaft und staatlichem Funktionsverhältnis«, in: *NJW* 2011, S. 2758-2761

Boysen, Sigrid, »Art. 3«, in: Ingo von Münch, Philip Kunig, *Grundgesetz*, Bd. 1, München [7]2021

Britz, Gabriele, »Die Freiheit der Kunst in der europäischen Kulturpolitik«, in: *EuR* 2004, S. 1-26

Britz, Gabriele, »Diskriminierungsschutz und Privatautonomie«, in: *VVDStRL* 64 (2005), S. 355-402

Buchheim, Johannes, *Actio, Anspruch, subjektives Recht*, Tübingen 2017

Bude, Heinz, Meron Mendel (Hg.), *Kunst im Streit. Antisemitismus und postkoloniale Debatte auf der documenta fifteen*, Frankfurt/M., New York 2025

Bumke, Christian, *Ausgestaltung von Grundrechten*, Tübingen 2009

Bumke, Christian, »Verwaltungsakte«, in: Andreas Voßkuhle u. a. (Hg.), *Grundlagen des Verwaltungsrechts*, Bd. II, München [3]2022, § 34

Buscher, Jens Michael, »Neuere Entwicklungen der straf- und ehrenschutzrechtlichen Schranken der Meinungsfreiheit und der Kunstfreiheit«, in: *NVwZ* 1997, S. 1057-1064

Butzer, Hermann, »Der Bereich des schlichten Parlamentsbeschlusses«, in: *AöR* 119 (1994), S. 61-106

Campell, Bert, »Tucholsky-Zitat ›Soldaten sind Mörder‹«, in: *NStZ* 1995, S. 328-329
Coelln, Christian von, »Die Kunstfreiheit«, in: *JURA* 2024, S. 940-949
Cremer, Hendrik, »Verbreitung rassistischer Positionen – Meinungsfreiheit hat Grenzen«, in: *ZRP* 2017, S. 151-153
Dahlmann, Friedrich Christoph, *Die Politik, auf den Grund und das Maß der gegebenen Zustände zurückgeführt*, Leipzig [3]1847
Däubler, Wolfgang, »§ 1 AGG«, in: ders., Thorsten Beck (Hg.), *Allgemeines Gleichbehandlungsgesetz. Handkommentar*, Baden-Baden [5]2022
Davydov, Dimitrij, »Pietätskonflikte und Pietätsschutz in der Kulturverwaltung«, in: *VR* 2021, S. 325-331
Decken, Kerstin von der, »Art. 5«, in: Bruno Schmidt-Bleibtreu, Hans Hofmann, Hans-Günter Henneke, *Grundgesetz*, Hürth [15]2022
Deutscher Bühnenverein, *Theaterstatistik 2021/2022*, Köln 2025
Deutscher Bundestag, Bundesarchiv (Hg.), *Der Parlamentarische Rat 1948-1949. Akten und Protokolle*, Bd. 2, bearbeitet von Peter Bucher, Boppard am Rhein 1981
Deutscher Bundestag, Bundesarchiv (Hg.), *Der Parlamentarische Rat 1948-1949. Akten und Protokolle*, Bd. 5/I, bearbeitet von Eberhard Pikart und Wolfram Werner, Boppard am Rhein 1993
Deutscher Museumsbund, *Museen im politischen Raum: Was darf ich und was nicht?*, Berlin 2025
Di Fabio, Udo, »Art. 4«, in: Günter Dürig, Roman Herzog, Rupert Scholz, *Grundgesetz*, Bd. I, München 2020 (92. EL)
Dierksmeier, Claus, »Die Würde der Kunst«, in: *JZ* 2000, S. 883-889
documenta fifteen, *Handbook*, Berlin 2022
Dreier, Horst, *Hierarchische Verwaltung im demokratischen Staat*, Tübingen 1991
Dreier, Horst, »Art. 19 III«, in: ders. (Hg.), *Grundgesetz*, Bd. I, Tübingen [3]2013
Dreier, Horst, *Kirche ohne König*, Tübingen 2020
Duhnkrack, Justus, *Öffentliche Kunstförderung*, Bielefeld 2024
Dünnwald, Rolf, »Kunst und Unzüchtigkeit. Zum Film ›Das Schweigen‹«, in: *JR* 1965, S. 46-52
Dworkin, Ronald, »Can a Liberal State Support Art?«, in: ders., *A Matter of Principle*, Cambridge, MA 1985, S. 221-233

Ehlers, Dirk, *Verwaltung in Privatrechtsform*, Berlin 1984
Ellwein, Thomas, *Die deutsche Universität. Vom Mittelalter bis zur Gegenwart*, Königsstein/Ts. 1985

Elsters, Theodor, *Begünstigende Verwaltungsakte mit Bedingungen, Einschränkungen und Auflagen*, Göttingen 1979
Emmerich, Peter, Joachim Würkner, »Kunstfreiheit oder Antisemitismus?«, in: *NJW* 1986, S. 1195-1205
Enderlein, Axel, *Der Begriff der Freiheit als Tatbestandsmerkmal der Grundrechte*, Berlin 1995
Enders, Christoph, Robert Lange, »Symbolische Gesetzgebung im Versammlungsrecht«, in: *JZ* 2006, S. 105-112
Ernst, Christian, »Art. 19«, in: Ingo von Münch, Philip Kunig, *Grundgesetz*, Bd. 1, München [7]2021
Ewer, Wolfgang, Tobias Thienel, »Rechtsgutachten zur Verfassungsmäßigkeit einer Antidiskriminierungsklausel im Bereich der Kulturförderung«, 20. 2. 2024, Schleswig-Holsteinischer Landtag, Umdruck 20/3463

Faßbender, Kurt, »Was darf Satire?«, in: *NJW* 2019, S. 705-710
Felsch, Philipp, *Der Philosoph. Habermas und wir*, Berlin 2024
Frimmel, Sandra, Mara Traumane (Hg.), *Kunst vor Gericht. Ästhetische Debatten im Gerichtssaal*, Berlin 2018
Füssel, Marian, »Universität«, in: Marianne Sommer u. a. (Hg.), *Handbuch Wissenschaftsgeschichte*, Stuttgart 2017, S. 193-201
Fuß, Wilfried R., »Antisemitismus und die Grenzen der Kunstfreiheit«, in: *DÖV* 2023, S. 1050-1056

Gärditz, Klaus F., *Hochschulorganisation und verwaltungsrechtliche Systembildung*, Tübingen 2009
Gärditz, Klaus F., »Unbedingte Neutralität? Zur Zulässigkeit amtlicher Aufrufe zu Gegendemonstrationen durch kommunale Wahlbeamte«, in: *NWVbl* 2015, S. 165-171
Gärditz, Klaus F., »Die äußeren und inneren Grenzen der Wissenschaftsfreiheit«, in: *Wissenschaftsrecht* 51 (2018), S. 5-44
Gärditz, Klaus F., »Mandat zu Meinungspflege?: Zur rechtlichen Stellung der ›Beauftragten der Bundesregierung‹«, in: *VerfBlog*, 2020/12/28, ⟨https://verfassungsblog.de/mandat-zu-meinungspflege/⟩, letzter Zugriff 20. 10. 2025
Gassner, Ulrich M., »Grenzen des Zulassungsanspruchs politischer Parteien zu kommunalen öffentlichen Einrichtungen«, in: *VerwArch* 85 (1994), S. 533-566
Germann, Michael, »Art. 4«, in: Volker Epping, Christian Hillgruber (Hg.), *BeckOK Grundgesetz*, 2024 (60. Edition)
Germelmann, Claas Friedrich, *Kultur und staatliches Handeln*, Tübingen 2013
Germelmann, Claas Friedrich, »Art. 5 III (Kunst)«, in: Horst Dreier (Hg.), *Grundgesetz*, Bd. I, Tübingen [4]2023

Gierke, Otto von, *Das Deutsche Genossenschaftsrecht*, Berlin 1868
Gollasch, Christoph u. a., »Eindeutig uneindeutig: Antisemitismusverständnisse im Rahmen der Debatte über die documenta fifteen«, in: Heinz Bude, Meron Mendel (Hg.), *Kunst im Streit. Antisemitismus und postkoloniale Debatte auf der documenta fifteen*, Frankfurt/M., New York 2025, S. 195-220
Grabenwarter, Christoph, »Art. 5 Abs. 1, 2«, in: Günter Dürig, Roman Herzog, Rupert Scholz, *Grundgesetz*, Bd. I, München 2013 (70. EL)
Graf Kielmansegg, Sebastian, »Das Sonderstatusverhältnis«, in: *JA* 2012, S. 881-887
Graf Kielmansegg, Sebastian, *Grundrechte im Näheverhältnis*, Tübingen 2012
Grauer, Elise, *Die Berliner Akademie der Künste*, Berlin 2010
Graul, Heidemarie, *Künstlerische Urteile im Rahmen der staatlichen Förderungstätigkeit*, Berlin 1970
Gremium zur fachwissenschaftlichen Begleitung der documenta fifteen, *Abschlussbericht*, 2023, ⟨https://www.documenta.de/media/pages/files/e59a0a888a-1675696303/230202_Abschlussbericht.pdf⟩, letzter Zugriff 20. 10. 2025
Grimm, Dieter, »Kulturauftrag im staatlichen Gemeinwesen«, in: *VVDStRL* 42 (1984), S. 46-82
Grimm, Dieter, »Die Meinungsfreiheit in der Rechtsprechung des Bundesverfassungsgerichts«, in: *NJW* 1995, S. 1697-1705
Grimm, Dieter, »Wissenschaftsfreiheit als Funktionsgrundrecht«, in: Berlin-Brandenburgische Akademie der Wissenschaften (Hg.), *Wissenschaftsfreiheit in Deutschland*, Berlin 2021, S. 17-23
Groh, Kathrin, »Art. 42«, in: Ingo von Münch, Philip Kunig, *Grundgesetz*, Bd. 1, München [7]2021
Grzeszick, Bernd, »Art. 20«, in: Günter Dürig, Roman Herzog, Rupert Scholz, *Grundgesetz*, Bd. III, München 2022 (97. EL)
Gusy, Christoph, »Transparenz der Verwaltung und Informationszugangsfreiheit«, in: Andreas Voßkuhle u. a. (Hg.), *Grundlagen des Verwaltungsrechts*, Bd. I, München [3]2022, § 23

Häberle, Peter, »Die Freiheit der Kunst im Verfassungsstaat«, in: *AöR* 110 (1985), S. 577-619
Häntzschel, Jörg, »Einmischung unerwünscht«, in: *SZ* 20. 1. 2023, ⟨https://www.sueddeutsche.de/kultur/antisemitismus-documenta-christoph-moellers-claudia-roth-ergebnis-gutachten-1.5735201?reduced=true⟩, letzter Zugriff 20. 10. 2025
Hamann, Andreas, »Zur rechtsgeschichtlichen Entwicklung des Verhältnisses von staatlicher Zensur und Kunstfreiheit«, in: *VerwArch* 75 (1984), S. 15-37

Hegel, G.W. F., »Grundlinien der Philosophie des Rechts. Naturrecht und Staatswissenschaft im Grundrisse« [1821], in: *Gesammelte Werke* 14,1, hg. von Klaus Grotsch und Elisabeth Weisser-Lomann, Hamburg 2009

Heinig, Hans-Michael, Christian Walter (Hg.), *Staatskirchenrecht oder Religionsverfassungsrecht?*, Tübingen 2007

Heitsch, Christian, »Neben- und Inhaltsbestimmungen bei begünstigenden Verwaltungsakten: Kriterien für die Auswahl des passenden Regelungsinstruments«, in: *DÖV* 2003, S. 367-375

Herdegen, Gerhard, »›Soldaten sind Mörder‹«, in: *NJW* 1994, S. 2933-2934

Hertig Randall, Maya, Catherine Imbeck, »Juristische Analyse der von der IHRA angenommenen Arbeitsdefinition von Antisemitismus. Rechtsgutachten im Auftrag der Fachstelle für Rassismusbekämpfung des Eidgenössischen Departements des Innern«, 6. 11. 2020

Heun, Werner, »Art. 3«, in: Horst Dreier (Hg.), *Grundgesetz*, Bd. I, Tübingen ³2013

Hewig, Dirk, »Künstlerische Regiebetriebe der öffentlichen Hand und die verfassungsrechtliche Kunstfreiheitsgarantie«, in: *BayVBl.* 1977, S. 37-41

Hey, Thomas, »§ 1«, in: ders., Gerrit Forst (Hg.), *Kommentar AGG*, Frankfurt/M. ²2015

Hochhuth, Martin, »Schatten über der Meinungsfreiheit«, in: *NJW* 2007, S. 192-195

Hörstel, Reinhard, *Fragen zur Kunstsubvention. Dargestellt am Beispiel der Documenta GmbH*, Heidelberg, Berlin 1961

Hoffmann-Riem, Wolfgang, *Rundfunkfreiheit durch Rundfunkorganisation*, Baden-Baden 1979

Hoffmann, Stefan-Ludwig, *Geselligkeit und Demokratie. Vereine und zivile Gesellschaft im transnationalen Vergleich 1750-1914*, Göttingen 2003

Hofmann, Hasso, »Grundpflichten als verfassungsrechtliche Dimension«, in: *VVDStRL* 41 (1983), S. 42-86

Hong, Mathias, »Hassrede und extremistische Meinungsäußerungen in der Rechtsprechung des EGMR und nach dem *Wunsiedel*-Beschluss des BVerfG«, in: *ZaöRV* 70 (2010), S. 73-126

Huber, Peter M., *Konkurrenzschutz im Verwaltungsrecht*, Tübingen 1991

Huber, Peter M., »Art. 19 Abs. 3«, in: ders., Andreas Voßkuhle (Hg.), *Grundgesetz*, Bd. 1, München ⁸2024

Hufen, Friedhelm, *Die Freiheit der Kunst in staatlichen Institutionen*, Baden-Baden 1982

Hufen, Friedhelm, »Muß Kunst monokratisch sein? Der Fall documenta«, in: *NJW* 1997, S. 1112-1114

Hufen, Friedhelm, »§ 101 Kunstfreiheit«, in: Detlef Merten, Hans-Jürgen Papier (Hg.), *Handbuch der Grundrechte in Deutschland und Europa*, Bd. IV, Heidelberg 2011, S. 801-873

Hume, David, *Eine Untersuchung über die Prinzipien der Moral* [1739], Hamburg 2003, hg. und übersetzt von Manfred Kühn
Huster, Stefan, *Die ethische Neutralität des Staates*, Tübingen ²2017
Hutter, Michael, *Anstößige Bilder. Gesellschaftskampfspiele um den documenta-fifteen-Skandal*, Heidelberg 2025

Ingold, Albert, »›Extremismusklauseln‹ bei der Vergabe öffentlicher Fördermittel«, in: *DÖV* 2015, S. 13-21
Institut für Museumsforschung, *Zahlen und Materialien. Heft 78: Statistische Gesamterhebung an den Museen der Bundesrepublik Deutschland 2022*, Berlin 2024
Isensee, Josef, »Grundrechte und Demokratie. Die polare Legitimation im grundgesetzlichen Gemeinwesen«, in: *Der Staat* 20 (1981), S 161-176
Isensee, Josef, »Anwendung der Grundrechte auf juristische Personen«, in: ders., Paul Kirchhof (Hg.), *Handbuch des Staatsrechts*, Bd. IX, Heidelberg ³2011, § 199

Jäger, Anton, *Hyperpolitik*, Berlin 2023
Jarass, Hans D., »Der Vorbehalt des Gesetzes bei Subventionen«, in: *NVwZ* 1984, S. 473-480
Jarass, Hans D., »Art. 5«, in: ders., Bodo Pieroth, *Grundgesetz für die Bundesrepublik Deutschland*, München ¹⁸2024
Jelavich, Peter, *Kunstfreiheit: Eine deutsche Ideologie*, Frankfurt/M. 2025

Kablitz, Andreas, *Kunst des Möglichen. Theorie der Literatur*, Freiburg i. Br. 2013
Kadelbach, Stefan, »Kommunaler Kulturbetrieb, Freiheit der Kunst und Privatrechtsform«, in: *NJW* 1997, S. 1114-1119
Kahl, Felicitas, *Zum Spannungsverhältnis von Kunstfreiheit und Urheberrecht*, Berlin 2023
Kahl, Wolfgang, *Hochschule und Staat*, Tübingen 2004
Kahl, Wolfgang, »Vom weiten Schutzbereich zum engen Gewährleistungsgehalt«, in: *Der Staat* 43 (2004), S. 167-202
Kämmerer, Jörg, »Freiheit und Staatsgebundenheit der Notare«, in: *NJW* 2006, S. 2727-2734
Kaplan, Steven L., *La fin des corporations*, Paris 2001
Karpen, Ulrich, Katrin Hofer, »Zur Verwaltung großer Bühneninstitute«, in: *VerwArch* 81 (1990), S. 557-577
Keller-Kemmerer, Nina, »Judenfeindlichkeit und Kunstförderung: Für Anti-Antisemitismusklauseln in staatlichen Förderrichtlinien«, in: *KJ* 2023, S. 416-428
Kempen, Bernhard, »Art. 5«, in: Volker Epping, Christian Hillgruber (Hg.), *BeckOK Grundgesetz*, 2024 (60. Edition)

Kiesel, Manfred, »Die Liquidierung des Ehrenschutzes durch das BVerfG«, in: *NVwZ* 1992, S. 1129-1137
Kilian, Michael, »Rechtliche Fragen der ›Kunst im öffentlichen Raum‹«, in: *DÖV* 2020, S. 1-14
Kirchhof, Paul, »Rechtsquellen und Grundgesetz«, in: Christian Starck (Hg.), *Bundesverfassungsgericht und Grundgesetz*, Bd. II, Tübingen 1976, S. 50-107
Kischel, Uwe, »Rasse, Rassismus und Grundgesetz«, in: *AöR* 145 (2020), S. 227-263
Kitzinger, Friederich, »Artikel 142 Satz 1. Die Freiheit der Wissenschaft und der Kunst«, in: Hans Carl Nipperdey (Hg.), *Die Grundrechte und Grundpflichten der Reichsverfassung*, Zweiter Band, Berlin 1930, S. 449-510
Klausmann, Vincent, *Meinungsfreiheit und Rechtsextremismus*, Baden-Baden 2019
Klein, Hans Hugo, »Stellung und Aufgaben des Bundestages«, in: Josef Isensee, Paul Kirchhof (Hg.), *Handbuch des Staatsrechts*, Bd. III, Heidelberg ^{3}2005, § 50
Kloepfer, Michael, *Gleichheit als Verfassungsfrage*, Berlin 1980
Kluckert, Sebastian, *Zuwendung und Gesetz*, Tübingen 2018
Kluge, Alexander, *Die Universitäts-Selbstverwaltung. Ihre Geschichte und gegenwärtige Rechtsform*, Frankfurt/M. 1958
Kluth, Winfried, *Funktionale Selbstverwaltung*, Tübingen 1997
Kluth, Winfried, »›Demokratieerklärung‹ oder ›Extremismusklausel‹ – zum Streit um die Nebenbestimmung(en) im Bundesprogramm ›Toleranz fördern – Kompetenz stärken‹«, in: *RdJB* 2013, S. 84-95
Korte, Stefan, »Grundlagen des Subventionsrechts«, in: *JURA* 2017, S. 656-667
Köster, Bernd, »Zugang der politischen Parteien zu öffentlichen Einrichtungen der Kommunen«, in: *KommJur* 2007, S. 244-248
Krüper, Julian, »Politische Anschauung im Antidiskriminierungsrecht«, in: Anna Katharina Mangold, Mehrdad Payandeh (Hg.), *Handbuch Antidiskriminierungsrecht*, Tübingen 2022, § 12
Kugelmann, Dieter, *Polizei- und Ordnungsrecht*, Heidelberg u. a. ^{2}2012
Kühner, Christoph, Johannes Unterreitmeier, »Kommunale Förderung für Extremisten?«, in: *DÖV* 2023, S. 26-33
Kunig, Philip, »Bühnenleiter und Kunstfreiheitsgarantie«, in: *DÖV* 1982, S. 765-773

Ladeur, Karl-Heinz, »Art. 19 Abs. 3«, in: Erhard Denninger u. a. (Hg.), *Grundgesetz Alternativkommentar*, Neuwied, Kriftel 2001
Ladeur, Karl-Heinz, »Art. 5 Abs. 3 II«, in: Erhard Denninger u. a., *Grundgesetz Alternativkommentar*, Neuwied, Kriftel 2001

Lagodinsky, Sergey, *Kontexte des Antisemitismus*, Berlin 2013
Langenfeld, Christine, »Art. 3 Abs. 3«, in: Günter Dürig, Roman Herzog, Rupert Scholz, *Grundgesetz*, Bd. I, München 2015 (74. EL)
Langer, Pascal, *Von der Treue der Bürger zur Verfassung*, Berlin 2023
Lassahn, Philipp, *Rechtsprechung und Parlamentsgesetz*, Tübingen 2017
Laudenbach, Peter, *Volkstheater*, Berlin 2023
Leistner, Matthias, »Der europäische Werkbegriff«, in: *ZGE* 5 (2013), S. 4-45
Lembke, Ulrike, Christoph Schuch, »Antisemitismus qua Verfassung«, in: *VerfBlog*, 2023/04/20, ⟨https://verfassungsblog.de/anti-antisemitismus-qua-verfassung/⟩, letzter Zugriff 20. 10. 2025
Lennartz, Jannis, »Werkbegriff und Kunstfreiheit«, in: *JZ* 2023, S. 521-529
Lennartz, Jannis, »Werk und Kunstwerk«, in: Sarah Legner, Michael Goldhammer (Hg.), *Freiheitskonflikte im Immaterialgüterrecht* (Tübingen 2024), S. 113-127
Lennartz, Jannis, »Adorno in Karlsruhe«, in: *AöR* 151 (2026), S. 1-54
Lennartz, Jannis, Viktoria Kraetzig, »Urheberrechtsschutz digitaler Alltagsspuren«, in: *RuZ* 2022, S. 205-224
Lennartz, Jannis, Viktoria Kraetzig, »Forbidden Fruits? Artistic Creation in the AI Copyright War«, in: *IIC* 56 (2025), S. 241-245
Lenski, Sophie-Charlotte, *Personenbezogene Massenkommunikation als verfassungsrechtliches Problem*, Berlin 2007
Lenski, Sophie-Charlotte, »Grundrechtsschutz zwischen Fiktionalität und Wirklichkeit«, in: *NVwZ* 2008, S. 281-284
Lenski, Sophie-Charlotte, *Öffentliches Kulturrecht*, Tübingen 2013
Liebscher, Doris u. a., »Antisemitismus im Spiegel des Rechts«, in: *NJOZ* 2020, S. 897-902
Locher, Horst, *Das Recht der bildenden Kunst*, München 1970
Löffler, Martin, »Das Zensurverbot der Verfassung«, in: *NJW* 1969, S. 2225-2229
Loxen, Victor, »›Technologien öffentlichen Handelns‹. Corporations, Eigentumsrechte und Verfassung in den USA nach der Revolution«, in: *Der Staat* 62 (2023), S. 717-749
Lübbe-Wolff, Gertrude, *Die Grundrechte als Eingriffsabwehrrechte*, Baden-Baden 1988
Lüthy, Michael, *Antinomien im gegenwärtigen Autonomiediskurs. Ein Einwurf aus kunstsoziologischer Perspektive*, Ms. 2024
Ludyga, Hannes, »Kunstfreiheit und Antisemitismus«, in: *NJW* 2023, S. 713-717
Luhmann, Niklas, »Die Grenzen einer betriebswirtschaftlichen Verwaltungslehre«, in: *VerwArch* 56 (1965), S. 303-313
Luhmann, Niklas, *Grundrechte als Institution*, Berlin 1965
Luhmann, Niklas, *Die Kunst der Gesellschaft*, Frankfurt/M. 1995

Mackeprang, Rudolf, *Ehrenschutz im Verfassungsstaat*, Berlin 1990

Mangold, Anna Katharina, Mehrdad Payandeh, »Antidiskriminierungsrecht – Konturen eines Rechtsgebiets«, in: dies. (Hg.), *Handbuch Antidiskriminierungsrecht*, Tübingen 2022, § 1

Marsch, Nikolaus, »Kunst unter Druck – Zu Zweck und Reichweite des grundrechtlichen Schutzes von Art. 5 Abs. 3 Satz 1 GG, insbesondere in der Drittwirkungsdimension«, in: *JZ* 2021, S. 1129-1138

Martini, Mario, Benjamin Kühl, »Staatliches Informationshandeln«, in: *JURA* 2014, S. 1221-1236

Masing, Johannes, »Der Rechtsstatus des Einzelnen im Verwaltungsrecht«, in: Andreas Voßkuhle u. a. (Hg.), *Grundlagen des Verwaltungsrechts*, Bd. I, München [3]2022, § 10

Maurer, Hartmut, Christian Waldhoff, *Allgemeines Verwaltungsrecht*, München [21]2024

Merten, Detlef, »Negative Grundrechte«, in: ders., Hans-Jürgen Papier (Hg.), *Handbuch der Grundrechte in Deutschland und Europa*, Bd. II, Heidelberg 2006, § 42

Michaels, Ralf, »Israels Sicherheit und Existenz zwischen Staatsräson und Rechtsstaatsprinzip«, in: *RuP* 59 (2023), S. 32-53

Mihatsch, Michael, *Öffentliche Kunstsubventionierung*, Berlin 1989

Milker, Jens, »Äußerungen von Hoheitsträgern im Wahlkampf und darüber hinaus«, in: *JA* 2017, S. 647-654

Minard, Philippe, »Le métier sans institution : les lois d'Allarde-Le Chapelier et leur impact au début du xixe siècle«, in: Steven L. Kaplan, Philippe Minard (Hg.), *La France, malade du corporatisme ? XVIIIe-XXe siècles*, Paris, Berlin 2004, S. 81-97

Mißling, Sven, *Art. 5 Abs. 3 Satz 1 GG als ein Grundrecht der Kunst*, Köln 2012

Möllers, Christoph, *Gewaltengliederung*, Tübingen 2005

Möllers, Christoph, *Staat als Argument*, Tübingen [2]2011

Möllers, Christoph, *Freiheitsgrade*, Berlin 2020

Möllers, Christoph, »Demokratie«, in: Matthias Herdegen u. a. (Hg.), *Handbuch des Verfassungsrechts*, München 2021, § 5

Möllers, Christoph, »Grundrechtliche Grenzen und grundrechtliche Schutzgebote staatlicher Kulturförderung. Gutachten im Auftrag der Beauftragten der Bundesregierung für Kultur und Medien«, 2022

Möllers, Christoph, »Zur Zulässigkeit von präventiven Maßnahmen der Bekämpfung von Antisemitismus und Rassismus in der staatlichen Kulturförderung. Gutachten im Auftrag der Beauftragten der Bundesregierung für Kultur und Medien«, 2024

Möllers, Christoph, »Epilog«, in: *Demokratie und Gewaltengliederung*, Berlin 2025, S. 436-446

Möllers, Christoph, *Unverbindlicher Eigensinn. Über Freiheiten und Unfreiheiten der Kunst*, München 2025
Morlok, Martin, *Selbstverständnis als Rechtskriterium*, Tübingen 1993
Morlok, Martin, »Art. 4«, in: Horst Dreier (Hg.), *Grundgesetz*, Bd. I, Tübingen [3]2013
Morlok, Martin, Heike Merten, *Parteienrecht*, Tübingen 2018
Muckel, Stefan, »Wandel des Verhältnisses von Staat und Gesellschaft – Folgen für Grundrechtstheorie und Grundrechtsdogmatik«, in: *VVDStRL* 79 (2020), S. 245-289
Müller, Friedrich, *Freiheit der Kunst als Problem der Grundrechtsdogmatik*, Berlin 1969

Nessel, Thomas, *Das grundgesetzliche Zensurverbot*, Berlin 2004
Neumeier, Christian, »Das Verbot politischer Sprechakte der Regierung«, in: *AöR* 149 (2024), S. 1-81
Nipperdey, Thomas, *Wie das Bürgertum die Moderne fand*, Berlin 1988
North, William Gwyer, »The Political Background of the Dartmouth College Case«, in: *The New England Quarterly* 18 (1945), S. 181-203
Notz, Anna von, *Liquid Democracy*, Tübingen 2020

Ossenbühl, Fritz, »Mitbestimmung in der Kunst«, in: *DÖV* 1983, S. 785-791
Ossenbühl, Fritz, »Vorrang und Vorbehalt des Gesetzes«, in: Josef Isensee, Paul Kirchhof (Hg.), *Handbuch des Staatsrechts*, Bd. V, Heidelberg [3]2007, § 101
Ossenbühl, Fritz, »Die Zulässigkeit von ›Demokratieerklärungen‹ im Rahmen eines Förderprogramms des Bundes. Rechtsgutachten«, Februar 2011, ⟨https://www.ndk-wurzen.de/downloads/Gutachten_Ossenbühl.pdf⟩, letzter Zugriff 20. 10. 2025.
Ott, Sieghart, »Kunstfreiheit und Filmbewertung … BVerwGE 23, 194«, in: *JuS* 1968, S. 459-465

Palm, Wolfgang, *Öffentliche Kunstförderung zwischen Kunstfreiheitsgarantie und Kulturstaat*, Berlin 1998
Papier, Hans-Jürgen, »Überlegungen zur Kunstfreiheit nach Art. 5 Abs. 3 GG und ihren verfassungsimmanenten Grenzen«, in: *VerfBlog*, 2023/03/28, ⟨https://verfassungsblog.de/antisemitismus-auf-der-documenta-fifteen/⟩, letzter Zugriff 20. 10. 2025
Paulus, Andreas L., »Art. 5 Abs. 3«, in: Peter M. Huber, Andreas Voßkuhle (Hg.), *Grundgesetz*, Bd. 1, München [8]2024
Payandeh, Mehrdad, »Die Neutralitätspflicht staatlicher Amtsträger im öffentlichen Meinungskampf«, in: *Der Staat* 55 (2016), S. 519-550
Pernice-Warnke, Silvia, »Fiktion und Realität in der Kunst – Zur Abwä-

gung von Kunstfreiheit und allgemeinem Persönlichkeitsrecht«, in: *DVBl* 2023, S. 648-654
Pieroth, Bodo, *Kunstfreiheit im Verfassungswandel*, Tübingen 2021
Podlech, Adalbert, *Gehalt und Funktionen des allgemeinen verfassungsrechtlichen Gleichheitssatzes*, Berlin 1971
Poscher, Ralf, »Stellungnahme zu dem Entwurf eines Gesetzes zur Änderung der Landeshaushaltsordnung Schleswig-Holstein (Drs. 20/2321)«, November 2024
Poscher, Ralf, »Wenn der Staat die Meinung vorgibt«, in: *FAZ Einspruch* vom 17. 4. 2025
Poscher, Ralf, Thorsten Kingreen, *Grundrechte. Staatsrecht II*, Heidelberg [40]2024
Preuß, Ulrich K., *Zum staatsrechtlichen Begriff des Öffentlichen untersucht am verfassungsrechtlichen Status kultureller Organisationen*, Stuttgart 1969
Putnam, Robert D., *Bowling Alone*, New York 2000

Reinhard, Claudia, »›Gut gemeint ist oft das Gegenteil von Kunst.‹ Neues Gutachten zu Antisemitismusklauseln«, in: *Tagesspiegel*, 19. 3. 2024, ⟨https://www.tagesspiegel.de/kultur/gut-gemeint-ist-das-gegenteil-von-kunst-neues-gutachten-zu-antisemitismusklauseln-11393002.html⟩, letzter Zugriff 20. 10. 2025
Remmert, Barbara, »Art. 19 Abs. 3«, in: Günter Dürig, Roman Herzog, Rupert Scholz, *Grundgesetz*, Bd. III, München 2009 (55. EL)
Rennert, Dominik, *Hierarchie und Verhandlung*, Tübingen 2023
Repkewitz, Ulrich, »Nochmals: Zur Verwaltung großer Bühneninstitute«, in: *VerwArch* 81 (1990), S. 578-582
Ridder, Helmut, »Die Freiheit der Kunst nach dem Grundgesetz« [1963], in: ders., *Kommunikation in der Demokratie*, hg. von Friedhelm Hase u. a., Tübingen 2019, S. 189-200
Robbers, Gerhard, »Das Grundrecht auf Meinungsfreiheit und Möglichkeiten der Beschränkung von BDS«, in: Volker Beck (Hg.), *Mögliche juristische und rechtspolitische Antworten auf BDS nach dem Urteil des Bundesverwaltungsgerichts gegen die Stadt München*, Berlin, Leipzig 2023, S. 52-68
Rochlitz, Rainer, *Subversion et subvention. Art contemporain et argumentation esthétique*, Paris 1994
Roellecke, Gerd, »Wissenschaftsfreiheit als institutionelle Garantie?«, in: *JZ* 1969, S. 726-733
Roellecke, Gerd, »Geschichte des deutschen Hochschulwesens«, in: Christian Flämig u. a. (Hg.), *Handbuch des Wissenschaftsrechts*, Bd. 1, Berlin u. a. [2]1996, S. 3-36

Rossen-Stadtfeld, Helge, »Öffentliche Ordnung, bürgerliches Vertrauen und die neo-nationalsozialistische Versammlung«, in: *BayVBl.* 2009, S. 41-46

Roßbach, Matthias, Thomas Wischmeyer, »Grundrechtsschutz durch Organisation: Das erste Fernseh-Urteil und das Hochschul-Urteil«, in: Dieter Grimm (Hg.), *Vorbereiter – Nachbereiter? Der Beitrag der Staatsrechtslehre zu den großen Innovationen der Verfassungsrechtsprechung im Grundrechtsbereich*, Tübingen 2019, S. 193-259

Rousseau, Jean-Jacques, »Vom Gesellschaftsvertrag oder Grundsätze des Staatsrechts« [1762], in: ders., *Sozialphilosophische und Politische Schriften*, bearbeitet und ergänzend übersetzt von Dietrich Leube, München 1981, S. 267-391

Ruffert, Matthias, »Privatrechtswirkung der Grundrechte«, in: *JuS* 2020, S. 1-6

Rüegger, Vanessa, *Kunstfreiheit*, Basel 2020

Rüfner, Wolfgang, »Grundrechtsträger«, in: Josef Isensee, Paul Kirchhof (Hg.), *Handbuch des Staatsrechts*, Bd. IX, Heidelberg [3]2011, § 196

Rux, Johannes, »Religiös motiviertes Kopftuch im öffentlichen Schuldienst«, in: *DVBl* 2001, S. 1542-1546

Sachs, Michael, *Grenzen des Diskriminierungsverbotes*, München 1987

Sachs, Michael, Christian von Coelln, »Art. 19«, in: Michael Sachs, *Grundgesetz*, München [10]2024

Sachs, Michael, Thomas Mann, »Vor Art. 1«, in: Michael Sachs, *Grundgesetz*, München [10]2024

Saro, Kristiane, *Die staatliche Förderung gesellschaftlicher Organisationen*, Heidelberg 2025

Schiek, Dagmar, »§ 1 AGG«, in: dies. (Hg.), *Allgemeines Gleichbehandlungsgesetz*, München 2007

Schiller, Friedrich, *Über die ästhetische Erziehung des Menschen in einer Reihe von Briefen* [1795], Frankfurt/M. 2009

Schleusener, Aino, »§ 1 AGG«, in: ders. u. a., *AGG*, Hürth [6]2022

Schliesky, Utz, »Art. 42«, in: Peter M. Huber, Andreas Voßkuhle (Hg.), *Grundgesetz*, Bd. 2, München [8]2024

Schmelter, Hubert, *Rechtsschutz gegen nicht zur Rechtsetzung gehörende Akte der Legislative*, Berlin 1977

Schmidt, Thomas, *Macht und Struktur im Theater: Asymmetrien der Macht*, Wiesbaden 2019

Schmidt, Thomas E., »Niemand ist so frei, weder die Kunst noch der Staat«, in: *Zeit Online* 21. 3. 2024, ⟨https://www.zeit.de/kultur/2024-03/antisemitismusklauseln-gutachten-christoph-moellers-claudia-roth-verfassungsrecht⟩, letzter Zugriff 20. 10. 2025

Schoch, Friedrich, *Informationsfreiheitsgesetz*, München [3]2024
Schreyer, Edith, *Pluralistische Entscheidungsgremien im Bereich sozialer und kultureller Staatsaufgaben*, Berlin 1982
Schulz, Uwe, »Die Anti-BDS-Beschlüsse im Lichte des kommunalrechtlichen Anspruchs auf Nutzung öffentlicher Einrichtungen der Gemeinde«, in: *KommJur* 2020, S. 245-248
Schulze-Fielitz, Helmuth, »Art. 5 Abs. 1-2«, in: Horst Dreier (Hg.), *Grundgesetz*, Bd. I, Tübingen [3]2013
Schuppert, Gunnar Folke, »Die Einheit der Verwaltung als Rechtsproblem«, in: *DÖV* 1987, S. 757-768
Schürmann, Vera, *Verfassungstreue*, Tübingen 2025
Schwarz, Kyrill-Alexander, »Grundrechtliche Grenzen bei vergaberechtlichen Entscheidungen?«, in: *NVwZ* 2024, S. 1468-1472
Seckelmann, Margit, »Art. 5 (2. Teil)«, in: Wolfgang Kahl u. a. (Hg.), *Bonner Kommentar zum Grundgesetz*, Ms. 2025
Sellmann, Klaus-Albrecht, *Der schlichte Parlamentsbeschluß*, Berlin 1966
Sester, Martin, *Der Parlamentsbeschluß*, Hamburg 2007
Sigel, Robert, »Die Arbeitsdefinition ›Antisemitismus‹ der International Holocaust Remembrance Alliance (IHRA) – Entstehung, Kritik, Vorzüge«, in: *ZRGP* 2022, S. 125-137
Simitis, Spiros, »Die Loi le Chapelier: Bemerkungen zur Geschichte und möglichen Wiederentdeckung des Individuums«, in: *KJ* 22 (1989), S. 157-175
Smend, Rudolf, »Das Recht der freien Meinungsäußerung«, in: *VVDStRL* 4 (1928), S. 44-74
Sommermann, Karl-Peter, »Art. 20 Abs. 3«, in: Peter M. Huber, Andreas Voßkuhle (Hg.), *Grundgesetz*, Bd. 2, München [8]2024
Spannowsky, Willy, *Grenzen des Verwaltungshandelns durch Verträge und Absprachen*, Berlin 1994
Spitzlei, Thomas, »Die politische Äußerungsbefugnis staatlicher Organe«, in: *JuS* 2018, S. 856-860
Statistische Ämter des Bundes und der Länder (Hg.), *Kulturfinanzbericht 2024*, Wiesbaden 2024
Steiner, Udo, »Kulturauftrag im staatlichen Gemeinwesen«, in: *VVDStRL* 42 (1984), S. 7-45
Stern, Klaus, »§ 117 Freiheit der Kunst und Wissenschaft«, in: ders., *Das Staatsrecht der Bundesrepublik Deutschland*, Bd. IV 2, München 2011, S. 595-881
Stern, Klaus, »Vorbemerkung: Kulturverfassung und Kulturstaatlichkeit als Rahmen für die kulturellen Grundrechte«, in: ders., *Das Staatsrecht der Bundesrepublik Deutschland*, Bd. IV 2, München 2011, S. 329-375

Sternberg-Lieben, Detlev, Ulrike Schittenhelm, »§ 130«, in: Adolf Schönke, Horst Schröder, *Strafgesetzbuch*, München [30]2019
Stolleis, Michael, *Staat und Staatsräson in der frühen Neuzeit*, Frankfurt/M. 1990
Straßmair, Stefan M., *Der besondere Gleichheitssatz aus Art. 3 Abs. 3 Satz 2 GG*, Berlin 2002

Tanner, Klaus, *Die fromme Verstaatlichung des Gewissens*, Göttingen 1989
Tillner, Wolf-Dietrich, *Die öffentliche Förderung des Musiktheaters in Deutschland*, Berlin 1999
Tocqueville, Alexis de, »Über die Demokratie in Amerika. Zweiter Teil« [1840], in: ders., *Werke und Briefe*, Bd. II, hg. von Jakob-Peter Mayer, übersetzt von Hans Zbinden, Stuttgart 1962

Ullrich, Wolfgang, *Die Kunst nach dem Ende ihrer Autonomie*, Berlin 2022
Unger, Sebastian, »Subventions- und Beihilferecht«, in: Reiner Schmidt, Ferdinand Wollenschläger (Hg.), *Kompendium Öffentliches Wirtschaftsrecht*, Berlin [6]2024, § 8

Vismann, Cornelia, »Versäumnisurteile und andere Unverständlichkeiten«, in: dies., *Das Recht und seine Mittel*, hg. von Markus Krajewski, Fabian Steinhauer, Frankfurt/M. 2012, S. 253-261
Volkmann, Uwe, »Dimensionen des Kopftuchstreits«, in: *JURA* 2015, S. 1083-1094
Volkmann, Uwe, »Allgemeine Grundrechtslehren«, in: Matthias Herdegen u. a. (Hg.), *Handbuch des Verfassungsrechts*, München 2021, § 16
Volkmann, Uwe, *Demokratie und Vernunft*, Tübingen 2024
Völzmann, Berit, »Freiheit durch Einschränkung«, in: *AöR* 143 (2018), S. 251-281

Wagner, Gerhard, »Schwierigkeiten mit der Differenzierungstheorie«, in: *Internationales Archiv für Sozialgeschichte der deutschen Literatur* 23 (1998), S. 147-165
Waldhoff, Christian, »Grundrechte und Kommunalrecht: Überörtliche (Neben-)Ziele bei Selbstverwaltungsaufgaben«, in: *JuS* 2022, S. 983-985
Wallrabenstein, Astrid, »Leistungsverwaltung«, in: Wolfgang Kahl, Markus Ludwigs (Hg.), *Handbuch des Verwaltungsrechts*, Bd. I, Heidelberg 2021, § 19
Walter, Christian, *Religionsverfassungsrecht*, Tübingen 2006
Waltke, Philipp, *Kunst und öffentlicher Frieden – Strafbefreiung durch Grundrechte?*, Berlin 2021
Weck, Bernhard, *Verfassungsrechtliche Legitimationsprobleme öffentlicher Kunstförderung aus wirklichkeitswissenschaftlicher Perspektive*, Berlin 2001

Weinberg, Nils, *Selbstbestimmte Identität*, Tübingen 2026, i. E.
Weischede, Lea-Marie, *Parlamentskunst*, Tübingen 2022
Wernsmann, Rainer, »Die Steuer als Eigentumsbeeinträchtigung?«, in: *NJW* 2006, S. 1169-1174
Wihl, Tim, *Aufhebungsrechte*, Weilerswist 2019
Wild, Michael, »Grundrechtseingriff durch Unterlassen staatlicher Leistungen?«, in: *DÖV* 2004, S. 366-373
Winterhoff, Christian u. a., »Gutachterliche Stellungnahme zur Rechtmäßigkeit der Einführung einer Antidiskriminierungsklausel für den Bereich der Kulturförderung im Land Berlin«, 16. 2. 2024
Wissenschaftlicher Dienst des Deutschen Bundestages, »Bekenntnisklausel im Zuwendungsbereich«, WD 3 – 3000 – 505/10 (13. 1. 2011)
Wissenschaftlicher Dienst des Deutschen Bundestages, »Rechtlicher Rahmen für Bekenntnisklauseln bei der Vergabe öffentlicher Fördermittel«, WD 3 – 3000 – 245/17 (7. 12. 2017)
Wissenschaftlicher Dienst des Deutschen Bundestages, »Kurzinformation. Implementierung der Definition von Antisemitismus in Deutschland«, WD 1 – 3000 – 003/19 (4. 3. 2019)
Wissenschaftlicher Dienst des Deutschen Bundestages, »BDS-Beschluss des Deutschen Bundestages (Drucksache 19/10191)«, WD 3 – 3000 – 288/20 (21. 12. 2020)
Wittreck, Fabian, »Esra, Mephisto und Salomo«, in: *JURA* 2009, S. 129-136
Wittreck, Fabian, »Art. 5 III (Kunst)«, in: Horst Dreier (Hg.), *Grundgesetz*, Bd. I, Tübingen ³2013
Wolf, Sascha, »Die Rolle der staatlichen Theater im Kulturkampf«, in: *NVwZ* 2020, S. 845-850
Wollenschläger, Ferdinand, »Art. 3 Abs. 1«, in: Peter M. Huber, Andreas Voßkuhle (Hg.), *Grundgesetz*, Bd. 1, München ⁸2024
Würkner, Joachim, »Die Spruchpraxis des PrOVG zur Theaterzensur vor Inkrafttreten der Kunstfreiheitsgarantie des Art. 142 WRV«, in: *VerwArch* 80 (1989), S. 206-222
Würkner, Joachim, *Das Bundesverfassungsgericht und die Freiheit der Kunst*, München 1994

50 Jahre suhrkamp taschenbuch wissenschaft
1973-2023
Das Jubiläumsprogramm

Aleida Assmann. Im Dickicht der Zeichen. stw 2429. 360 Seiten

Judith Butler. Die Macht der Geschlechternormen und die Grenzen des Menschlichen. Übersetzt von Karin Wördemann und Martin Stempfhuber. stw 2422. 414 Seiten

Esther Duflo. Kampf gegen die Armut. Übersetzt von Andrea Hemminger. stw 2428. 182 Seiten

Philippa Foot. Die Natur des Guten. Übersetzt von Michael Reuter. stw 2421. 162 Seiten

Eva Illouz. Gefühle in Zeiten des Kapitalismus. Übersetzt von Martin Hartmann. stw 2423. 170 Seiten

Rahel Jaeggi. Kritik von Lebensformen. stw 2424. 451 Seiten

Karin Knorr Cetina. Die Fabrikation von Erkenntnis. Zur Anthropologie der Wissenschaft. Mit einem Vorwort von Rom Harré. stw 2427. 372 Seiten

Martina Löw. Raumsoziologie. stw 2425. 320 Seiten

Beate Rössler. Autonomie. Ein Versuch über das gelungene Leben. stw 2426. 443 Seiten

Lucie Varga. Zeitenwende. Mentalitätshistorische Studien 1936-1939. Herausgegeben, übersetzt und eingeleitet von Peter Schöttler. stw 2430. 247 Seiten

NF 185/1/1.23